Aus dem Herzen gesprochen

Aus dem Herzen gesprochen

Weisheiten eines tibetischen Lama
für Menschen aus dem Westen

Tarthang Tulku

Dharma Publishing Deutschland

Herzlichen Dank all denjenigen, die das Erscheinen dieses Buches durch
Initiative, Mitarbeit und finanzielle Unterstützung ermöglicht haben!

Die Originalausgabe erschien 1998 unter dem Titel:
Teachings from the Heart
Copyright © Dharma Publishing, a Division of Dharma Mudranalaya
2425 Hillside Avenue, Berkeley, CA 94704, USA

Autorisierte Übersetzung
ins Deutsche von Dharma Publishing Deutschland
Siebachstrasse 66, 50733 Köln

Copyright © 2007 sowie Vertrieb und Versand
Dharma Publishing Deutschland
Alle Rechte vorbehalten

Deutsche Erstausgabe 2007

ISBN 978-3-928758-17-8
Die Deutsche Bibliothek verzeichnet diese Publikation in der
Deutschen Nationalbibliografie;
detaillierte bibliografische Daten sind abrufbar unter
http://dnb.ddb.de

Satz und Umschlaggestaltung: Sylvia Trau
Druck: Westermann Druck Zwickau GmbH
Printed in Germany

Inhalt

Vorwort 7

ERSTER TEIL: MEDITATION

Den Körper mit dem Geist in Einklang bringen 15
Auf uns selbst hören 21
Sich auf direktes Wissen verlassen 24
Die wahre menschliche Herausforderung 27
Meditation und Denken 31
Fortgeschrittene Meditation 34
Den Geist verändern 38

ZWEITER TEIL: SICH DEM DHARMA ZUWENDEN

Der Weg der Veränderung 45
Der buddhistische Weg 48
Interview mit Tarthang Tulku 1986 53
Den Geist verwandeln 60
Wahrheit irrt nicht 66
Vertrauens-Wissen 70
Das Geschenk des Dharma 75

DRITTER TEIL: EINE NEUE ART ZU ARBEITEN

Die innere Kunst der Arbeit 79
Geschicktes Wirken 86
Weg der Transformation 98

VIERTER TEIL: BEFREIENDES WISSEN

    Die Muster des Geistes lockern 105
    Befreiendes Wissen 111
    Stimme des Wissens 119

FÜNFTER TEIL: DAS ODIYAN-MANDALA

    Odiyan im Westen 129
    Mandala-Gärten 136
    Rad des Guten 140
    Interview mit Tartang Tulku 1984 146

SECHSTER TEIL: ZEIT, RAUM UND WISSEN

    Partner von Wissen 163
    Zeit, Raum und Wissen 166
    Liebe zu Wissen 176
    Wissen von Zeit und Raum 187
    Dynamik von Zeit und Raum 193
    Interview mit Tarthang Tulku 1996 212

SIEBTER TEIL: PERSPEKTIVEN VON ZEIT, RAUM UND WISSEN

    Den Geist meistern 227
    Visionen von Wissen 232
    Licht des Wissens 243

    Quellenverzeichnis 256
    Register 260
    Über Tarthang Tulku 268

Vorwort

Vor beinahe 30 Jahren gründeten wir Dharma Publishing, um die Lehren des Buddha im Westen bekannt zu machen. Da der Buddhismus im Westen sehr neu war (auch den Mitarbeitern von Dharma Publishing), begannen wir Bücher herzustellen, die die grundlegenden Lehren von Buddha, Dharma und Sangha, die Bedeutung und den Wert der Übertragungslinie sowie die historische Entwicklung der buddhistischen Schulen und Überlieferungen darstellen.

Innerhalb weniger Jahre waren wir in der Lage, Übersetzungen einiger Schlüsseltexte über Meditation und das Wesen der Vajrayana-Lehren zu veröffentlichen. Diesen Texten folgten bald die Übersetzungen von Sutras, Jatakas und anderen überlieferten Lehren, die sich mit dem Wesen des Buddha, mit den Vollkommenheiten, die einen Buddha von gewöhnlichen Wesen unterscheiden, und mit den Handlungen, die menschliche Tugend zur Vollkommenheit des erleuchteten Seins emporheben, beschäftigen. Im Laufe der Zeit veröffentlichten wir weitere Übersetzungen der Lehren Buddhas zusammen mit Werken erleuchteter Meister, die die Grundlage zum Studieren und Üben des Dharma bilden.

Um die fruchtbare Anwendung des Dharma in allen Lebensbereichen zu zeigen, schuf Dharma Publishing im Jahre 1975 die Nyingma-Psychologie-Serie. Bücher aus dieser Reihe bieten neue Perspektiven zum Leben und Arbeiten, lindern den Druck des modernen Lebens und stellen Techniken zur Verfügung, die Stress abbauen und zu Selbsterkenntnis ermutigen. Sie eröffnen neue Zugänge zu Sinn und Bedeutung, die auf natürliche Weise zur Meditation führen und die Arbeit in einen Weg zur Verwirklichung verwandeln. Im Jahre 1977 stellten wir *Raum, Zeit und Erkenntnis – Aufbruch zu neuen Dimensionen der Erfahrung von Welt und Wirklichkeit* vor, das erste Buch einer

Reihe, das zum Forschen einlädt, frei von Dogma, religiöser Begrifflichkeit und dem Vertrauen in irgendein Glaubenssystem. Die TSK[1]-Vision kann als Tor zu tieferer Erkenntnis dienen, die für Herz und Geist aufbauend ist und grundlegendere Lösungen für unsere Probleme liefert.

Alle unsere Veröffentlichungen haben ein breites Publikum erreicht, aber ich glaube, dass die Bücher der Nyingma-Psychologie-Serie den Nutzen des Dharma am wirkungsvollsten vermittelt haben, denn wie die Bücher der TSK-Reihe sprechen sie alle Ebenen der menschlichen Erfahrung an. Das heutige Leben ist wesentlich komplexer als noch vor zwei Generationen und so ist die Popularität dieser Bücher gar nicht überraschend. In unserer materiell fortgeschrittenen Gesellschaft nehmen die Menschen die Notwendigkeit spiritueller Bereicherung wahr und viele Individuen suchen aktiv nach Möglichkeiten, Sinn in ihrem Leben und Frieden inmitten der wechselnden Strömungen des modernen Lebens zu finden.

Wenn wir daran interessiert sind, Wissen zu erreichen, scheinen die schnellen Wechsel, die in unserer Zeit stattfinden, grenzenlose Möglichkeiten von Vollendung zu versprechen. Aus einem anderen Blickwinkel scheint unsere moderne Zeit jedoch von Kräften und von Zwängen begrenzt zu sein, über die wir nur wenig Kontrolle haben. Unsere Zeit ist begrenzt und gedrängt voll von Verpflichtungen und Verantwortungen; die meisten von uns haben beinahe keine Zeit, die wir unser eigen nennen könnten. Zeit treibt unser Leben: Es mag sein, dass wir uns von jedem einzelnen Tag nur weniger Momente, die bedeutungsvoll waren, und nur weniger Empfindungen von Befriedigung erinnern können.

Unsere Erfahrung wird von Zeit getrieben und scheint sich im Kreis zu drehen wie ein großes Rad, das immerzu in Bewegung ist. Dieses Rad entsteht aus den verschiedenen Arten, auf die wir die Welt wahrnehmen, auf sie reagieren und sie interpretieren und es dreht sich vom Moment unserer Geburt bis zum Zeitpunkt, an dem wir aufhören zu existieren. Wenn unsere Sinne sich entwickeln und wir lernen, zu sprechen und Objekte um uns herum zu identifizieren, wird unsere Erfahrung dichter und gewinnt an Triebkraft. Es wimmelt von Ablenkungen; die Sinne bewegen sich zu ihnen hin und der Geist folgt ihnen. Weil die Sinne so unterschiedlicher und immer intensiverer Stimulation ausgesetzt sind, werden sie immer schneller. Sie schütten Eindrücke in den Geist aus, die ihn mit Gedanken, Wünschen und Erwartungen überfüllen. Wir werden von diesen Gedanken und Wünschen vorangetrieben, treffen auf immer mehr Komplexität und Verwirrung und entfernen uns immer weiter vom Ursprung unseres Seins.

Wir können zwar sagen, dass wir selbst das Rad unserer Erfahrung erschaffen, nicht aber, dass wir seine Meister sind. Wenn wir nicht verstehen, wie Geist und Sinne zusammenarbeiten, sind wir einfach unserer Erfahrung unterworfen, sowohl der Schönheit, die wir willkommen heißen als auch der Verwüstung, die wir fürchten. Was auch immer unsere Wünsche und Erwartungen sein mögen – wir kommen nicht umhin, uns immer wieder im Kreis durch alle Jahreszeiten der Erfahrung zu drehen: die Langeweile und Apathie des Winters, die Frische des Frühlings mit seinen Gewittern und Regen, die Wärme und sengende Hitze des Sommers und die Stille und die ersten Fröste des Herbstes. In die Höhen unserer Erfahrung emporgehoben und durch ihre Tiefen entmutigt, reagieren wir auf die physische Welt, auf andere lebende Wesen und die Umstände, die in unserem Leben auftauchen.

Dieses Rad der Erfahrung dreht sich für alle Menschen, erschafft jedes persönliche Universum und bringt individuelle Wirklichkeiten und spezifische eigentümliche Erfahrungen hervor. So als ob wir uns gegen die wachsende Komplexität und gegen die machtvolle Bewegung der Zeit schützen wollten, halten wir uns alle – Verwandte, Freunde und Feinde – eng an unsere eigene Seinsweise, unsere persönlichen Werte, unseren religiösen Glauben, Philosophie und Lebensstil.

Ähnlich wie Individuen haben auch Zivilisationen ihre eigene Weise, sich in der Welt zu manifestieren, und ihre eigenen Ansichten und Werte. Wir nehmen auf allen Ebenen, vom kleinsten Atom bis hin zum Makrokosmos des ganzen Universums, an einem großen kosmischen Drama teil, mit unzähligen Rädern aller Größen, die sich in alle Richtungen gleichzeitig drehen, die sich spiegeln und überschneiden in Raum und Zeit. Keines kann sich bewegen oder die Richtung wechseln, ohne dabei andere zu beeinflussen. Reibung ist normal, entzündet Konflikt zwischen Menschen, innerhalb der Gesellschaft, zwischen Nationen und in der Welt der Natur. Wir können nicht vorhersagen, wann Freundschaft sich in Hass, wann offene Kommunikation sich in kalten Krieg wandeln wird, wann Nationen sich um ein Prinzip sammeln werden, das Massenzerstörung rechtfertigt oder wann die Atmosphäre oder die Ozeane durch Unfälle oder Katastrophen verschmutzt sein werden.

Der Geist scheint unbegrenzte Möglichkeiten zu besitzen, das, was im Feld unserer Erfahrung erscheint, wahrzunehmen, zu interpretieren und zu bewerten. Unsere ererbte Art zu wissen hat eine Welt beispielloser Komplexität geschaffen, aber wir haben vielleicht nicht ernsthaft bedacht, wie grundlegend sich diese Komplexität auf Geist und Sinne auswirkt und was dies für die Zukunft menschlichen Seins bedeuten könnte. Der Geist weiß, wie er Weisheit hervorbringen kann, die zu Verwirklichung inspiriert, aber er ist jetzt darin verstrickt, Objekte zu erwerben und zu manipulieren, die nur vorübergehenden Wert besitzen. Wir haben viel Wissen über die äußere Welt angehäuft, aber die Probleme wuchern: *Lösungen* verbergen vielleicht nur das Ausmaß unserer misslichen Lage und bieten nur vorübergehende Erleichterung.

Der Geist bleibt jedoch ein unerschlossener Schatz grenzenlosen Wissens. Da die Welt heute näher zusammenrückt, ist es an der Zeit, nach innen zu schauen, die Funktionsweise des Geistes zu verstehen und den Geist zu nutzen, um nicht nur unser eigenes Leben, sondern auch das Leben der ganzen zukünftigen Menschheit zu bereichern. Es ist an der Zeit, neue Wissenshorizonte zu erforschen und Wissen zu entdecken, das unsere besten Eigenschaften aktiviert, unsere physischen Sinne auf ihrer tiefsten Ebene befriedigt und deren Fähigkeiten belebt, um uns mit Schönheit und Freude zu nähren. Wir haben jetzt die Gelegenheit, die Triebkraft von Zeit und Erfahrung zu erschließen, unser Festhalten an begrenzten Seinsweisen zu lockern und neues Wissen zu erwecken, das eine neue Wirklichkeit entstehen lässt.

Um die unendliche Kreativität des Geistes auf eine Art und Weise zu lenken, die unseren eigenen Interessen dient, müssen wir seine Forderungen nach Stabilität und Gleichgewicht anerkennen. Der Geist braucht einen Platz zum Ausruhen, ein Zuhause in den tiefsten Schichten unseres Seins, wo er seine wahren Eigenschaften kultivieren und zum Vorschein bringen kann: Liebe, Mitgefühl und Prajna, ein Wissen, das Inneres und Äußeres umfasst und alle Erfahrung in einem weiten Bedeutungsfeld vereint.

Durch seine Erleuchtung demonstrierte der Buddha, dass Prajnaparamita (die Vervollkommnung des Wissens) Herz und Geist des Menschen verwandeln und unsere gewöhnliche Daseinsweise in ein von Liebe und Mitgefühl erleuchtetes Buddhafeld umformen könnte. Der Geist hat die Macht, sich selbst von seinen Konditionierungen zu befreien, weite und großartige Gedanken hervorzubringen und allen Wesen Errungenschaften von dauerhaftem Wert zu bringen. Mit Erkenntnis als der Basis unseres Seins können wir unabhängiges Denken und Handeln üben und Verantwortung für ein weises Leben in der Welt übernehmen.

In diesen Essays werden Gedanken über den Geist, über menschliche Freiheit und die Übung des Wissens in Zeit und Raum reflektiert. Sie stammen aus Vorworten und Einleitungen zu Büchern in der *Nyingma-Psychologie*-Reihe, der *TSK*- und der *Perspektiven zu TSK*-Reihe, Artikeln der Zeitschrift *Gesar* und Interviews. Die Mitarbeiter von Dharma Publishing, die mit mir zusammen während all der Jahre daran gearbeitet haben, unsere Bücher vorzubereiten, zu entwerfen und zu produzieren, baten mich vor Kurzem um die Erlaubnis, diese Essays in einer eigenen Publikation zusammenzufassen, um dieses Material weiter zugänglich zu machen.

Ich hoffe, dass die Gedanken, die in dieser Sammlung Ausdruck finden, eine tiefergehende Untersuchung des menschlichen Geistes anregen. Möge diese Suche das Licht des Dharma einladen, immer strahlender zu scheinen, unseren Pfad zu erhellen, die Wolken der Verwirrung zu vertreiben und den Geist zu befreien, um auf erstaunlich neue Weise zu denken.

1 TSK: Entspricht *Time, Space, and Knowledge* (deutsch als: *Raum, Zeit und Erkenntnis*, München 1983) und ist unter Übenden eine geläufige Bezeichnung der Vision. (Anmerkung der ÜbersetzerInnen.)

TEIL EINS

MEDITATION

Den Körper mit dem Geist in Einklang bringen

Wenn wir uns besonders lebendig fühlen, scheinen unser Körper und unser Geist als ein harmonisches Ganzes zu funktionieren. Unsere Sinne erwachen zum Leben; wir fühlen uns voller Energie und doch entspannt, dynamisch und offen für jede Erfahrung. Die Welt erscheint uns schön und frisch, wie von einem Frühlingsregen gewaschen, und wir sind in ihr zu Hause. Reiche Gefühle, unklar, ob sie als geistig oder körperlich einzuordnen sind, klingen in Körper und Geist nach.

Diese Zeiten eines harmonischen Zusammenspiels zwischen Körper und Geist scheinen etwas Besonderes und Außergewöhnliches zu sein, ausgeklammert aus unserer täglichen Erfahrung. Wir spüren normalerweise einen Bruch zwischen den körperlichen und geistigen Aspekten unserer Erfahrung. Manchmal schreibt der Geist dem Körper vor, wie er sich zu verhalten und zu reagieren hat. Ein anderes Mal scheint der Körper den Geist zu kontrollieren, wenn Hungergefühle, Juckreiz und Schmerzen nach Aufmerksamkeit verlangen. Wir haben uns an diese Trennung und diesen Kampf gewöhnt und akzeptieren ihn sogar als unseren normalen Zustand. Die seltenen Momente, die uns über ihn erheben, schreiben wir äußeren Ursachen zu: einem schönen Sonnenuntergang, bewegender Musik, dem Zusammensein mit jemandem, den wir lieben.

Fällt es uns jemals ein, dass möglicherweise diese seltenen Momente von Frieden und Harmonie genau unseren natürlichen Seinszustand widerspiegeln? Wenn wir sie sorgfältig prüfen, sind die Unterscheidungen zwischen Körper und Geist, die wir für gewöhnlich akzeptieren, schwer aufrechtzuerhalten. Je genauer wir unsere Gedanken und Körpergefühle beobachten, desto deutlicher spüren wir eine innige Partnerschaft zwischen beiden. Obgleich wir diese Partner intellektuell trennen können, ist es in der Erfahrung so gut wie unmöglich, den einen ohne den anderen zu betrachten; der Geist ist vom Körper abhängig und der Körper reagiert auf den Geist. Könnte es sein, dass unser charakteristisches Gefühl der Trennung und der Disharmonie einfach nur eine schlechte Gewohnheit ist, die verstärkt wird durch unsere Konditionierung und unser Umfeld? Halten wir an dieser Gewohnheit fest und bezahlen dafür den Preis, dass wir auf eine viel freudvollere Seinsweise verzichten?

Was stört das harmonische Zusammenspiel zwischen Körper und Geist und zwingt sie miteinander uneins zu sein? Vielleicht identifizieren wir uns so eng mit unserem Geist, dass wir sein Wesen und seine Bedürfnissen nie wirklich kennen gelernt haben. Wer ist dieser Geist, der von Geburt an unser engster Freund ist?

Unser Geist spricht fortwährend zu uns und präsentiert uns Bilder und Gedanken, die unsere Herzen erfreuen oder sie vor Angst eng machen können. Der Geist kann die Grenzen der Zeit überschreiten, um in Erinnerungen und längst vergangenen Ereignissen zu leben, oder er kann in die Zukunft springen und kommende Ereignisse vorwegnehmen. Wie ein geschickter Zauberer kann der Geist innerhalb eines Augenblicks dem Körper mit angenehmen Gefühlen schmeicheln, kann Trauer und Tränen hervorrufen oder uns in tiefste Verzweiflung stürzen.

Obwohl der Körper an einen Ort gebunden ist, hat die Energie des Geistes eine leichte Qualität/Lichtqualität, die sich jeden Augenblick überallhin bewegen kann. Wenn diese Energie nicht fokussiert ist, lässt der Geist den Körper weit hinter sich, während er in Gedanken, Fantasien und Erinnerungen seine eigene Zerstreuung sucht. Von Körper und Sinnen befreit, kann der Geist wie ein verspieltes Fohlen werden, das hier und dort herumtollt und wahrscheinlich genauso dem Schmerz wie dem Vergnügen begegnet.

Während der Geist noch weiter umherirrt, beginnt er rastlos zu werden. Er flattert umher wie ein Vogel, der sein Nest nicht finden kann. Seine ängstlichen Bewegungen lassen die Sinne ihre Stabilität und ihre Offenheit verlieren und angespannt und unempfänglich werden. Der Körper funktioniert ohne Nahrung durch die Sinne und die volle Unterstützung des Geistes nur noch automatisch. Er wird verspannt und gefühllos.

Intensive Körperempfindungen rufen den Geist von seinem Umherirren zurück. Aber der Geist hat die Verbindung zu den tieferen Gefühlen des Körpers verloren und registriert nur noch einen Teil von dem, was der Körper erfährt. Dennoch, er erfüllt seine Funktion, körperliche Reaktionen und Empfindungen zu interpretieren und zu beurteilen. Diese Interpretationen aber sind von innerem Wissen abgeschnitten und erweisen sich als verwirrt und unzuverlässig. Der Geist redet uns vielleicht ein, wir fühlten Vergnügen, während wir tatsächlich in Aufregung gefangen sind; während wir vielleicht denken, dass wir mit Freude gesättigt seien, brechen wir tatsächlich vor Erschöpfung zusammen. Wir glauben konzentriert und voller Energie zu sein, verspannen aber unseren Körper und tun unseren Gedanken Zwang an. Überzeugt davon, entspannt zu sein, bemerken wir nicht, dass unsere Aufmerksamkeit ziellos von Gedanken zu Gedanken gleitet.

Wenn die Verbindungen zwischen den geistigen und körperlichen Energien unterbrochen worden sind, werden einige von ihnen umgangen, während andere überlastet werden. Das Ergebnis ist, dass die zwischen Körper und Geist übermittelten Nachrichten sich verwirren und durcheinander geraten. Die zerstreute und ziellose Vermischung von Gedanken, Bildern und Empfindungen schafft eine Art von atmosphärischer Aufladung ähnlich einer Störung im elektrischen Stromkreis. Diese Störung zerstreut unsere Energie und steigert die chaotische und unklare Qualität unserer Gedanken und Emotionen.

Ohne die Beziehung zwischen Körper und Geist vollständiger zu verstehen, haben wir keine Möglichkeit, diese verwirrten Muster zu entwirren und klarere Kommunikationswege zu eröffnen. Wir können versuchen den Körper zu zwingen, den Geist zufrieden zu stellen, oder wir können versuchen den Geist unter Druck zu setzen, den Körper zufrieden zu stellen. Aber dieser gewaltsame Ansatz lässt unsere Energie in Kreisläufen von Spannung, Frustration und Angst erstarren und vergrößert die Kluft zwischen Körper und Geist. Vielleicht beginnen wir uns zu fühlen, als ob wir mit uns selbst innerlich Krieg führten. Der Geist möchte den einen Weg nehmen, der Körper den anderen. Entweder versagt der Körper dem Geist eine Antwort oder er reagiert auf unerwartete Weise. Schließlich betrachten wir den Körper vielleicht als ein schwieriges Kind, das uns überallhin nachläuft; gelegentlich gefällt es uns, ihm seinen Willen zu lassen, aber meistens tun wir unser Bestes, sein Nörgeln nicht zu beachten.

Um wieder mit dem Körper in Kontakt zu kommen, müssen wir unsere tiefsten Gefühle vollständig berühren. Das erfordert sowohl Geduld als auch Mitgefühl. Weil wir aber daran gewöhnt sind, die feinen Signale des Körpers zu ignorieren, ergreift der Geist die stärkeren Empfindungen auf so grobe Weise, dass die feineren Gefühle sich vor ihm zerstreuen. Lehren wir unseren Geist nicht, sanfter zu sein, können wir vielleicht niemals zu den tieferen Schichten unserer eigenen Erfahrung durchdringen. Um die inneren Kommunikationswege zu öffnen, die jetzt verborgen und vergessen sind, müssen wir neue Weisen entdecken, Körper und Geist miteinander zu verbinden.

Wenn wir den Fluss unserer Energie während unserer alltäglichen Aktivitäten beobachten, können wir spüren, was die Energie auf einem stabilen Niveau hält und was sie aufzehrt. Wir sehen vielleicht, wie Aufregung und Spannung die Energie nach außen ziehen und uns dazu zwingen, zu reagieren. Wenden wir unsere Aufmerksamkeit nach innen, können wir eine weichere, feinere Seite unserer Sinne berühren und lernen, einer stilleren und weiseren Stimme zu lauschen. Wenn wir auf unsere inneren Reaktionen achten, fangen wir an vollständiger mit unseren tieferen Gefühlen zu kommunizieren. Beim ersten Zeichen von Aufregung können wir uns in unsere Empfindungen sinken lassen und uns sanft fragen: Warum reagiere ich so? Wie ist dieses Gefühl entstanden? Sind andere Reaktionen möglich?

Wenn wir uns solche Fragen auf entspannte Art stellen, gewinnen wir einen frischen, direkten Blick auf unsere Gedanken. Wenn wir geübt sind darin, der weichen, wissenden Qualität, die unserem Nachforschen antwortet, zu lauschen, finden wir vielleicht einen wahren und ehrlichen Freund, einen Teil unseres Geistes, der geduldig darauf gewartet hat, anerkannt zu werden.

Dieselbe sanfte Art des Erforschens eröffnet uns auch den Zugang zu unserem Körper. Es kann uns trösten und Gefühle tiefer Stabilität hervorrufen, einfach nur unserem eigenen Herzschlag zu lauschen. Wenn wir den Atemfluss spüren, können wir fühlen, wie seine Energie sich im Körper ausbreitet, jede Zelle nährt und besänftigt und dabei Spannung und Ungeduld auflöst. Lauschen wir dem Klang unserer eigenen Stimme, werden wir wissen, wann die Worte, die wir benutzen, um unsere Gedanken auszudrücken, die Gefühle berühren, die in unseren Herzen verschlossen sind. Wir werden im Laufe der Zeit Worte finden, die eine Gefühlstiefe hervorrufen, die Körper und Geist mit freudiger Wertschätzung durchzieht.

Wenn wir uns entspannen, beginnen unsere Sinne vollständiger zu arbeiten. Wir fangen an, eine direkte Beziehung zu der Gefühlsseite unserer Handlungen, Gedanken und Rede zu entwickeln. Gezwungene Konzentration weicht einer natürlichen, umfassenden Konzentration, die körperliche und geistige Energien zu einem reibungslosen, ununterbrochenen Zusammenspiel hinführt. Wenn der Geist durch den Körper geerdet ist, nimmt er wahr, was im gegenwärtigen Augenblick geschieht, wobei eine tiefere Bewusstheit sich auf alle Wissensvorräte stützt. Unsere Erinnerungen sind lebendiger und der Geist offener und klarer. Eine auf einen Punkt gerichtete Bewusstheit durchtrennt Verwirrung, überwindet Angst und verstärkt jede angenehme Empfindung.

Dann ist der Geist, durch reichhaltige Gefühle genährt, völlig im Körper zu Hause und der Körper wird durch den ständigen Fluss an Wertschätzung gestärkt. Diese Verschmelzung physischer und geistiger Energien schafft inneres Vertrauen und Zuversicht, die tiefen Gefühlen von Dankbarkeit und Liebe sehr ähnlich sind.

Wenn unsere Gedanken, unser Reden und unsere Handlungen dieser tiefen, inneren Integrität entstammen, benötigen wir keine Bestätigung unseres Wertes durch andere. Wir können Prioritäten für unser Leben setzen, denn wir sind uns bewusst, dass sogar die Fehler, die wir machen, dazu dienen, unser Wissen zu vergrößern. Wenn unser Geist und unsere Sinne offen sind und wir jede Nuance unserer Erfahrung wertschätzen, gibt es keinen Platz für Sorgen oder Selbstzweifel und keine Gelegenheit, dass Schuldgefühle oder Verzweiflung in unserem Herzen Wurzeln schlagen. Unser Leben wird einfacher und freudvoller und Emotionen verlieren ihre Macht, uns Schmerz zu bereiten. Vollständig bewusst, mit einem Vertrauen in unsere Fähigkeiten, das wir uns nicht haben vorstellen können, finden wir Gelassenheit in jeder Situation.

Dieser Zustand einer entspannten und doch dynamischen Bewusstheit ist das Tor zu tieferen Ebenen spirituellen Erwachens. Was auch immer wir tun, was auch immer wir wahrnehmen, hat Bedeutung und führt zu einem neuen Verständnis von uns selbst und dem, was um uns herum geschieht. Wenn wir der Bedeutung unserer Handlungen erlauben, in Körper und Geist widerzuhallen, tauchen neue Ebenen von Bedeutung auf. Wir können diese Entwicklung verfolgen, über jede Erfahrung reflektieren und ein neues Verständnis von Liebe, Freiheit und Glück offen legen, das wir mit anderen teilen können. Wir können wunderschöne Muster für unser Leben schaffen und einen einzigartigen Beitrag zur Welt, in der wir leben, leisten.

Auf uns selbst hören

Innerhalb des Geistes gibt es viel Interessantes, viele positive Gefühle, eine Lebensenergie, die weit unterhaltsamer ist als jedes Vergnügen, das wir außerhalb unserer selbst finden könnten. Wenn wir unsere Aufmerksamkeit nach innen richten und feinfühlig lauschen, finden wir vielleicht heraus, dass unsere Sinne, unsere Gefühle und unsere Bewusstheit Qualitäten von Wertschätzung und Freude mitteilen. Hier in der ruhigen Offenheit unseres inneren Seins ist es möglich, mit einer positiven inneren Stimme in Kontakt zu kommen, die uns direkt anspricht.

Selbst wenn wir nie Entspannung oder Meditation geübt haben, wir alle haben Zeiten besonderer Offenheit und Freude erlebt. Obwohl wir vielleicht feststellen, dass wir über eine derartige Erfahrung nicht sprechen können, können wir lernen, unsere Aufmerksamkeit auf sie zu richten, sie zu kultivieren und zu erweitern. Wir können auch unsere Fähigkeit entwickeln zuzuhören, indem wir uns während der alltäglichen Aktivitäten unserer Sinne bewusst bleiben und mehrere Male pro Tag still sitzen. Entspannung regt diese Art des Hörens an: auf die Stille hinter den Gedanken lauschen, auf die andere Seite der Sinne.

Ein einfacher Weg, das zu tun, besteht darin, sorgfältig auf deine eigene Stimme zu lauschen. Untersuche den Klang, den sie hervorbringt und wie er mit dem Hören kommuniziert. Übe das, wenn du alleine bist, still sitzt, ein Mantra rezitierst, singst oder sanft sprichst. Beobachte, wie die Qualität des Klanges sich verändert, wenn du deine Aufmerksamkeit mehr konzentrierst. Fahre mit der Untersuchung fort ohne Erwartung oder Analyse, bis du eine Ebene berührst, auf der Klang und Gefühle verschmelzen. Obwohl du nichts dazu getan hast, die Eigenschaft des Klanges zu verändern, wirst du finden, dass er sich geändert hat. Was du hörst, kommt von der anderen Seite der Sinne; es ist beinahe wie der Leere zu lauschen. Das ist der Klang deines inneren Seins.

Sobald du diese tiefe Ebene der Bewusstheit erreichst, spürst du, dass du dich öffnen und die Dinge sein lassen kannst, dass du weder nach außen in die Gesellschaft von anderen gehen noch dich in eine einsame innere Welt zurückziehen musst. Nun wird der Geist sehr interessant. Obgleich der Geist bisher vielleicht eindimensional erschien, entdeckst du nun, dass er facettenreich und schön ist, wie ein Diamant. Die Bewusstheit ist aktiv, ansprechbar, gegenwärtig in jedem Augenblick, aufmerksam für jede Erfahrung. Diese Bewusstheit ist *Aufwachen*, eine Erfahrung, die keine Zweifel daran lässt, was *Aufwachen* bedeutet. Wenn diese Erfahrung sich ausweitet, überträgt sie sich auf natürliche Weise ins tägliche Leben. Deine speziellen Schwierigkeiten und emotionalen Eigenschaften beginnen sich zu öffnen und weichen einem wachsenden Gefühl von Vertrauen und Freude.

Die ekstatische, erhebende Qualität dieser Interaktion mit deinem inneren Selbst kann in deinem ganzen Körper, deinen Sinnen und deinem Herzen verteilt werden. Der Geist kann diese Zustände nicht beschreiben, denn sie sind jenseits jeder Beschreibung, aber deine Bewusstheit, deine Handlungen und deine Antwort auf das Leben werden den Reichtum dieses inneren Gleichgewichts und dieser Harmonie widerspiegeln. Obwohl wir es nicht auf eine greifbare Art fassen oder speziell beschreiben können, sagen wir: Selbst wenn die äußeren Umstände nicht so sind, wie wir sie uns wünschen würden, eine tiefere Stimme sagt: Mir geht es gut.

Wir sind zufrieden, weil wir eine Liebe und Verantwortung entdeckt haben, die ein mitfühlendes Zusammenspiel zwischen unseren Sinnen und unseren Gefühlen fördert. Diese Fähigkeit, uns um uns selbst zu kümmern, geht über erlerntes, mechanisches Verhalten hinaus. Die Gedanken werden sanft, die Sinne ruhig; die Gefühle antworten mit einer echten liebevollen Qualität. Unser Verständnis gibt uns große innere Kraft, wir werden zu unserem eigenen besten Freund und Ratgeber. Egal, was andere sagen, egal, wie die äußeren Umstände sind, eine Reinheit des Geistes ist anwesend.

Es ist wertvoller, auf diese Weise den Geist vollständig zu kennen als gute Freunde zu haben. In der Vertrautheit des Geistes liegt der interessanteste Kontakt, den wir knüpfen können. Der Geist hat ein dynamisches Prinzip jenseits unserer Vorstellungskraft, ein neues Fest, das man den Pfad oder vielleicht neue Bewusstheit nennen kann. Sobald dieses dynamische Prinzip angeregt worden ist, können wir einfach sagen: Ich habe einen Pfad, und wir wissen, dass wir es auch so meinen, dass der Weg sicher ist.

Sich auf direktes Wissen verlassen

Charakteristisch für das Denken ist seine Macht oder sein Charisma. Dieses Charisma zieht uns in die Arena des denkenden Geistes und hält uns dort gefangen. Das Ziel der Meditation ist es, diese Welt der Gedanken zu öffnen. Wenn wir das Feld, die Energie und den Inhalt der Gedanken direkt erfahren und alle diese Aspekte öffnen können, sind wir nicht länger blinde Teilnehmer in der Welt des Geistes. Das ist wirkliche Freiheit und Stärke, denn wir sind nicht an Leiden gebunden und nicht gefangen in Emotionalität.

Ob die Welt des Denkens sich öffnet, hängt nicht von Systemen oder Psychologie ab, sondern von unmittelbarer Erfahrung. Wenn wir mit unserem Geist kommunizieren können, gelingt es uns, Gedanken durch Gedanken zu öffnen; wir können interpretieren ohne jemanden, der interpretiert. Der Ausgangspunkt ist, anzuerkennen, dass wir nicht frei sind, dass wir in dem Bereich der Emotionen und Gedanken gefangen sind. Je tiefer wir das verstehen, desto leichter können wir die Fesseln durchtrennen, die uns einengen. Je leichter dieses Durchtrennen wird, desto tiefer wird unser Verständnis. Schließlich sind wir in der Lage, die Bedeutung von Wissen unmittelbar zu berühren. Wir finden die Quelle seiner Vitalität und seines Überflusses und mit ihr echten Sinn und Wert. Diese Entdeckung ist wie nach Hause kommen.

Wenn wir diesen entscheidenden Punkt verstehen, erweisen sich viele Lehren als miteinander verwandt und viele Punkte können auf einen Punkt reduziert werden. Sobald wir uns mit unseren Gedanken anfreunden können, erkennen wir, dass unsere Schwierigkeiten letzten Endes doch nicht so überwältigend sind. Wir können sehr direkt sein: Ohne zu interpretieren, können wir schauen, wie unsere gegenwärtige Situation entstanden ist. Wir müssen keine Standpunkte einnehmen oder auf einer bestimmten Lehre beharren, auf die wir alles andere zu beziehen versuchen. Dieser Ansatz ist einfacher, als zu probieren, einen endgültigen Standpunkt zu finden. Wenn wir hinschauen, sehen wir, dass der Geist auf eine bestimmte Weise funktioniert. Wenn wir das sehen, erkennen wir, dass wir in dieser Angelegenheit eine gewisse Wahl haben. Wir gelangen zu direktem Wissen: Sehen, Hören und Berühren werden zu Wissen, und jeder einzelne Gedanke wird zu Wissen. Unser ganzes Sein wird ein Wissenskörper.

Wenn es so einfach ist, warum bietet der Dharma dann so viele unterschiedliche Lehren an? Das ist deshalb, weil es unzählige Ebenen karmischer Verdunkelung gibt. Gedanken, Muster und Bilder repräsentieren verschiedene Arten von Verdunkelung; für jede von ihnen gibt es Lehren, die dafür entworfen sind, bestimmte Typen von Verwirrung zu klären. Man sagt, dass es letztlich so viele Lehren wie Gedanken gibt.

In dieser Weise des Übens können wir mehrere Stufen sehen. Zuerst lernen wir, uns mit uns selbst wohl zu fühlen und offen zu sein und wünschen uns, unserem eigenen Geist und Körper zu helfen. Daraus wird eine echte Freundschaft mit uns selbst, ein vollständiges Annehmen und Wertschätzen. Wir nehmen bereitwillig an, wer wir sind, und sind bereit, mit uns selbst zu arbeiten. Nun können wir beginnen uns selbst zu ermutigen, eine positive Richtung einzuschlagen. Wir entwickeln heilsame Formen des Denkens und Handelns. Oft reagieren wir mit Schuld oder einem Gefühl der Unzulänglichkeit, wenn wir die Muster unserer Gedanken und Emotionen sehen. Es gibt aber eine wirkungsvollere und zufriedenstellendere Reaktion. Wir können unsere Fehler zugeben und den Entschluss fassen, die gleichen Fehler nicht wieder zu machen. Wenn wir unmittelbar sehen, wie der Geist funktioniert, bietet uns dieses Wissen eine Wahl.

Üben wir auf diese Weise, ist unser Üben echt, unsere Gedanken sind aufrichtig und unsere Anstrengungen beruhen auf Mitgefühl. Das bedeutet, dass wir die Grundlage menschlichen

Seins berühren. Wir tun, was wir tun können, wir bringen das beste Wissen hervor, das wir erwecken können, wir bieten uns selbst und anderen die Ergebnisse unseres Wissens an. Es ist sehr einfach und zugleich tief bedeutsam.

Die wahre menschliche Herausforderung

In Meditation nehmen wir auf unmittelbare Weise Kontakt zu unserem Geist auf. Das klingt einfach, da der Geist ständig und unmittelbar in unserem Leben gegenwärtig ist. Doch der Geist ist schwer fassbar, es ist schwierig, ihn festzulegen. Wenn wir ihn betrachten, sehen wir einen ständigen Wandel, eine Bewegung von Gedanken und Wahrnehmungen. Wenn wir ihn physikalisch messen, sehen wir ein Muster elektrischer Impulse. Wenn wir versuchen ihn zu lokalisieren, sehen wir bestenfalls die statisch physische Struktur des Gehirns. Der Geist ist unsichtbar und der Versuch, ihn auf solche Art und Weise zu ergründen, kann nie ganz erfolgreich sein.

Obwohl der Geist schwer zu bestimmen ist, ist es leicht, seine Bedeutung in unserem Leben zu sehen. Er ist der König, die kontrollierende Instanz, die unsere Handlungen leitet und unsere Art zu sein formt. Wenn wir uns selbst verstehen wollen, müssen wir diesem König direkt begegnen und herausfinden, wer er ist.

Was wir für gewöhnlich als unseren Geist erfahren – Gedanken und Bewusstseinszustände – gleicht dem Gefolge des Königs. Gedanken sind eine Ausschmückung, eine blasse Spiegelung der grundlegenden Energie des Geistes. Wenn wir sie aufzeichnen würden, fänden wir heraus, dass sie sich beinahe ausschließlich um die Belange eines getrennten Selbst drehen. Dieses ist mit der letztlich unmöglichen Aufgabe konfrontiert, eine feste Identität angesichts konstanter Veränderung aufrechtzuerhalten. Wie ein Magnet zieht das Selbst Wahrnehmung und Empfindung in seinen Einflussbereich hinein. Seine unwiderstehliche Kraft lässt wenig Raum für Kreativität oder Freiheit.

Wenn wir versuchen uns von dem beschränkenden Zugriff des Selbst zu befreien, erkennen wir schließlich, dass selbst diese Versuche vom Selbst strukturiert sind. Intellektuelle Dialoge führen uns in endlose Kreise. Selbst unsere Sinne und unsere Intuition werden durch den Filter von Eigeninteresse und Selbstbesorgnis gesehen.

Der beste Weg, um Antworten zu erhalten, die diesen Schleier durchdringen, ist es, die Bewusstheit selbst anzuschauen, denjenigen zu kontaktieren, der verfolgt oder sucht – den Betrachter zu betrachten. Das subjektive Selbst auf diese Weise zu öffnen, öffnet unseren Geist und weitet unser Wahrnehmungsvermögen, bis unser Bewusstsein ansprechbar und lebendig wird.

Diese innere Lebendigkeit ist wie sanfter Regen auf ausgedörrtem Land. Wir fühlen uns so oft träge, hilflos oder durcheinander. Unsere Bewusstheit polarisiert sich in die Extreme von Emotionen oder Meinungen; unsere Gedanken und Handlungen sind nicht im Gleichklang, Körper und Geist sind nicht miteinander versöhnt. Die scharfen Unterscheidungen zwischen richtig und falsch, hoch und niedrig, schwarz und weiß ziehen sich durch unser Leben und unsere Gesellschaft. Wir brauchen die Leichtigkeit, den Geschmack bedingungsloser Freude, die uns innere Vitalität bringen kann.

Wenngleich es auf dieser Erde viel zu tun gibt, liegt die wahre menschliche Herausforderung darin, durch unmittelbare Konfrontation den Geist zu entwickeln. In der Vergangenheit haben sich viele Individuen mit Hilfe disziplinierter Anstrengung erfolgreich dieser Herausforderung gestellt. Heutzutage bieten aber beengte Verhältnisse und vorherrschende soziale Muster nicht leicht den Raum für einen einfachen und friedlichen Lebensstil, der ein andauerndes Erforschen gestatten würde. Es ist schwierig, im Gedränge alltäglicher Aktivitäten über spirituelle Werte nachzudenken. Der moderne Mensch ist hoch entwickelt und intelligent, aber in vieler Hinsicht ist seine Fähigkeit, mit seinem inneren Selbst zurecht zu kommen, eingeschränkt worden. So weit eingeschränkt, dass es beinahe so scheint, als ob die Verfassung des menschlichen Geistes sich verschlechtert hätte. Der Mensch als Erfinder hat seine kreative Kraft an mechanische Dinge abgegeben, während er den spirituellen Aspekt seines Lebens vernachlässigt.

Da wir uns nicht von der Gesellschaft trennen oder in irgendein erleuchtetes Shangrila auswandern können, wie können wir unser Leben bewältigen? Welche Ressourcen stehen angesichts der Beschaffenheit unserer Gesellschaft für die Verbesserung unserer selbst zur Verfügung?

Dem Pfad der Bewusstheit zu folgen ist ein positiver Schritt in die Richtung eines vollständigen, reichen Lebens, in dem die physischen, geistigen und spirituellen Dimensionen gleichmäßig entwickelt sind. Wir können unsere Bewusstheit und unser Bewusstsein entwickeln, indem wir lernen, mit den Situationen und Umständen unseres Lebens auf eine entspannte und konzentrierte Weise umzugehen. Wir müssen keinen ungewöhnlichen Lebensstil wählen oder unsere soziale oder persönliche Verantwortung ignorieren. Hier und jetzt können wir lernen, Zuflucht und Unterstützung in unserem eigenen Verstehen und Wissen zu finden.

Ein guter Weg anzufangen ist es, jeden Tag für kurze Perioden in Meditation zu sitzen. Sei dir während des Tages deiner Handlungen und deiner Sinne bewusst. Werde langsamer, entspanne dich, widme deinem Körper und Geist ein wenig mehr Aufmerksamkeit und kultiviere Bewusstheit bei allem, was du tust.

Erinnere dich so sehr du kannst, dass *leben* bedeutet *bewusst sein*. Um vollständig lebendig zu sein, entwickle Bewusstheit in höchstem Maß. Was auch immer du tust, ob du arbeitest oder dich einfach nur gut unterhältst, du kannst bewusst mit Körper und Sinnen beteiligt sein. Tust du dies, so gewinnst du die Gegenwärtigkeit deines Seins zurück. Zuerst wirst du dir der Gegenstände und Wahrnehmungen in deinem alltäglichen Leben bewusst werden. Danach wird deine Bewusstheit durchdringen, jenseits von Dualität und Selbst.

Während du vorangehst, ändert sich auf mysteriöse Weise und sogar, ohne dass du es bemerkst, der Gedankenprozess. Kontemplation festigt sich und öffnet sich der inneren Tiefe des Geistes. Je mehr Raum du diesem tieferen Geist gibst, desto leichter kannst du alltägliche Belastungen und Aktivitäten bewältigen. Der tiefe Geist ist die Quelle für mitfühlende Liebe, Inspiration und Verständnis, der Schlüssel für eine vollständige Kommunikation mit unseren Sinnen, Gedanken und der Welt um uns herum.

Wenn das Ergebnis von Meditation und Bewusstheit in dein Leben gelangt, wird Wahrheit zu deiner Seinsweise und deine Handlungen stehen auf natürliche Weise mit deiner Umwelt in Einklang. Das klingt schön. Es scheint eine gute Idee zu sein. Warum sollten wir sie dann nicht umsetzen?

Wir alle sind auserwählt; wir alle haben einen Sinn im Leben. Auf einer tieferen Ebene als von Worten berührt werden kann, könnte man sogar sagen, dass die Bestimmung unseres Lebens jenseits des Wunsches, etwas zu erreichen, liegt. Eine Bestimmung, die weder von Gier noch von Eigennutz geprägt ist: die Fülle des Lebens und die Harmonie des Selbst mit anderen zu verwirklichen. Indem wir den Geist direkt berühren, können wir unsere Bestimmung erfüllen. Gerade so wie Licht die Dunkelheit sofort vertreibt, egal wie lange die Nacht war, vertreibt der unmittelbare Einblick in den Geist die Unwissenheit, egal wie lange wir gelitten haben.

Meditation und Denken

Die Energie unseres Körpers und Geistes ist unser wahrer Schatz. Mit Hilfe von Meditation lernen wir, ihn gut zu gebrauchen. Wir verwandeln unsere potentiellen Ressourcen in verwirklichte Ziele; wir erwachen zu den grenzenlosen Möglichkeiten, die das Leben bietet, und bilden die volle Kraft unserer Fähigkeit aus, den Kurs unseres Lebens zu bestimmen.

Wenn meditative Bewusstheit mit unserem Körper, Geist und unseren Sinnen vereint wird, werden positive spirituelle Qualitäten zu einem Teil unserer Denk- und Seinsweise. Denken, Empfinden und die analytischen und intuitiven Aspekte unseres Geistes stimmen sich aufeinander ab und funktionieren harmonisch. Im Inneren werden unsere Gedanken beweglich und sanft. Im Äußeren können wir mit Problemen wirksam umgehen oder sie völlig umformen.

Auch wenn es für uns alle möglich ist, ist es vielleicht doch schwierig, mit Meditation zu beginnen. Wie bringen wir sie in unserem Leben unter? Was genau sollen wir tun? Ist uns Meditation neu und unvertraut, kann es Schwierigkeiten schaffen, wenn wir über das Meditieren nur nachdenken, statt es zu tun. Wenn wir uns auf unsere Vorstellungen von Meditation verlassen, kann sie uns wie eine schwierige Aufgabe vorkommen, wie Luxus oder Flucht vor anderen Verpflichtungen. Aber Meditation ist nichts davon. Sie ist auch keine asketische Übung, die wenigen Auserwählten vorbehalten bleibt. Meditation ist einfach ein Weg, durch engen Kontakt mit uns selbst zu lernen. Ein Meditierender ist jemand, der wertvolles Wissen, das in seinem Geist und seinen Sinnen vorhanden ist, aufdeckt. Meditation ist der Weg, auf dem er sich dieses Wissen, diesen Reichtum seines inneren Seins erschließt.

Wenn wir uns dem Geist als etwas, das wir erforschen wollen, nähern und nicht als etwas, das wir kontrollieren oder dem wir entfliehen möchten, stellt sich Meditation leicht ein. Wir können dieses Forschen beginnen, indem wir bestimmte Fragen stellen, wie: Wie ist der Meditierende mit seinen Gedanken verbunden? Wir könnten uns den Meditierenden als Schäfer und die Gedanken als Schafe vorstellen. Der Schäfer fühlt sich für die Pflege der Schafe verantwortlich; er hat bestimmte Vorstellungen davon, wie sie sein sollten. Indem er versucht, sie glücklich und friedvoll zu halten, folgt der Schäfer den Schafen und wird von ihrer Bewegung vorwärts getragen. Seine Bewegungen reflektieren tatsächlich die seiner Schafe, genauso wie die Bewegungen der Schafe seine Führung widerspiegeln. Beide sind in gegenseitiger Abhängigkeit zusammengeschlossen.

In gleicher Weise ist der Meditierende eng mit Gedanken verbunden. Wenn die Gedanken sich bewegen, bewegt sich auch der Meditierende. Sehen wir das, so führt uns das vielleicht zu der Frage, ob der Meditierende überhaupt vom Denken getrennt ist. Vielleicht ist *der Meditierende* einfach eine andere Art von Gedanken. Wenn ja, wo endet dann die eine Art Gedanken und wo beginnt die andere? Entsteht der Meditierende zugleich mit dem Gedanken oder folgt einer nach dem anderen?

Wenn wir tiefer nachforschen, scheinen endgültige Schlüsse über die Natur des Geistes vielleicht weiter entfernt als jemals zuvor. Wer stellt überhaupt diese Fragen? Wer gibt die Antworten? Eine zu simple oder oberflächliche Antwort wird uns nicht viel über den Prozess des Geistes sagen beziehungsweise uns wenig helfen, zu wachsen. Vielleicht ist es andererseits eine sehr bedeutungsvolle Entdeckung, keine Antwort zu finden. Das hilft uns vielleicht, die Spaltung in Subjekt und Objekt und unsere Bindung an intellektuelles Wissen zu transzendieren.

Zuerst aber müssen wir Fragen stellen und die Möglichkeit zulassen, aus allem zu lernen, was im Geist auftaucht. Verständnis wird dann allmählich wachsen und unsere Fragen und Unsicherheiten durchdringen. Durch diesen Prozess tiefen Nachdenkens, der sowohl das Denken als auch *den Denker* in

Betracht zieht, werden wir den Geist auf neue Weise kennen lernen.

Wir müssen nicht zu jemand anderem gehen oder uns eine besondere Ausrüstung zulegen, um zu diesem Verständnis zu gelangen. Wir haben immer Gedanken, wir können immer von ihnen lernen. Wenn du dich in Tagträumen verloren hast, finde den *Träumer* und schau, wie er oder sie sich mit dem Tagtraum verbindet. Wenn du über deine Arbeit nachdenkst, beobachte den *Arbeiter* und wie er sich zu seiner Arbeit verhält. Während du über deinen Ehemann oder deine Ehefrau nachdenkst, schau auf den, der diese Rollen zuteilt. Versuche nicht zu interpretieren; schau nur, als ob du dein Gesicht im Spiegel betrachten würdest. Was geschieht mit der Spiegelung, wenn dein Gesicht sich bewegt? Was geschieht mit deinen Gedanken, wenn sie auf diese Weise beobachtet werden?

Fortgeschrittene Meditation

Meditation prüft den Geist genau, misst dieses innere Gelände aus, macht seine Tiefen sichtbar und dringt schließlich bis zum innersten Wesen des Geistes vor. Aber der Geist ist schwer fassbar; er ändert sich wie Quecksilber, wenn wir versuchen ihn zu berühren. Gedanken, Gefühle und Empfindungen folgen einander in rascher Abfolge; sie lassen sich genauso schwer klar sehen wie Fische, die in den schattigen Tiefen eines Stromes umherschießen. Deshalb ist es die erste Aufgabe des Meditierenden, den Geist zu beruhigen und zuzulassen, dass seine reichen und friedlichen Tiefen klar werden. Mit Übung erreichen sowohl analytische als auch kontemplative Meditation dieses Ziel.

Je mehr sich unsere Meditation entwickelt, desto weniger Anstrengung erfordert sie. Was anfänglich vielleicht als eine strenge und schwierige Übung erschien, ist eine Unternehmung geworden, die reichlich belohnt wird. Sind die Sinne ruhig und entspannt und der Körper wie stiller, leerer Raum, ist Meditation auf natürliche Weise da.

An diesem Punkt sind wir bereit für fortgeschrittene Meditation. Das ist Meditation, in der ein Element von Konzentration, eine besondere Art von stabiler geistiger Energie, uns die Empfindung vermittelt, in direktem Kontakt mit unserem ganzen Dasein zu stehen. Während dieser meditative Prozess sich entwickelt, beginnt sich eine Klarheit, ein gewisses, sicheres Wissen vom Geist von selbst zu entfalten. Geduldig und zufrieden, offen und akzeptierend gegenüber allem, was anwesend ist, wächst Meditation einfach aus sich selbst.

Auf dieser Stufe können wir nicht sagen: Ich habe eine Meditationserfahrung. Zu wem würden wir das sagen? Es gibt keinen Dialog, keine Getrenntheit. Wir sind die Meditation und die Meditation ist nicht von uns zu trennen; es gibt nichts dazwischen. Meditation, unsere Erfahrung, wir selbst – wir sehen bald, dass diese Begriffe unterschiedliche Arten zu sprechen und zu entdecken sind, verschiedene Facetten des Geistes, nicht getrennte und isolierte Dinge. Eine friedvolle, glückselige Leere in der Meditation zu erreichen bedeutet, dass wir den Geist unmittelbar berühren.

Gewöhnlich zeigt der Geist sich auf andere Weisen, indem er Ärger und Neurose genauso wie Frieden und Glück offenbart. Diese mächtigen Reflektionen des Geistes hallen überall in unserer Erfahrung wider. Sie beeinflussen jeden Aspekt unseres Lebens. Wenn wir die Macht des Geistes sehen, können wir erkennen, in welchem Ausmaß unser Wohlbefinden davon abhängt, wie der Geist verstanden wird. Der Geist ist der Herrscher, der Führer unseres Lebens und stellt daher ein kostbares und großes Potential dar.

Diese Sicht widerspricht unserer gewöhnlichen Betrachtungsweise, die davon beherrscht ist, zwischen positiv und negativ zu unterscheiden. Selbst wenn wir uns spirituellem Wachstum verpflichtet haben, bewegen wir uns innerhalb dieser Polarität. Wir entschließen uns, positive Dinge anzusammeln und Gutes hervorzubringen. Weil aber unsere Handlungen noch an Begriffe und Urteile gebunden sind, führen unsere Bemühungen kaum zu Ergebnissen. Das Selbst verewigt einfach das Selbst; das Selbst spielt, der Geist reflektiert den Geist.

Die oberflächlichen Funktionsweisen des Geistes, seine Manifestationen, können einander nur widerspiegeln. Wir sind in ihnen gefangen wie in einem Strudel. Wie können uns unsere Ideen, Standpunkte und Fragen zum Verstehen führen, wenn sie nur gegenseitig aufeinander verweisen? Sie können uns keine andere Handlungs- oder Seinsweise zeigen. Da wir in einem geschlossenen Kreis gefangen sind, bietet unser gewöhnlicher Geist keine anderen Wahlmöglichkeiten.

Von wo haben wir dieses Denk- und Handlungsmuster? Tendenzen, die in unserem ursprünglichen Bewusstsein gefunden werden, werden in der frühen Kindheit entwickelt und verstärkt. Uns wird als Kindern beigebracht, dass unsere Gefühle und Ideen wirklich und beständig sind; auf diese Weise akzeptieren wir, dass es Vergnügen und Schmerz, Glück und Unglück gibt. Indem wir uns mit diesen Urteilen identifizieren, fangen wir an, an ein konkretes *Ich* zu glauben, das spezifische Gewohnheiten, Muster und Eigenschaften besitzt. Freunde und Familie urteilen alle auf dieselbe Weise; jeder stimmt derselben Sichtweise zu. Wissen wir tatsächlich irgendetwas, das nicht nur ein Verdopplung ist? Können wir lernen, irgendeinen anderen Weg zu beschreiten?

Es gibt darauf keine einfache Antwort. Wenn wir dieses Muster wirklich erkennen könnten, würden wir seiner müde werden: seines kontinuierlichen Greifens und Zurückweisens; Furcht, die sich mit Hoffnung, Erfolge, die sich mit Enttäuschungen abwechseln. Auch wenn jeden Tag neue Dinge geschehen, ändert sich doch die grundlegende Struktur nicht. Dasselbe Muster wirkt sich auf unsere Meditation aus: Obwohl wir gewaltsam versuchen, uns zu konzentrieren, hilft es nichts; die Gedanken kehren doch zurück und es gibt keine anhaltende Veränderung.

Wenn wir unsere Situation verbessern wollen, müssen wir unsere grundlegendsten Ansichten und Denkweisen ändern: Wir müssen anerkennen, dass ein großer Teil unserer Erfahrung eine Schöpfung des Geistes ist. Wenn wir das tun, erkennen wir auch, dass wir große Flexibilität besitzen; wir können uns ändern, nichts ist fest. *Ich dachte, ich hätte Blockaden; ich dachte, meine schlechten Gewohnheiten könnten nicht geändert werden; ich war sicher, dass dieses feste Ich sich niemals ändern könnte. Jetzt sehe ich, dass das, was fest erschien, wie ein Bild des Mondes in einem Teich ist. Wenn sich das Wasser bewegt, so bewegt sich auch der Mond. Wenn ich weiter nachforsche, kann ich nur Wasser finden.*

Sobald wir erkennen, dass es nichts anderes als Geist gibt, beginnen wir, unsere Erfahrung ohne Urteile zu akzeptieren. Diese Erkenntnis und diese Akzeptanz werden zu einer Meditation, zu einem natürlichen Teil unserer Erfahrung. Es ist nicht mehr nötig, nach besonderen Erfahrungen oder Geistesblitzen zu suchen; es ist nicht mehr nötig, dem Geist über das Geschehene Bericht zu erstatten. Wir erkennen, dass alles Wertvolle, Wahre oder Schöne auf natürliche Weise innerhalb des Geistes vorhanden ist. Selbst die Unterscheidung zwischen meditativen und nicht meditativen Zuständen löst sich auf, denn egal was wir tun, wir sind in Kontakt mit dem Geist.

Da dieses Wissen vom Geist jenseits von Spekulation ist, bleibt es rätselhaft und geheim, unempfänglich gegenüber allen Versuchen, es mit Deutungen zu durchdringen. Wie kann dieses Geheimnis dann gelöst werden? Wie können wir das offene, erleuchtete Wesen des Geistes entdecken, das auf positive Weise alle Kategorien von Gut und Böse transzendiert? Das zu tun, erfordert mehr Erfahrung, Geschick und Sorgfalt als ein Gehirnchirurg anwenden muss. Es erfordert außerdem die Anleitung und Führung durch einen erfahrenen Meditationslehrer mit einer einwandfreien Übertragungslinie. Und es erfordert Disziplin und Beharrlichkeit, da es vielleicht lange Zeit dauert, bevor sich vollständige Ergebnisse einstellen.

Die Laufbahn des Meditierenden bewegt sich durch drei unterschiedliche Phasen. In der ersten beginnen wir zu sehen, wie der Geist funktioniert, wie Gedanken, Gefühle und Empfindungen aufsteigen und vergehen. Der Geist wird ruhig und diszipliniert. Dieser harmonische und ausgeglichene Zustand ist das Ziel vieler Meditierender. Diejenigen, die sich unter angemessene Führung begeben und in ihrem Bemühen ausharren, erreichen die zweite Stufe, auf der der Meditierende erkennt, dass sowohl das Positive als auch das Negative Manifestationen des Geistes sind und dass ein großer Teil seiner Erfahrung eine Schöpfung des Geistes ist. (Diese Einsicht darf jedoch nicht mit Mentalismus verwechselt werden, der grundsätzlich anders ist.) Auf der dritten Stufe schließlich wird der gewöhnliche Geist vollständig transzendiert. GEIST taucht auf wie die Sonne, die durch die Wolken bricht, strahlend und offen.

Den Geist verändern

Wir nehmen mit Hilfe des Geistes wahr, ob wir die Energie eines winzigen Teilchens durch ein Mikroskop betrachten oder ob wir durch ein Teleskop hindurch sehen, wie das Licht einer Galaxie sich durch die Offenheit des Raums dreht. Durch das Medium des Geistes erkennen wir und reagieren auf alles, was um uns herum und in uns geschieht. Der Geist formt jede Nuance unserer Wirklichkeit und bestimmt die Natur jeder Erfahrung; jede Zeit und jeder Ort sind Teil der Welt, die der Geist schafft.

Die Qualität unserer Erfahrung hängt von den Gedanken und Gefühlen ab, die in unserem Geist auftauchen. Die Gerichtetheit unserer Gedanken und Gefühle wiederum entsteht aus der grundlegenden Orientierung unseres Geistes. Der gesunde, spirituell ausgerichtete Geist kann leicht Frieden und Freude finden, während der Geist, der mit samsarischen, selbstbezogenen Belangen beschäftigt ist, leichter von Unzufriedenheit und Schmerz gefangen genommen wird.

Wenn wir uns im jetzigen Augenblick wohl fühlen, können wir davon ausgehen, dass unser Geist in einer gesunden, positiven Orientierung gegründet ist? Sind wir in der Lage, emotionales Gleichgewicht und ein Gefühl von Wohlbefinden einen Monat oder einen Tag oder einen Augenblick lang aufrechtzuerhalten? Wenn wir über unsere vergangenen Erfahrungen nachdenken, erkennen wir, dass das schwierig ist. Wir sind tief in samsarische Muster verstrickt und von Verwirrung, Emotion und Selbstsucht behaftet. Beinahe jede Richtung, die wir einschlagen, stellt uns der Macht unserer eigenen negativen Tendenzen gegenüber. Dann weichen Gefühle des Glücks und Wohlbefindens der Angst und Selbstzweifeln.

Wenn wir erkennen, dass diese Gefühle und störenden Gedanken, die sie begleiten, durch unsere eigenen geistigen Muster entstehen, können wir sehen, wie leicht der Geist eine unbehagliche innere Umgebung schafft. Sind wir dann auf Gedeih und Verderb den negativen Tendenzen unseres Geistes ausgeliefert oder können wir uns einer spirituellen Orientierung zuwenden, mit der Freude, die sie begleitet?

Die Natur des Geistes ist nicht negativ. Der samsarische Geist erscheint dicht und unklar, aber das gilt auch für einen Kristall in einem dunklen Raum. Der Geist kann wie der Kristall ins Licht gebracht werden, wo sein offener, reiner Charakter sichtbar wird. Wir beginnen Licht auf den Geist zu werfen, wenn wir seine Wirkungsweise sorgfältig beobachten: Wie Gefühle und Gedanken Gestalt annehmen, sich verstärken und verschwinden, wie Emotionen sich von angenehm zu schmerzhaft und wieder zurück entwickeln.

Wenn wir sorgfältig beobachten, können wir wahrnehmen, wann ein geistiger Zustand endet und ein anderer beginnt; wir können die feinen Vibrationen einer Emotion fühlen, die sich im Kielwasser eines Gedankens ins Sein bewegt. Oder wir können den genauen Moment erwischen, in dem unser Geist anfängt, innere Erlebnisse zu interpretieren, zu bewerten und ihnen Ursachen und Namen zuzuordnen, wie Druck oder Zufriedenheit, Wut oder Liebe. Wenn wir uns verwirrt fühlen, können wir die Verwirrung einfach wahrnehmen, die Folge von Gedanken und die Flut an widerstreitenden inneren Dialogen beobachten, so als ob wir ein Schauspiel beobachten würden – interessiert, sogar vertieft, aber vom Bedürfnis losgelöst, das Geschehen zu manipulieren oder zu ändern.

Diese ruhige, losgelöste Beobachtung ruft eine gesammelte und doch entspannte Konzentration wach. Befreit vom Bedürfnis, auf bestimmte Gedanken und Gefühle zu reagieren, öffnet Meditation unsere Sinne weit und erlaubt uns, vollständiger und feinfühliger wahrzunehmen. In diesem weiteren Wahrnehmungsfeld können wir Gedanken und Gefühle auf weiträumigere und umfassendere Weise betrachten und den Griff der Emotionen lockern. Diese Meditationsform kann den Geist beruhigen und erfrischen, selbst wenn er in Kummer oder Wut gefangen ist.

Obwohl Meditation einfach und natürlich ist, wird der Geist, der an eine entspannte Offenheit nicht gewöhnt ist, rastlos und neigt dazu, einfache Dinge kompliziert zu machen. Vielleicht beginnt der Geist, über die Meditation selbst nachzudenken, und fragt sich, ob er sie *richtig* macht, oder er bemüht sich darum, sich an bestimmte Anweisungen zu erinnern. Wenn das geschieht, beachte die Tendenz des Geistes, sich auf Einzelheiten zu fixieren, die zu Komplikationen und Unsicherheit führen. Beobachte die Gedanken ruhig, ohne sie wegzuwünschen oder dem sich entwickelnden geistigen Kommentar etwas hinzuzufügen. Genauso wie wir uns bei einer Aufführung der Kulisse hinter den Schauspielern bewusst sind, sei dir der klaren, weiträumigen Qualität des Geistes bewusst, die es den Gedanken erlaubt aufzutauchen.

Meditative Bewusstheit unterspült negative Muster zuerst, um sie schließlich wegzuwaschen. Wenn wir durch direkte Beobachtung unseres Geistes wissen, dass Gedanken keine Substanz haben und veränderlich sind, wird es möglich, produktive Gedanken zu fördern und jene loszulassen, die uns unnötigen Schmerz verursachen. Wir fürchten uns nicht länger vor den Gedanken, die uns mit Unsicherheit und Zweifel bedrängt haben; nachdem wir im feindlichen Lager gewesen sind und gesehen haben, dass die Waffen zerbrechlich und harmlos sind, können wir die negativsten Gedanken und Gefühle in Möglichkeiten für Selbsterkenntnis und Veränderung umwandeln. Selbst neurotische Gedanken, die an uns mit Klagen und Selbstbeschuldigung herumzunörgeln pflegten, entstehen und vergehen wieder, ohne unseren tieferen Gleichmut zu stören. Gedanken werden zu Verbündeten, die genaue Informationen über unsere Wahrnehmungen überbringen und warme Gefühle vermitteln, die mit einer sanften Bewusstheit durchdrungen sind.

In dieser unterstützenden, mitfühlenden Umgebung bildet sich ein Selbstwertgefühl, das dauerhafter und verlässlicher ist als materieller Reichtum, besondere Freunde, ein hübsches Gesicht oder ein schöner Körper. Unsicherheit, Niedergeschlagenheit und Einsamkeit weichen einer freudigen Wertschätzung der unserem Geist innewohnenden Schätze. Wir fühlen uns in uns selbst zu Hause und können leichter und sinnvoller mit anderen umgehen. Der Geist wird gesund, positiv und wach; unsere Lebensweise wird ausgeglichen und erfüllend. Wir vertrauen in zunehmendem Maße dem Leben, das uns unendliche Gelegenheiten eröffnet, unsere einzigartige menschliche Bestimmung zu verwirklichen.

TEIL ZWEI

Sich dem Dharma zuwenden

Der Weg der Veränderung

Wir benötigen heute mehr als jemals zuvor ausgeglichene spirituelle Energien, die uns Menschen den Segen von Harmonie und Erfüllung bringen können. Wir sind in einem ungemein komplexen Netz von Abhängigkeiten miteinander verbunden, unsere Handlungen haben bedeutsame und weit reichende Folgen. Veränderungen kommen schnell und Ereignisse entwickeln sich mit beispielloser Geschwindigkeit und Dynamik.

Die Macht der Veränderung hat uns von den traditionellen Werten entfernt, die in der Vergangenheit dem menschlichen Leben Sinn gegeben und als Mittel für innere Entwicklung gedient haben. Das entstandene spirituelle Vakuum hat viele Menschen verwirrt und betäubt zurückgelassen, mit wenig Inspiration, ihr inneres Wesen zu erforschen. Einige Menschen reagieren darauf, indem sie die Gültigkeit innerer Werte gänzlich leugnen. Sie konzentrieren sich auf die materialistische Ebene und verlassen sich bei der Lösung menschlicher Probleme auf Wissenschaft und Technologie. Andere reagieren so, dass sie sich fest an ein Glaubenssystem oder eine charismatische Persönlichkeit klammern. Diese beiden Antworten erkaufen nur eine vorübergehende Sicherheit auf Kosten einer echten Suche nach innerer Wahrheit. Jede dieser Vorgehensweisen wird schließlich mit leeren Händen dastehen.

Den Lauf menschlicher Ereignisse zu ändern, wird keine einfache Aufgabe sein. Die Scheuklappen unserer gegenwärtigen Standpunkte sind ein Teil von uns geworden, es wird schwierig sein, unseren Blick zu erweitern. Wenn wir es versuchen, so müssen wir uns mit der ganzen Kraft unserer unmittelbaren Wünsche und Bedürfnisse auseinandersetzen. Vielleicht wollen wir nicht auf eine innere Stimme hören, die dem widerspricht, wovon wir jetzt denken, es sei für uns das Beste.

Um jedoch das Juwel zu behüten, welches das innere Wesen des Menschseins ausmacht, müssen wir hinhören. Wir müssen die Werte wiederherstellen, die das Leben wirklich lebenswert machen, Werte, die ein tiefes Gefühl von Erfüllung fördern und inneres Gewahrsein nähren. Solche Werte sind in unseren Religionen und ideologischen Systemen verkörpert; sehr wahrscheinlich werden wir uns auf unserer eigenen Suche nach innerem Sinn an diese Traditionen wenden, um Führung und Ermutigung zu finden.

Religiöse Traditionen sind wie schöne Gewänder, die unsere Aufmerksamkeit auf sich ziehen und unsere Sinne ansprechen. Sie dienen auf unserer Suche nach innerer Bedeutung als ein Modell, wir schätzen sie wegen ihrer Schönheit und ihrem Potential. Aber unser Festhalten an ihrer äußeren Form oder unser Glaube an ihre ausschließliche Gültigkeit kann, wie die Geschichte zeigt, zu Konflikt führen oder sogar zu Krieg.

Wir können zwar nicht sagen, dass alle Religionen gleich sind, aber wir können auf gemeinsame Elemente hinweisen, die kulturelle und persönliche Grenzen überschreiten: Liebe zum Frieden, Harmonie, tiefe Zufriedenheit und der Wunsch, das Wesen des Lebens zu verstehen. Auf dieser Grundlage können wir alle religiösen Erscheinungsformen als Ausdruck derselben dynamischen Prinzipien wertschätzen.

Religionen und Ideologien tauchen in der Geschichte auf wie Blumen, die auf einer Sommerwiese sprießen. Ihre ersten Lebenstriebe spiegeln die Zeit wider, in der sie zum ersten Mal auftauchen, und das Bewusstsein derjenigen, die ihnen Ausdruck verleihen. Ihre Blüten verkörpern die Umstände, unter denen sie blühen. Veränderungen innerhalb von Traditionen entstehen und verschwinden wieder. Sie veranschaulichen ein zeitliches Muster, das zurückverfolgt werden kann, so weit sich Menschen erinnern können. Wenn wir dieses Muster erkennen, stärkt das unseren Respekt für Unterschiede zwischen Traditionen und ermutigt uns, über sie hinaus auf die gemeinsamen menschlichen Werte zu schauen, die wir alle auf einer tiefen Ebene teilen.

Um erfolgreich mit unserem inneren Selbst zu kommunizieren und sein Wesen zu erforschen, müssen wir wahre Liebhaber von Weisheit werden, nicht nur Anhänger von Ideen. Dann berühren uns die äußere Form unserer religiösen Praxis, ihre Zeremonien und Lehren, auf der tiefsten Ebene. Unsere Handlungen sind angemessen und heilsam, da sie aus einer inneren Quelle von Werten fließen. Sie spiegeln zwar die Bedingungen und Umstände unseres Lebens wider, so wie ein Kristall die Farbe des Stoffes annimmt, auf dem er liegt. Aber unser Herz ist wie der Kristall, und nicht wie seine vorübergehenden Reflexionen.

Während wir unseren Weg durch die Welt gehen, erscheint uns die Landschaft um uns herum vielleicht manchmal öde, aber unter der Oberfläche fließen immerzu die heilenden Wasser der Weisheit. Die von uns ausgewählte Tradition kann die Leben spendende Quelle sein, die diese Wasser erschließt. Sie gibt den weit reichenden Entdeckungen unseres Zeitalters neuen Sinn und unseren machtvollen Technologien neue Orientierung. Wenn wir unsere Vorurteile ablegen und aufhören zu kämpfen, werden wir direkt vor unseren Füßen das finden, was wir suchen.

Man sagt, dass die Menschen in diesem Jahrhundert mehr Wissen erworben haben als in all den vorhergegangenen Jahrhunderten der bekannten Geschichte. Es ist an der Zeit, dieser Leistung gerecht zu werden, indem wir die Anwesenheit von Weisheit in der Welt stärken. Vielleicht können wir dann die Konflikte heilen, die die Menschen trennen, und lernen, die Kluft zwischen dem Materiellen und dem Spirituellen zu überbrücken.

Der buddhistische Weg

Wir können uns durch Meditation einem Weg zur Selbsterkenntnis öffnen, der letztlich zur Erleuchtung führt. Vor mehr als 2500 Jahren hat der Buddha diesen Weg beschritten: Er untersuchte die Ursachen von Unglück und Wege zu vollkommener Gesundheit. Diese Untersuchung gipfelte in der vollständigen Verwirklichung des menschlichen Potentials. Nach seiner Befreiung lehrte der Buddha, dass diese höchste Verwirklichung für uns alle möglich ist, unabhängig von unserer Herkunft oder unserem gegenwärtigen Lebensstil. Im Gegensatz zu gewöhnlicher Erfahrung oder Errungenschaften kann diese Bewusstheit im Lauf der Zeit nicht schwächer werden oder ihren Wert verlieren.

Der erste und grundlegendste Punkt, den der Buddha betonte, befasst sich damit, dass wir uns dem Leben direkt stellen – dass wir eine ehrliche Bilanz unserer Erfahrung ziehen, ohne von engstirnigen oder sentimentalen Phantasien eingeschränkt zu sein. Es ist notwendig, die wesentlichen Probleme und Werte menschlichen Lebens zu erkennen, so dass wir die richtige Richtung einschlagen können. Jemand auf der Stufe des Hinayana begreift, dass Vergänglichkeit und Enttäuschung zentrale Merkmale des Lebens sind, denen man sich ehrlich stellen und mit denen man ehrlich umgehen muss. Er geht davon aus, dass jeder Einzelne Verantwortung dafür übernehmen muss, die Enttäuschungen des Lebens zu überwinden und diejenigen Qualitäten zu pflegen, die für ein erfülltes menschliches Leben wesentlich sind. Das verlangt individuelles Bemühen anstelle einer passiven Bitte um Erlösung durch jemand anderen.

Solch eine reife und wirklichkeitsgetreue Einstellung wird im Mahayana durch die Konzentration auf Mitgefühl für andere und auf ein tiefgehendes Verständnis des Wesens aller Erscheinungen ergänzt. Die Einsicht des Mahayana zeigt, dass alle Erfahrung, wie einschränkend und enttäuschend auch immer, dennoch auf eine wesentliche Art offen ist. Deshalb müssen wir keinen individuellen Ausweg suchen. Aus dieser Einsicht entspringt auf ganz natürliche Weise Mitgefühl, weil wir unsere eigene Position nicht mehr als so begrenzt, unsicher oder enttäuschend ansehen. Wir befassen uns mehr mit den Schwierigkeiten der anderen und können uns den Versuch leisten, ihnen zu helfen. Da diese Form des Mitgefühls eher auf Verständnis und nicht auf sentimentalen Projektionen beruht, ist es im Allgemeinen angemessen und hilfreich.

Der Buddhismus hat, historisch gesehen, verschiedene Schulen und Lehren entwickelt, um den Bedürfnissen und Fähigkeiten unterschiedlicher Menschentypen zu entsprechen. Diese Schulen haben viele meditative Techniken vervollkommnet, die helfen, Lebensprobleme zu klären und zu bewältigen und mit tiefgründigen und wertvollen Aspekten unseres Körpers und Geistes in Kontakt zu kommen. Buddhistische Meditationsübungen sind immer mit praktischen Erwägungen und den wesentlichen Energien und Qualitäten menschlicher Erfahrung verbunden. Eine stabile Grundlage und ausgeglichene Orientierung sind auch nötig, um von grundlegenden, einleitenden Übungen zu tieferen meditativen Erfahrungen voranzuschreiten.

Für diejenigen, die die Einführung der Hinayana- und Mahayana-Lehren gründlich geübt haben, bietet der Buddhismus traditionell den Vajrayana als Fortsetzung und als letzten Weg. Der Vajrayana ist keine begrenzte Lehre und kein begrenzter Ansatz, sondern eher ein Weg unbegrenzten Wachstums. Er überschreitet völlig alle dualistischen Meditationen und alles Begriffliche. Im Vajrayana wird das Leben nicht als ein Problem betrachtet, das es zu lösen gilt, sondern als eine Erfahrung, die unendlichen Reichtum und kreative Energie in sich trägt. Nichts wird abgelehnt oder unterdrückt, weil der Praktizierende des Vajrayana ausreichend Geschick und Gespür entwickelt, um mit dem heilsamen Aspekt von allem, was existiert, in Verbindung zu treten.

Das tiefgründige und feinsinnige Wesen der buddhistischen Lehren wurde von Shantarakshita und Padmasambhava – den größten Vajrayana-Meistern ihrer Zeit – im achten Jahrhundert von Indien nach Tibet gebracht. Beide Lehrer sind eng mit *Nyingma* oder der *Alten Schule*, der ersten der vier Hauptlinien des tibetischen Buddhismus, verbunden. Nyingma-Übersetzungen und -Kommentare, die auf indischen Texten beruhen, wurden so verfasst, dass der lebendigen Bedeutung eines jeden Begriffs oder jeder Idee große Beachtung geschenkt wurde. So lassen sich diese Lehren beim Übertragen in eine neue Sprache, wie zum Beispiel ins Englische oder Deutsche, leicht mit dem modernen Leben und modernen Begriffen verbinden.

Die Lehren der Nyingma-Tradition sind eine einzigartige Mischung aus dem Hinayana und seiner Betonung individualistischer Belange, von Bemühung und Verantwortung, dem Mahayana und seiner Betonung der Entwicklung von Mitgefühl und Offenheit und der Methode des Vajrayana, sowohl das Positive als auch das Negative zu transzendieren, so dass alles, was wir tun, zum Material wird, mit dem wir ein heilsames und ausgeglichenes Leben gestalten. Das Vajrayana scheint besonders für Menschen aus dem Westen geeignet zu sein, die ständig in alltägliche und weltliche Sorgen und Belange verwickelt sind.

Der Wert der Meditation

Die Lehren des Buddha laden uns ein, unsere Fähigkeit zu wissen vollständig zu entwickeln, und sie stellen Methoden zur Verfügung, die wir nutzen können, um unsere alltägliche Erfahrung zu transformieren. Wir können verschiedene meditative Ansätze, wie Atemübungen, Mantra singen und Visualisierungsübungen erforschen, bis wir diejenigen finden, die am besten zu uns passen; obwohl die Übungen unterschiedliche Formen haben, führt uns jeder Zugang zur Verwirklichung des erleuchteten Geistes.

Mit Hilfe von Meditation können wir lernen, den Geist zu

verstehen, und wir können dieses Verständnis auf unsere gesamte Erfahrung übertragen. Den Geist zu verstehen ist das Herzstück aller östlichen Philosophien und Religionen. Sie legen nahe, dass unsere Erfahrung aus unserem Geist stammt, dass sie durch den Geist und für ihn entsteht, und drängen uns, dies in unserem eigenen Leben zu verstehen. Meditation ist kein Rückzug aus dem Leben, sondern dessen Erweiterung: Wir können sie mit uns nehmen, um alles zu bereichern, was auch immer wir tun und wohin auch immer wir gehen.

Heutzutage wird der Einfluss der Umwelt auf unsere Gesundheit und unseren Geisteszustand sehr stark betont, aber es gibt wenig Einsicht in den Einfluss unseres Geisteszustandes auf die Umwelt. Wenn wir das Wesen des Geistes verstehen, können wir die Schwierigkeiten des Lebens mit einer Sicherheit und Integrität angehen, die allem, was wir tun, eine gesunde Qualität verleihen. Wir entwickeln eine fließende und sanfte Wechselbeziehung mit der Welt um uns herum.

Mit Hilfe von Meditation können wir unseren Geist lehren, ruhig und ausgeglichen zu sein. Innerhalb dieser Stille ist ein Reichtum und ein Potential, ein inneres Wissen, das unserem Leben grenzenlose Befriedigung und Bedeutung geben kann. Wir können die heilenden Eigenschaften unseres Geistes berühren. Der Geist kann uns in die Falle ungesunder Muster von Stress und Ungleichgewicht geraten lassen, es ist aber genauso der Geist, der uns befreien kann.

Wir können innerhalb des Geistes sowohl ein Gefühl von Sinn und Zweck finden als auch die Fähigkeiten, die unserem Leben Bedeutung geben. Wir können lernen, bereitwillig und wirksam mit dem umzugehen, was uns unlösbare Probleme zu sein schienen. Der Geist kann ein vertrautes und nützliches Werkzeug werden, das wir benutzen können, um unsere Erfahrung zu bereichern. Wenn wir auf diese Weise unsere innere Umwelt ins Gleichgewicht bringen, wird auch unsere äußere Umwelt ausgeglichen. Wir lernen Eigenständigkeit kennen, die natürliche Freiheit des Geistes.

Allmählich, fast nicht wahrnehmbar, verwandelt Meditation die Qualität des alltäglichen Lebens, sie stimuliert Kreativität, bildet geistige Fähigkeiten aus und verbindet Körper und Geist. Während Bewusstheit wächst, kommen wir mit einer lebendigen Energie in Verbindung, die unterhalb der Gedanken liegt, mit einer inneren Quelle der Erfüllung, die in jedem Augenblick aktiv und aufmerksam reagiert. Wenn wir diese Energie direkt berühren, entsteht ein Gefühl wahrer Freude und Zufriedenheit, das uns befähigt, unsere gesamte Erfahrung wertzuschätzen.

Wir können eine enge und verlässliche Freundschaft mit unserer Erfahrung schließen. Wenn diese Freundschaft wächst, entdecken wir, dass Transzendenz nicht irgendwo jenseits zu finden ist oder zu einer anderen Zeit: Was auch immer in unserem Leben geschieht, kann dazu dienen, Erleuchtung zu verkörpern. Selbst die Enge von Verwirrung und Schmerz kann in Kontemplation und Fülle verwandelt werden. Wir müssen uns einfach nur entspannen, unserem Atem erlauben, ruhig zu werden, und unsere Erfahrung achtsam beobachten, ohne zu urteilen. Auf diese Weise lernen wir, Leichtigkeit, Freude und Mitgefühl in unserem Leben zu fördern an Stelle von Widerstand und Enttäuschung. Wenn sich die Meditation entwickelt, werden wir auf natürliche Weise fröhlich und finden in allem, was wir tun, Sinn.

Wie wissen wir, wann wir die höchste Verwirklichung erlangt haben? Nachdem Schüler eine Erfahrung gehabt haben, die sie als Erleuchtung betrachten, fragen sie manchmal ihre Lehrer, was sie als nächstes tun sollen. Aber wenn wir frei sind, fragen wir nicht, was wir tun sollen oder nicht tun sollen. Befreiung ist vollkommenes Wissen von der Wahrheit, die nicht verdunkelt wird von Urteilen über richtig oder falsch. Sobald wir erleuchtet sind, haben wir kontinuierlich teil an der Vollkommenheit des Seins.

Interview mit Tarthang Tulku

3. Mai 1986

Wie verstehen Sie die Bedeutung und den Stellenwert des Dharma?
Der Dharma ist im Grunde menschliches Wissen. Er wird zu verschiedenen Zeiten und an verschiedenen Orten in unterschiedlichen Formen erscheinen, aber er umfasst den ganzen Bereich dessen, was wir wissen. Sein Stellenwert liegt darin, dass er vor Unwissenheit und irrtümlichen Ansichten schützt und dass es durch ihn möglich wird, die Wahrheit zu erfahren, ein gesundes Leben zu führen und zum Wohl aller Wesen zu handeln.

Was ist, allgemein gesprochen, die Besonderheit, die den Dharma von anderen Lehren unterscheidet?
Andere Lehren scheinen darauf abzuzielen, das Selbst zu verbessern, während die buddhistischen Lehren darauf abzielen, über das Selbst hinauszugehen.

Wie lassen sich die buddhistischen Lehren mit dem Christentum vergleichen? Hat der Dharma etwas zu bieten, was das Christentum nicht hat?
Für jemanden, der das Christentum gut versteht, sind vielleicht der Buddhismus und das Christentum ziemlich dasselbe. Aber bisher verstehen nicht viele Buddhisten das Christentum besonders gut, so dass sie nicht in der Position sind, es zu interpretieren und die tieferen Verbindungen herauszustellen. Ein Christ mit einem tiefen Verständnis seiner eigenen Tradition könnte sehen, dass viele buddhistische Lehren gut mit seinem eigenen Verständnis zusammenpassen. Ich persönlich glaube, dass der Buddhismus gegenüber christlichen Werten offener sein muss. Wenn wir uns die christlichen Tugenden ansehen,

finden wir wunderschöne Lehren – Mitgefühl, Dienen, einen tiefen Sinn für Ethik. Ich denke, dass Buddhisten, die das Christentum auf dieser Ebene studiert haben, ihm für gewöhnlich großen Respekt entgegenbringen.

Was ist der Unterschied zwischen den buddhistischen Lehren und westlicher Psychologie? Denken Sie, dass Psychotherapie wertvoll ist?
Die westliche Psychologie ist in ihrer modernen Form erst ein Jahrhundert alt und daher noch in ihren Anfangsstadien. An diesem Punkt ihrer Geschichte gibt es einige wichtige Theorien und Lehrer, aber ihre grundlegende Orientierung gegenüber dem menschlichen Geist scheint bestimmte Aspekte der Erfahrung nicht zu berücksichtigen.

Die Psychologie versucht, den gewöhnlichen menschlichen Geist zu nutzen, um den gewöhnlichen Geist zu schützen, und das ist nicht möglich. Wenn der Geist nicht von Anfang an erwacht ist, dann werden die Probleme und Bedingungen des menschlichen Bereichs von Anfang an Kontrolle ausüben. Die Psychologie nimmt das Wesen des Geistes bereitwillig an, versucht dann innerhalb davon zu wirken, um die Probleme zu lösen, die durch das Wesen des Geistes verursacht werden. Wenn die Psychologie forscht, dann benutzt sie denselben Geist, der die Ursache für Emotionalität und Verwirrung ist, um die Untersuchung durchzuführen. Natürlich nährt diese Untersuchung selbst Emotionalität, und so gibt es am Ende keinen Ausweg. Ich finde vielleicht Antworten und entwickle die Stärke zur Veränderung, wenn ich ein Problem untersuche, aber ich werde dennoch innerhalb des Bereichs bleiben, wo Emotionalität und Verwirrung wirksam sind. Die grundlegenden Probleme des dualistischen Bewusstseins werden nicht in Frage gestellt.

Innerhalb des psychologischen Bezugssystems gibt es keine guten Modelle, denen die Menschen folgen könnten. Wer ist schon ein vollkommenes menschliches Wesen? Wer ist auch nur *normal*? Die Neurose scheint in das System eingebaut zu sein. Auf dem Selbst basierend tauchen Emotionalität und Unzufriedenheit auf und es gibt keinen Weg, über sie hinauszugelangen.

Psychologische Techniken können hilfreich sein, aber die Probleme, mit denen wir umgehen müssen, sind größer als die Psychologie annimmt. Das Modell menschlichen Wissens selbst muss neu überprüft und erweitert werden. Während dies geschieht, manchmal auch bevor es geschehen kann, kann die Psychologie nützlich und heilsam sein.

Können Sie kurz erklären, was Meditation ist und wie sie angewandt wird?
Meditation ist tiefgründiges Denken innerhalb des Geistes. Sie wird manchmal als Kontemplation bezeichnet. Diese Art des tiefen Denkens verlangt, dass der Geist ruhig und klar ist und deshalb ist das am Anfang der Schwerpunkt des Übens. Wenn der Geist bereitwilliger ist, sich zu öffnen, kann man allmählich, Schritt für Schritt über spezifische Gedanken und Erfahrungen hinausgehen. Schließlich ist es möglich, über die gewöhnlichen geistigen Muster, die zur Verwirrung führen, hinauszugehen – das ist das, was man als vollkommen erwachten Geist bezeichnet. Auf diese Weise kann Meditation Schutz bieten vor Emotionen und Verwirrung, die auf der geistigen Ebene entstehen. Sie zeigt einen Weg, sich die positiven Qualitäten des Geistes – wie Frieden, Stille und durchdringende Einsicht – zu eigen zu machen.

Wie unterscheidet sich Meditation von Übungswegen, die im Westen benutzt werden, um über den Geist zu lernen?
Vielleicht hatten die frühen Christen und griechischen Philosophen Übungen, die der Meditation ähnelten, aber es scheint, dass diese Lehren nicht betont wurden, und so verschwanden sie. Im Buddhismus wurde Meditation als ein Weg, den Geist zu erforschen, gepflegt. Im Buddhismus wird der Geist als ein riesiges Studiengebiet verstanden: Alles entsteht in, durch oder

aus dem Geist. Die verschiedenen Ebenen der geistigen Aktivität zu erforschen war ein zentraler Schwerpunkt.

Die Untersuchungen des Geistes im Westen haben in der jüngsten Vergangenheit die Subjekt-Objekt-Struktur als grundlegend akzeptiert. Der Schwerpunkt liegt auf der Wahrnehmung der äußeren Welt, das heißt die Untersuchung richtet sich naturgemäß nach außen. Gleichzeitig hat es eine philosophische Auffassung gegeben, dass das, womit der Geist bei seinen Untersuchungen in Verbindung tritt, ebenfalls der Geist ist. Es scheint folglich eine unüberbrückbare Kluft zwischen der Beobachtung des Geistes und derjenigen der äußeren Welt zu existieren, die zu viel Verwirrung geführt hat. Die empirischen Wissenschaften, die Erkenntnis als etwas betrachten, das auf Theorien und Konstrukten beruht, werden scharf von der Psychologie getrennt; wir begreifen es als zwei völlig verschiedene Handlungen, uns nach innen oder nach außen zu wenden.

Im Buddhismus hingegen wird der Forschende von Anfang an als ein Teil des Geistes betrachtet. Alles befindet sich innerhalb des Geistes, ob man sich nach innen oder nach außen wendet, und die Kluft zwischen Subjekt oder Objekt hat nicht dieselbe Macht. Das bringt auf einer Ebene den analytischen Ansatz des Abhidharma und Vipassana hervor. Hier gilt die Methode, die Qualität des wissenden Geistes selbst zu ändern, so dass sich ein unmittelbares, auf Erfahrungen beruhendes Wissen bildet, das über alle Begriffsbildungen hinausgeht. Erfahrung und Analyse werden zu Werkzeugen, um den menschlichen Geist zu erforschen.

Man könnte sagen, dass es zwei Arten von Individuen gibt. Eine von ihnen muss erklären, wie und warum etwas geschieht. Diese Art von Individuum beginnt mit der unmittelbaren Erfahrung, wendet sich nach außen, sucht dabei nach Erklärungen und Ursachen und auch nach Möglichkeiten, seine Situation zu verbessern. Er oder sie bewegt sich von Punkt zu Punkt, weist auf Punkte hin, macht Feststellungen und baut ein begriffliches Verständnis auf. Die andere Art von Individuum zeigt auf das

Zeigen selbst. Diese Person interessiert sich nicht für Begriffe und noch nicht einmal für therapeutische Denkweisen. Er oder sie erforscht Erfahrung als eine Methode, den Geist zu öffnen, ohne sich allzu sehr um den subjektiven Inhalt der Erfahrung zu kümmern. Es ist also die Frage, was betont werden soll.

Gibt es in diesem säkularen Zeitalter noch Platz für diese Art innerer Erforschung oder für einen spirituellen Weg?
Es gab schon von alters her Denker, die sich für Wissen interessierten, im Westen wie im Osten. Je nach Zeit und Umständen haben sie unterschiedliche Möglichkeiten gefunden, Wissen zu verwirklichen – Religion, Philosophie, Kunst, Kultur, Wirtschaft, Familienleben – mit vielen verschiedenen Arten von Betonungen und verschiedenen Definitionen von Wissen. Heute sind materielle Belange wichtiger geworden als religiöse, intellektuelle oder ethische Fragen. Das hängt mit unserer Selbst-Orientierung zusammen: Wenn es das Ziel ist, das Selbst zu schützen, dann herrschen materielle Belange und sinnliche Interessen vor. Wir verlieren heutzutage die abstrakten und ästhetischen Seiten der Erfahrung zugunsten des Greifbaren. Das können wir in unseren Schulen und an anderen Bildungseinrichtungen beobachten – Kunst, Dichtung, Musik, Religion und der feinsinnige Teil der Philosophie verlieren alle an Bedeutung. Selbst in Klöstern und anderen spirituellen Zentren gibt es dieselbe Tendenz zugunsten äußerlicher Belange.

Das hat beschränkte Wahlmöglichkeiten für das Individuum zur Folge. Selbst wenn man subtile, spirituelle Themen erforschen möchte, ist die vorhandene Zeit von anderen Belangen eingenommen. Das gilt sowohl für das öffentliche Leben als auch für den Privatbereich. Es gibt wenig Raum für eine spirituelle Lebensweise oder für spirituelle Einsicht; alles weist auf das Selbst hin und darauf, materiellen Wohlstand anzuhäufen. Unsere Lebensweise zu untersuchen, nach dem Sinn des Lebens zu fragen, die Tiefen des Geistes zu erforschen, all das ist altmodisch.

Aber wenn es auch schwierig sein mag, so ist es doch nicht unmöglich, spirituellen Werten zu folgen. Wenn es grundsätzlich eine gesunde Einstellung gibt, dann kann jeder tiefgründig forschen. Was an der Oberfläche geschieht, muss kein Hindernis sein. Selbst inmitten der Masse können einige Individuen weiterhin wichtige und ernsthafte Fragen stellen.

Das spirituelle Leben nimmt in der modernen Zeit vielleicht eine Form an, die ganz anders aussieht als in der Vergangenheit; vielleicht kommt es dazu, dass es dann sehr gewöhnlich aussieht. Aber das ist nicht unbedingt schlecht. Wenn wir die alten Texte lesen, so finden wir viele Berichte von wundersamen Ereignissen, die niemand glaubt oder ernst nimmt. Aber wir vergessen, dass die moderne Welt selbst – aus der Vergangenheit betrachtet – ziemlich wundersam ist. Wir sehen Dinge als normal an, die in einer anderen Kultur als Magie betrachtet würden. Wenn wir die moderne Welt auf eine bestimmte Weise betrachten, dann veranschaulicht sie die Lehre, die in den Schriften zu finden ist, dass alles Seiende ein magisches Feld ist. Der Buddha lehrte, dass unsere gewöhnliche Welt nichts weiter sei als Magie, die am Werk ist. Heutzutage ist diese Lehre auf einer sehr direkten, einfachen Ebene wahr.

Um auf diese Weise zu unserer alltäglichen Erfahrung in Beziehung zu kommen, müssen wir eine besondere Bewusstheit kultivieren. Die meisten Menschen nehmen heute den magischen Aspekt der Erfahrung nicht ernst. Vielleicht haben aber einige eine andere Auffassung. Sie mögen sich selbst nicht als spirituell ausgerichtet betrachten, aber wenn sie eine durchdringende Art zu denken und zu verstehen haben, können sie dennoch das Gewöhnliche überschreiten und etwas Kostbares und Reiches innerhalb der alltäglichen Erfahrung entdecken.

Die alten Überlieferungen können diesen Menschen von Nutzen sein, weil sie vorzügliche Werkzeuge zum Beobachten und Erforschen anzubieten haben, die helfen können, den Geist zu schärfen. Es gibt also vielleicht einen Platz für die traditionellen Lehren, sogar im Leben der Menschen, die sich selbst für nicht spirituell halten. Dies ist eine komplizierte Frage.

Ihre eigenen Bücher entfernen sich oft von traditioneller buddhistischer Begrifflichkeit und traditionellen Übungen. Warum?
Meine Bücher sind nur eine Aufzeichnung einiger meiner Gedanken und einiger Vorträge, die ich gehalten habe. Einige davon stehen in Verbindung mit buddhistischen Lehren, aber nach traditionellen Maßstäben sind sie keine authentischen Darstellungen.

Mein Anliegen ist es, direkt zu kommunizieren; in unserer modernen Zeit scheinen die Menschen leichter einen Bezug zur Sprache des gesunden Menschenverstandes finden zu können als zu einer traditionelleren Darstellung. Wenn Menschen das, was erörtert wird, nicht verstehen, verlieren sie das Interesse, aber wenn man etwas in ihrer persönlichen Erfahrung berühren kann, sind sie vielleicht inspiriert, tiefer zu schauen. Andererseits sind buddhistische Ideen kompliziert und es ist schwer, sie auf eine einfache Art darzustellen.

Insgesamt scheint mir, dass es manchmal möglich ist, mit einer einfachen Darstellung erfolgreich zu sein. Das Ziel ist es, die Menschen zu ermutigen, ihr Leben auf bessere Weise zu leben. Wenn Menschen Bücher lesen, führt sie das oft dazu, ihre Studien fortzusetzen oder eine meditative Praxis zu erforschen. Daher kann es ein wertvoller erster Schritt sein, Bücher herauszubringen, die einfach und direkt sind. Es ist vielleicht nicht besonders hilfreich, höhere Lehren oder Einweihungen zu geben, wenn die Vorbereitung oder ein erstes Verständnis fehlen. Manche Leute finden es vielleicht aufregend, feinsinnige philosophische Analysen zu studieren oder komplexe Meditationen zu praktizieren, aber nachdem die erste Begeisterung nachlässt, verlieren sie vielleicht allmählich das Interesse. Ich habe herausgefunden, dass einfache Lehren manchmal einen dauerhaften Eindruck hinterlassen.

Den Geist verwandeln

Vorwort zu Claudio Naranjos
Über Meditation und Psychotherapie

Der menschliche Geist hat eine natürliche Verbindung zu Wissen. Im Lauf der Jahrhunderte hat sich von Zeit zu Zeit der Brennpunkt von Wissen verschoben und haben sich verschiedene Möglichkeiten eröffnet, das Selbst und die Welt zu verstehen. Religiöse Traditionen haben Wege zu spirituellem Wissen entwickelt, Philosophen haben die Werkzeuge der Analyse und Dialektik verwendet, um Verwirrung zu beseitigen und eine rationale und objektive Wirklichkeitsschau darzulegen.

Obwohl unser Verständnis der Wirklichkeit eng mit dem Geist verbunden ist, hat erst vor kurzem die sich entwickelnde Psychologie den Schwerpunkt ihrer Forschungen auf den Geist selbst gerichtet. Experten für geistige Gesundheit, die von den Erfolgen der Wissenschaften, die äußere Welt zu analysieren, beeinflusst wurden, haben Theorien und Therapien für den Geist entwickelt, die auf Beobachtung und der Anwendung wissenschaftlicher Methoden beruhen.

Als sich in den letzten Jahren innovative Psychologen auf der Suche nach einer neuen Perspektive und nützlichen therapeutischen Methoden den östlichen spirituellen Traditionen zuwandten, entdeckten sie, dass Meditation ein wirksames Mittel ist, um innere Unruhe, die den Geist verwirrt und zahlreiche Formen von Leid hervorruft, aufzulösen. Eine wachsende Zahl von Menschen kennt heute die heilende Kraft der Meditation und hat aus der Entspannung, Stabilität und der verbesserten Konzentration Nutzen gezogen, die sich aus einer regelmäßigen Praxis entwickeln. Einige Suchende sind in der Hoffnung auf eine tiefergehende Heilung tiefer in meditative Disziplinen eingedrungen, um spirituelle Sehnsucht zu befriedigen, Gefühle von Einsamkeit und Trennung zu vermindern und die Fähigkeit zu Freude und Wertschätzung zu entwickeln. Möglicherweise entsteht jetzt in ernsthaften Studenten der Wunsch nach Erleuchtung, die der Buddhismus als den höchsten Ausdruck des menschlichen Potentials betrachtet.

Soweit wir wissen, war Buddha der erste, der den Weg entdeckte, der über alle Formen von Leiden hinaus zur vollständigen, vollkommenen Erleuchtung führt. Damit auch andere ihn finden können, bot er eine *Wegbeschreibung* zur Verwirklichung an. Er zeigte, wie man beginnt, wie man analysiert und wie wir die durch unsere Konditionierung gesetzten Grenzen überschreiten können. Da diese Begrenzungen im Geist entstehen und da es der Geist ist, der unsere Wirklichkeit erschafft, betonte der Buddha, wie wichtig es ist, den Geist zu verstehen: was er ist, wie er unsere Wirklichkeit erschafft und wie wir sein Potential zur Veränderung aktivieren können. Der Weg entwickelt sich durch die Analyse der Kleshas, der Verdunklungen, die das wahre Wesen des Geistes verhüllen und von Karma, dem Zusammenspiel von Ursache und Wirkung, das die Tätigkeit des Geistes bedingt. Diese Analyse bildet das Herzstück des Abhidharma, der buddhistischen Wissenschaft vom Geist.

Der Abhidharma, der im Lauf von Jahrhunderten aus meditativer Analyse entwickelt wurde, spürt den Prozess auf, der den Begriff des Selbst als Eigentümer und Besitzer von Erfahrung entstehen lässt. Diese Auffassung des Selbst identifizierte der Buddha als das hauptsächliche Klesha und als die Quelle endlosen Leidens. Das Problem ist in der Natur des Wahrnehmungsprozesses selbst verwurzelt, in dem es nicht möglich ist, die Erfahrung einfach nur sein zu lassen. Die Wahrnehmung drängt hin zu Definition, Identifikation und Interpretation. Irgendetwas muss die Verantwortung übernehmen, irgendeine Entität, die die Erfahrung erkennt und bearbeitet, muss hervorgerufen werden.

Diese Dynamik bringt einen neuen Faktor in die geistigen Prozesse hinein: Der Geist erkennt denjenigen, der erkennt, und ein Subjekt entsteht – ein Subjekt, das alles andere als ein Objekt wahrnehmen und erkennen kann. Sobald der Dualismus von Subjekt und Objekt in Kraft tritt, wird er durch alle Gedanken und Handlungen, die folgen, verstärkt. Dadurch wird eine komplexe Interaktion von Ursachen und Ergebnissen ausgelöst, die wiederum das Gefühl eines Selbst verstärkt und es mit unverwechselbaren Attributen und Mustern ausschmückt. Wenn wir die Illusion akzeptieren, dass es tasächlich eine Person gibt, die existiert, fallen wir ins Sein und werden gegenüber all dem verletzlich, was vom Wirken des Karma hervorgerufen wird.

Dieser Prozess ist so tief eingegraben, dass wir uns eine andere Möglichkeit nicht einmal vorstellen können. Der Geist kann, wenn er in dieser Art, Erfahrung zu betrachten und zu interpretieren, eingeschlossen ist, nicht anders funktionieren, und der Gedanke, diese Art in Frage zu stellen, kommt nicht auf. Erfahrung, die im Kanal dieses Musters fließt, lässt Samsara entstehen, die Wirklichkeit, die von dem Geist erschaffen wird, der an Klesha gebunden ist. Diese Wirklichkeit kann die Gegenwart nicht unmittelbar berühren: Der Geist speichert Erinnerungen, Bilder und Gedanken, die an die Vergangenheit gebunden sind, und projiziert sie in die Gegenwart. Wenn wir die Gegenwart im Licht der Vergangenheit interpretieren, werden Emotionen geweckt, die wiederum in den Geist zurückgespiegelt werden. Das ruft weitere Verzerrungen hervor und führt mit immer größerer Sicherheit zu schmerzvollen Geisteszuständen. Von den Kleshas verdunkelt und dem Karma unterworfen, reflektiert der Geist alle möglichen Erfahrungsbereiche: die in der Höhe schwebenden Vergnügungen der Götter, den angestachelten Ehrgeiz und den Zorn der Halbgötter, animalische Dumpfheit und Starrheit, die Bedürftigkeit der Hungergeister, die brennende Qual oder eisige Unbeweglichkeit der heißen und kalten Höllen und den verwirrten, aber aufnahmefähigen Bereich der Menschen, in dem der Gedanke an Erleuchtung wach gerufen werden kann.

Wir sehen, wie sich diese Muster in unserem Leben entfalten, und wissen, wie schnell sich unsere Erfahrung von einem Bereich in den nächsten verschieben kann. Trotz großer Anstrengungen sind wir nicht in der Lage, das Glück lange festzuhalten, und ein bloßer Gedanke kann unsere größten Freuden zerstören. Dieses Wissen lässt eine feine, vorsichtige Qualität entstehen, die den Geist auf die negativen Möglichkeiten der Erfahrung richtet. Wenn unser Geist von Problemen genährt wird und ständig auf der Hut vor möglichen Quellen der Sorge ist, fällt es ihm schwer, seine Fähigkeit, zu staunen und sich zu freuen, zu gebrauchen.

Wenn wir unseren Geist als den Schöpfer unserer Wirklichkeit, als Ursprung unserer größten Freuden und unserer tiefsten Leiden anerkennen, dann nehmen wir neue Möglichkeiten wahr, den Geist von Problemen zu befreien und ihn zu ermutigen, mehr Schönheit und Freude in unser Leben zu bringen. Eine auf diesem Verständnis beruhende Meditation wird zu einer sanften Form der Selbstheilung, die die Konzentration des Geistes auf Gedanken entspannt und die es ihm gestattet, zufrieden im Zentrum unseres Seins zu ruhen. Es braucht nur einige Minuten, um den Geist durch langsame, einfache Bewegungsübungen wie Kum Nye, Yoga oder Tai Chi auszurichten. Auch mehrere Male pro Tag fünfzehn bis dreißig Minuten im Sitzen zu üben kann Körper und Geist entspannen, während Erinnerungen, Spannungen, Gedanken und verborgene Blockaden allmählich schmelzen. Der Geist wird rein und klar, freundlicher und gefälliger. Friedliche, liebevolle Gefühle entstehen, richten den Geist auf und wärmen das Herz. Wir können diese Gefühle in unser tägliches Leben bringen und uns in schwierigen Zeiten an sie erinnern. Dann besänftigen sie emotionale Reaktionen und verlangsamen die Triebkraft des Karma.

Diese tiefe Entspannung fließt durch tägliche Übung auf natürliche Weise in die Meditation ein. Während der Geist im Gefühl von Zwanglosigkeit ruht, richtet sich der Schwerpunkt der Konzentration auf das Innere der Erfahrung selbst; die Meditation wird lebendig und klar, ein natürlicher Teil unseres Seins. Gedanken und Bilder verblassen: Der Druck, auf das Drängen des Geistes zu antworten, nimmt ab, es ist möglich, eine aufmerksame und wache Qualität zu spüren, die über den gewöhnlichen Geist hinausgeht. An diesem Punkt wird Meditation zur Heilerin des Geistes und ihr Nutzen beginnt sich im täglichen Leben klarer zu zeigen. Schädliche Gedanken und Emotionen entstehen weniger oft und lassen schneller nach; die Erfahrung wird leichter und freudvoller. Der Geist wird glücklicher und freundlicher, er kann die positiven Erfahrungsaspekte eher widerspiegeln. Während der Einfluss schmerzhafter Muster nachlässt, kann neues Wissen entstehen – Wissen, das eine neue Zeit umfassen und eine neue Wirklichkeit entstehen lassen kann.

Meditation, die sich auf ein gesundes Verständnis des Geistes gründet, kann sich, wie der Buddha zeigte, zu Samadhi vertiefen und die Türen zur Erleuchtung öffnen. Aber unsere gewohnte Auffassung von Meditation kann den Zugang zu höheren Formen der Verwirklichung beschränken. Solange wir uns selbst als Meditierende betrachten, hat sich unsere Subjekt-Objekt-Orientierung noch nicht geändert. Sogar dann, wenn Meditation mit völliger Offenheit oder Hingabe verschmilzt, selbst nachdem das Ego loslässt, bleibt eine feine Strömung von Motivation zurück; der Geist haftet noch an seinem Besitz: Der Geist meditiert, der Geist folgt Anweisungen, der Geist hofft, aus der Meditation Nutzen zu ziehen. Das sind Zeichen dafür, dass Karma und Klesha noch immer in uns sind und dass die Meditation noch an den samsarischen Geist gebunden ist. Der Geist spiegelt die Inhalte des Geistes wider und schafft die Illusion, es gäbe etwas zu erreichen. Er ist aber unfähig, die Illusion selbst zu durchdringen.

Als der Buddha die unerbittliche Gewalt von Karma und Klesha erkannte, zeigte er die Qualitäten des Geistes auf, die als Mittel gegen Verwirrung dienen und das Gesichtsfeld des Geistes selbst erweitern können: Großzügigkeit, Ethik, Geduld,

Energie, Konzentration und Weisheit. Obwohl jede dieser Qualitäten sich innerhalb des samsarischen Geistes manifestiert, können sie durch Übung und Anwendung unendlich ausgedehnt werden, weit über den Bereich des Selbst und anderer hinaus.

Wenn wir Qualitäten hervorrufen und wertschätzen, denen Schönheit innewohnt, nehmen sie die strahlende Natur des Geistes in ihren Dienst. Sie überschwemmen den Geist mit der Freude selbstlosen Gebens, der beständigen Ruhe der Integrität und mit dem Mitgefühl, das die dynamische Kraft der Geduld hervorruft. Energie wird, durch diese Tugenden ermächtigt, zu heldenhafter Hingabe; Konzentration verleiht die Kraft, alle Verdunkelungen zu durchdringen, und Prajna, transzendente Weisheit, erleuchtet das wahre Wesen der Wirklichkeit.

Wenn wir diese Qualitäten innerhalb jedes Erfahrungsmoments wachrufen, nähern sie sich immer mehr der Vollendung und gipfeln in Prajnaparamita, der Weisheit, die Karma und Klesha vollständig transzendiert und den Geist als offen und unbegrenzt enthüllt, frei von allen Dualitäten und Polaritäten. Hier hat Karma keinen Anhaltspunkt; Gedanken trennen den Geist nicht länger von der Erfahrung, Herz und Geist verschmelzen in einer unmittelbaren Intimität, die ein Katalysator für Samadhi ist, das zur Erleuchtung führt.

Erleuchtung erscheint vielleicht weit entfernt von unserer gegenwärtigen Seinsweise. Unser Leben ist kurz und voll von Unsicherheiten. Es gibt Ablenkungen im Überfluss, die den Körper mit Spannung füllen und den Geist an schmerzhafte Orte führen. Aber eine Veränderung unserer Sichtweise kann das Wesen unserer Erfahrung verwandeln, und Meditation kann unsere Lebensqualität außerordentlich bereichern. Mit diesen Mitteln können wir vollen Nutzen aus den Gelegenheiten ziehen, die ein menschliches Leben bietet: Wir können den Geist entwickeln, seine Wirklichkeit aufhellen und ihn in einen liebevollen Gefährten verwandeln, in eine Quelle unendlicher Schätze und Freuden.   Odiyan, Mai 1997

Wahrheit irrt nicht

Nachdem der Buddha Verwirklichung erreicht hatte, lehrte er 45 Jahre lang und gab den Kern seines Verständnisses an den Sangha, die Gemeinschaft von Mönchen, die sich um ihn herum bildete, weiter. Als der Sangha das Wissen, das der Erleuchtete übermittelte, in die Praxis umsetzte, erreichten auch die Mönche Erleuchtung. Auf diese Weise wurde der Sangha ein direktes Verbindungsglied zwischen dem Buddha und dem Rest der Menschheit. Durch eine immer weitergehende Überlieferung dieser Art manifestiert sich Verwirklichung in der Welt.

Auch für uns als Praktizierende des Dharma ist die unmittelbare Verbindung mit Erkenntnis von allergrößter Wichtigkeit. Wir beginnen diese Verbindung zu bilden, indem wir Vertrauen entwickeln, dass die Lehren, die uns vom Buddha zugänglich gemacht wurden, direktes Wissen bieten, das zur Erleuchtung führt. Vertrauen wiederum gibt uns einen Zugang zu Erkenntnis. Wenn Vertrauen und Wissen sich gegenseitig unterstützen, versetzen sie uns in die Lage, mit dem Weg zur Verwirklichung zu beginnen.

Das Zusammenspiel von Vertrauen und Erkenntnis scheint vielleicht einen geschlossenen Kreis zu bilden. Wie kann Erkenntnis durch Vertrauen entwickelt werden, wenn Vertrauen durch Erkenntnis entwickelt wird? Wenn wir weder Erkenntnis noch Vertrauen haben, ist uns dann der Weg, den der Buddha lehrte, verschlossen?

Diese Art der Fragestellung weist schon auf die Antwort hin. Niemand von uns ist völlig ohne Vertrauen und Erkenntnis, so dass jeder bereits einen Ausgangspunkt für den Weg hat. Wenn wir mit dem beginnen, was wir selbst schon wissen, können wir echtes Vertrauen aufbauen. Haben wir den ernsthaften Wunsch, den Dharma zu praktizieren, und entschließen uns, im Licht der besten Erkenntnis, die uns zur Verfügung steht, zu leben, dann werden unsere Handlungen und unser Verständnis eins mit den Lehren und erlauben ein beständiges Wachsen und eine Verfeinerung von Erkenntnis.

Das Licht des Dharma offenbart die Grenzen unserer Erkenntnis, aber es zeigt auch, dass diese Grenzen nicht sein Wesen ausmachen. Erkenntnis kann sich auf eine Weise öffnen, die wir uns bisher nicht vorgestellt haben. Dieser Prozess des Öffnens und der Bereicherung führt auf natürliche Weise dazu, dass wir Buddha, Dharma und Sangha schätzen. Das ist der Schlüssel zur Entwicklung von Vertrauen.

Wenn wir durch die Erkenntnis, die uns bereits zur Verfügung steht, inspiriert sind, studieren und üben wir mit Freude und Wissbegierde. Wir entdecken mehr über die Qualitäten der Erleuchtung, das Wesen des Dharma und den Segen des Sangha. Eine tiefe innere Verbindung zu den drei Juwelen manifestiert sich spontan und lehrt uns, was es im Kern bedeutet, Zuflucht zu nehmen.

In diesem Prozess des Wachsens und der Veränderung durchdringt das Licht der Weisheit unser Herz und entzündet das Licht, das dort wohnt – die erleuchtete innere Natur, die in den traditionellen Texten Buddha-Natur genannt wird. Das gegenseitige und sich immer weiter vertiefende Zusammenspiel von Vertrauen und Erkenntnis nährt diese innere Natur. Wenn wir alte Muster und Anliegen aufgeben, lernen wir, uns unmittelbar mit dem Dharma zu befassen. Unsere Erfahrung entfaltet sich, hinein in das wirkliche Wesen der Zufluchtnahme.

Der Kern dieses Prozesses ist völlige Hingabe an die Wahrheit. Die Kraft der Wahrheit ist unsere letztliche Zuflucht, denn sie kann alle Verwirrung und Unwissenheit unmittelbar durchschneiden und ermöglichen, dass sich eine andere Seinsweise zeigt. Wenn wir uns auf die Wahrheit verlassen, dann verbindet uns das auf einer tieferen Ebene mit dem Dharma. Diese Verbindung vergrößert unsere Erkenntnis und macht sie leichter zugänglich. Die Kraft und der Segen der Weisheit fließen in einem nicht endenden Strom immer weiter und verbinden uns mit den Erleuchteten. Wir erkennen in unserem Herzen, wie es möglich ist, uns mit der Wahrheit zu vereinen und sie zu verkörpern.

Wenn Wissen uns zur Wahrheit führt, dann entdecken wir, dass wir ein Teil der Familie der Erleuchteten sind, der königlichen Linie des Buddha und der Versammlung der Bodhisattvas. Wir machen uns ein weites Gebiet von Qualitäten zu eigen und treten in den Bereich unzerstörbarer Verwirklichung ein. Wir gehen ohne Zögern und Zurückhaltung eine feste und dauerhafte Verbindung ein. Unser Vertrauen hat absolute Tugend oder Stärke, weil unsere Grundlage so stark ist. Welche Hindernisse auch immer auftauchen, sie können unseren Fortschritt auf dem Weg nicht unterbrechen.

Wenn einmal Möglichkeit erleuchteter Erkenntnis in uns erwacht, können wir dieses höhere Wissen in unsere Gesellschaft einbringen. Es gibt jenseits von technischem Expertentum und jenseits von intellektuellem Verstehen ein Wissen darüber, auf welche Weise wir frei sein können. Erst wenn wir von persönlichen Belangen und Problemen frei sind, können wir eine Führungsrolle einnehmen und unsere Energie kreativer Arbeit widmen. Das Vertrauen, das uns unterstützt hat, wird ein Vorbild für andere, so dass Erkenntnis sich in der Welt verbreiten kann.

Wir stellen uns manchmal vor, es gäbe einen Konflikt zwischen Dharmapraxis und dem Dienst am anderen, aber in Wirklichkeit ist es so, dass Vertrauen in und Treue zum Dharma alle diese Unterscheidungen überwindet. Verpflichtung uns selbst gegenüber verschmilzt auf natürliche Weise mit der Verpflichtung dem Dharma gegenüber und der für andere. Das Vertrauen, das wir dem Dharma entgegenbringen, ist untrennbar von der Treue unserem eigenen Herzen und Geist gegenüber. Es umfasst nicht nur uns selbst, sondern auch das, was wir wissen und lieben. Denn die Liebe zum Dharma ist auch die Liebe zur Wahrheit – Hingabe an den größeren Ausblick einer alles einschließenden Vision.

Das Vertrauen eines Dharma-Praktizierenden ist der einzige Schutz, den wir brauchen – es wirkt in der Welt und zu ihrem Nutzen. Durch den Dharma kennen wir den Frieden des Geistes, der Liebe, Mitgefühl und Weisheit umfasst. Wir lernen eine tiefe Freude kennen, die mit derjenigen der großen Bodhisattvas verwandt ist, die zum ersten Mal die wahre Natur der Wirklichkeit erkannt haben. Unsere positiven Qualitäten strahlen von unserem inneren Geistesfrieden aus wie der Lichtschein, der den Mond umgibt, und sie erlauben uns, auf geschickte Weise für andere zu wirken.

Sobald wir uns auf die Qualitäten verlassen, die durch Vertrauen entstehen, können wir nicht länger von den Problemen entmutigt werden, die uns in Samsara begegnen. Die Erfahrung zeigt uns, dass die unmittelbare Praxis der Lehren jede Schwierigkeit oder Herausforderung bewältigen kann, und wir entwickeln Zuversicht, dass wir selbst die bedrohlichsten Hindernisse überwinden können.

Wenn wir uns im Dharma sicher fühlen und auf dem Weg der Erkenntnis beständig sind, sehen wir ohne irgendwelche Einschränkungen, dass wir keine Angst zu haben brauchen. Wir haben eine Wahrheit entdeckt, die seit beinahe 3000 Jahren die Schüler des Dharma inspiriert: Buddha, Dharma und Sangha bekunden die Wahrheit, und Wahrheit irrt nicht.

Vertrauens-Wissen

Buddha Shakyamuni, der Erleuchtete, hat klar erkannt, dass der samsarische Bereich der gewöhnlichen Erfahrung, die Welt von Leben und Tod, in der wir leben, von Natur aus schwerwiegende Begrenzungen hat. Buddhistische Texte drücken diese Grenzen in der Lehre von den Vier Beendigungen aus:

> Alles Leben endet mit dem Tod.
> Jede Verbindung endet mit Trennung.
> Jeder Reichtum endet mit Verfall.
> Jeder Aufstieg endet mit Niedergang.

Diese Lehre bringt uns zu Bewusstsein, dass die Welt von Samsara nicht darauf ausgerichtet ist, das zu erhalten, was für den Menschen wertvoll ist. Unsere Erfahrung ist durchdrungen von Unzufriedenheit: Alles Gute endet, jede Geschichte endet mit Kummer, als Tragödie oder im Verfall. Die Versuche des Menschen, seine Ziele zu erreichen, werden letztlich abgebrochen und unser Einsatz an Zeit und Energie geht verloren.

Dass alles, was wir anstreben, schließlich unterbrochen wird, liegt in der Natur von Samsara. Wir sind vielleicht in der Lage, von Generation zu Generation etwas Wertvolles zu übermitteln, aber es ist schwierig, eine echte Basis der Sinngebung zu legen, die uns in allen Lebensstadien unterstützt.

Der gewöhnliche Geist kann die traumgleiche Täuschung von Samsara nicht durchschauen, wenn er wartet, hofft, wünscht und sich wundert. Alles *zerrinnt uns zwischen den Fingern*, gute Absichten verschwinden, tiefe Einsichten lösen sich auf. Wir ahnen flüchtig Alternativen, haben aber nicht die Kraft, sie umzusetzen. Es scheint unmöglich zu sein, genug Stärke oder Wissen zu sammeln, um etwas von dauerhaftem Wert zu erreichen.

Irgendetwas ist immer falsch, aber wir können das spezifische Problem nicht isolieren, durchdringen und ein für alle Mal lösen. Es herrscht eine subtile Verwirrung, wir stecken mehr Energie in Verwirrung und die Klagen über Probleme als in eine unmittelbare Lösung. Eine Krise nach der anderen bricht auf, von Groll und Wünschen genährt; Konflikte und Streitigkeiten beanspruchen Energie und Aufmerksamkeit und entziehen sie positiven Bestrebungen. In der noch verbleibenden Zeit können wir nicht viel erreichen. Die Klarheit und Stärke des Geistes, die nötig wäre, um Hindernisse zu überwinden, wird durch Unentschlossenheit, Rastlosigkeit und Sorgen geschwächt. Die Lösungen, auf die wir hoffen, befinden sich irgendwie immer in der Zukunft. Wohin auch immer wir schauen, auf persönlicher oder globaler Ebene wird es immer klarer, dass wir die Strukturen, die uns Samsara auferlegt, nicht durch das Wissen überwinden können, das in Samsara verfügbar ist.

Der Dharma bietet eine frische und befreiende Alternative zu dieser Art zu leben. Durch den Dharma können wir selbst die Lösungen erforschen, die der Buddha der Menschheit zugänglich gemacht hat. Der Glanz und die Kraft der Lehren Buddhas strahlen wie die Sonne, die von der Zeit unberührt bleibt.

Doch während die Zeit vergeht, werden die Wolken der Emotionalität und Verwirrung dichter und dunkler. Während Verwirrung und Emotionalität intensiver werden, wird das Verständnis, die Praxis und die Überlieferung des höheren Wissens immer schwächer. Aus diesem Grund betrachten Buddhisten unsere gegenwärtige Zeit als das Kaliyuga, das Zeitalter der Dunkelheit und Unordnung, in dem das Licht und die Wärme der Lehren durch dichte Schichten von Negativität gefiltert werden.

Hier im Westen vervielfachen sich die Schwierigkeiten, den Dharma zu verstehen. Wenn sie in ein neues Land kommen, werden die Lehren leicht missverstanden. Diejenigen, die den Dharma studieren, haben keinen Hintergrund, während Dharma Lehrer, die in der Tradition ausgebildet sind, möglicherweise das westliche Bewusstsein nicht verstehen oder nicht sorgfältig genug ihre eigenen Grenzen berücksichtigen. Diejenigen, die ein wenig vom Dharma wissen, sind am Anfang vielleicht begeistert, aber solange sie nicht tief in das eindringen, was der Buddha gesagt hat, finden sie die Lehren vielleicht immer weniger wichtig, um Sinn in ihrem eigenen Leben zu finden. Mitten im geschäftigen Lebensstil des modernen Westens ist selten Zeit zum Studieren oder zum Lehren; es ist schwer, die Schönheit und heitere Gelassenheit zu schaffen, die die Praxis des Dharma unterstützen. Diese starken positiven Einflüsse, die unzählige Generationen getragen haben, sind für uns nicht mehr ohne weiteres verfügbar.

Die Situation, die daraus resultiert, kann entmutigend und sogar zerstörerisch sein. Selbst die tiefere Bedeutung der Worte in den grundlegendsten Lehren wird nicht richtig verstanden und das führt dazu, dass der Dharma fern von unserer Lebenserfahrung zu sein scheint. Wenn Menschen den *Geschmack* dieser inneren Bedeutung nicht erfassen, lassen sie sich nicht tief auf die Lehren ein oder engagieren sich nicht wirklich in Praxis oder Studium. Ohne Vorbereitung und Engagement ist aber nicht viel zu erreichen. Vielleicht gibt es am Anfang Klarheit und aufrichtige Bemühungen, aber bald führt der Mangel an Engagement zu einem Verlust an Konzentration, die Klarheit verschwindet. Dann vergeht die Zeit damit, dass diskutiert wird, dass man sich beklagt und sich wundert, statt das zu erkennen, zu durchdringen und zu beseitigen, was den Fortschritt behindert. Diese uneffektive Art, sich der Lösung von Problemen zu nähern, vermehrt die Schichten der Probleme, die sich wie Rauchwolken am Horizont auftürmen.

Wir können die Ergebnisse überall sehen. Trotz eines gewissen Interesses wird das Licht des Dharma auf unserem Planeten schwächer. Eine spirituelle Ausrichtung, egal welcher Art, ist schwer zu entwickeln, während der fortgeschrittene Weg der Bodhisattvas für die meisten Menschen beinahe unvorstellbar ist. Die Verbindung des Dharma mit dem alltäglichen Leben geht verloren.

In diesen schwierigen Zeiten ist es notwendig, dass wir eine direkte Verbindung mit dem Dharma knüpfen. Wenn wir zur Wirklichkeit unserer Situation erwachen (alles durchdringende Vergänglichkeit und Leid, wachsende Verwirrung und abnehmendes spirituelles Licht) können wir unsere gegenwärtige Verantwortung erkennen. Die Lehren des Buddha sind universell: Sie gehören allen Menschen, die den Wunsch haben zu erwachen. Wenn es uns wichtig ist, an dieser goldenen Übertragungslinie des Lichts beteiligt zu sein, ist es unsere Aufgabe, die Lehren im Herzen und Geist eines engagierten Menschen lebendig zu erhalten. Sich wahrhaft dazu zu verpflichten, Mitgefühl und Weisheit zu verkörpern, verleiht dem Leben einen dreifachen Sinn, der allen widrigen Umständen standhält: Nutzen für uns selbst, Nutzen für andere und Nutzen für den Dharma.

Das Wissen, welches in Buddha, Dharma und Sangha verkörpert ist, ist unermesslich, jenseits von jedem Vergleich mit Wissen, das uns auf der gewöhnlichen Ebene zur Verfügung steht. Die Drei Juwelen bieten ein vollständiges Verständnis davon, wie Unwissenheit und Täuschung funktionieren und wie man die emotionalen und karmischen Muster, die alle Bewusstseinsebenen in allen Daseinsbereichen durchdringen, transformieren kann. Sie bieten auch das Wissen über die Qualitäten der Bodhisattvas und Buddhas: die Aktivitäten des erleuchteten Körpers, erleuchteter Rede und erleuchteten Geistes.

Wir können mit diesen Lehren, obwohl sie so tiefgründig sind, in unserer Erfahrung dennoch unmittelbar in Berührung kommen. Wenn wir den Dharma in unser Herz hineinlassen, berühren wir erleuchtete Qualitäten, die Licht, Schönheit, Wärme und Überzeugung bieten. Es gibt trotz unserer Zweifel und Sorgen ein Vertrauen, das im menschlichen Herzen verborgen ist: ein unmittelbares Erleben der Wahrheit von Verwirklichung. Die Entwicklung einer persönlichen Beziehung zum Dharma baut auf diesem inneren Sinn für Wahrheit auf. Es gibt keine bessere Zuflucht und keinen größeren Schutz als diese

Verbindung. Sie kann alle Probleme, denen wir uns auf der menschlichen Ebene gegenüber sehen, lösen.

Wir könnten uns, wenn wir unser eigenes Bedürfnis nach Verständnis erkennen, von diesem Bedürfnis inspirieren lassen. Wir könnten uns vollständig und bedingungslos öffnen, mit vollständiger Zuversicht in die innere Wahrheit des Herzens und des Geistes. Diese Öffnung fördert Ruhe. Wenn sich Gedanken und Fragen beruhigen, orientieren wir uns nicht länger an inneren Dialogen. Wir haben reine Meditation entdeckt und eine andere Orientierung gefunden.

Vollständige Hingabe an die Wahrheit räumt Angst, Zweifel und widerstreitende Emotionen aus dem Weg. Dies ist nämlich die große Lehre des Buddha: Die Kraft der Wahrheit ist wesentlich stärker als die Kraft von Karma und Emotionalität. Dies zu erkennen ist die Grundlage eines spirituellen Lebens. Die Wertschätzung für Buddha, Dharma und Sangha wächst auf ganz natürliche Weise, wenn sich diese Haltung entwickelt. Wir erkennen, dass sowohl Liebe zur Weisheit, verlässliche Freundschaften als auch gute Kommunikation im Dharma enthalten sind. Sie sind Teil von Studium und Praxis und Hilfen auf dem Weg, der zur Befreiung führt. Er ist gut am Anfang, gut in der Mitte und gut, wenn wir das Ende erreichen.

Das Vertrauen in uns selbst und das Vertrauen in den Dharma sind nicht voneinander zu trennen; Zutrauen in unser wahres Wesen und Zutrauen in wahres Wissen sind eins. Wenn wir uns aufrichtig selbst lieben, dann lieben wir auch den Dharma. Aus dieser Liebe heraus fließen Kraft und Segen der Weisheit. Wir können uns mit den Erleuchteten zusammenschließen, um den Nutzen des Dharma in die Welt zu bringen.

Das Geschenk des Dharma

Der Dharma ist Wahrheit und kein Glaubenssystem. Andere können den Weg weisen, aber nur wir selbst können zur Wahrheit gelangen. Wahrheit taucht auf, wenn wir uns bemühen, unsere Seinsweise zu hinterfragen und zu verstehen.

Die Lehren sind wie Medizin, die dadurch, dass sie eine innere Suche nach Wahrheit anregen, Leiden lindern und spirituelle Gesundheit anregen werden. Vielleicht wissen und sehen wir das, aber der samsarische Geist versucht, den Dharma auf Distanz zu halten. Wir sagen uns vielleicht: Der Dharma wird später da sein, wenn ich mehr Zeit haben werde, ein größeres Bedürfnis oder mehr Motivation, ihn in die Praxis umzusetzen.

Wenn wir zögern, übernimmt das Ego die Führung, indem es sich je nach Laune mit dem Dharma beschäftigt oder ihn wieder fallen lässt. Das hat zur Folge, dass der Wert des Dharma, der über die Begrenzungen des Ego hinausweist, verloren geht.

Wir finden es schwierig, gewöhnliche Belange aufzugeben, und vertrauen vielleicht darauf, dass uns am Ende die Aussicht auf den Tod zur Dharmapraxis motivieren wird. Aber wenn uns schon jetzt eine vorübergehende Trennung von Familie, Freunden oder vertrauten Aktivitäten aufregt und deprimiert, wie können wir dann erwarten, ruhig zu sein und wirksam zu praktizieren, wenn wir uns der permanenten Trennung von allem, was wir kennen und lieben, gegenüber sehen? Wenn wir nicht länger die Energie haben, unserem Verlangen zu folgen, wo werden wir die Energie finden, unsere Gedanken- und Handlungsmuster zu ändern, die wir jahrzehntelang wiederholt und verstärkt haben?

Selbst wenn wir jetzt den Dharma praktizieren, haben wir ihn wirklich zum Mittelpunkt unseres Lebens gemacht? Praktizieren wir ihn mit derselben zielstrebigen Aufmerksamkeit, die wir unseren Wünschen schenken? Behalten wir die Lehren mit derselben Hartnäckigkeit in unserem Geist, mit der wir uns an die Bilder von Freunden, Geliebten oder Kindern klammern? Haben wir den samsarischen Geist verstanden und seine neurotischen Muster durchschaut?

Die Ablenkungen der heutigen Welt verleugnen die Lehren. Jeder Moment des Aufschubs stiehlt Zeit und Kraft. Während unser Zögern die Entschlossenheit untergräbt, unterhöhlt Faulheit das Vertrauen in unsere besten Fähigkeiten. Wir verlieren die Möglichkeiten der Gegenwart, wenn wir uns den Dharma als einen wundervollen Hafen vorstellen, zu dem wir Zuflucht nehmen, wenn weltliche Vergnügungen oder Nöte weniger geworden sind.

Statt auf eine Zukunft zu warten, die vielleicht niemals kommen wird, beschenken Sie sich heute mit der Kraft der Wahrheit. Lösen Sie sich von ein paar Anhaftungen; schenken Sie sich selbst einen friedvollen, freudigen und starken Geist. Sie werden dann allmählich das erreichen, was anhaltenden Wert und Bedeutung hat. Und wenn sich dann Ihre Tage auf der Erde dem Ende nähern, werden die inneren Ressourcen, die Sie entwickelt haben, Ihre letzten Jahre mit Frieden und Zufriedenheit erfüllen.

Der Dharma verdient Ihre beste Energie; geben Sie ihm Priorität im Leben. Wenn Sie den Dharma achten, geben Sie sich selbst ein Geschenk von unübertroffenem Wert.

TEIL DREI

Eine neue Art zu Arbeiten

Die innere Kunst der Arbeit
Ein sanfter Weg zum Erfolg

I

Arbeit verliert heutzutage für immer mehr Menschen ihren Sinn. Die daraus entstehende Unzufriedenheit ist keineswegs nur auf bestimmte Berufe, Lebensläufe oder Weltanschauungen beschränkt, sondern durchdringt auf subtile Weise alle Bereiche der Arbeit. Dies ist bedauerlich, da Arbeit ein sehr wirksames Mittel ist, um tiefe Zufriedenheit im Leben zu finden. Arbeit kann eine Quelle des Wachstums sein, eine Gelegenheit, mehr über uns selbst zu erfahren und positive und gesunde Beziehungen zu entwickeln. Wenn wir Arbeit unter diesem Gesichtspunkt betrachten, stellen wir fest, dass zwischen der Energie und Sorgfalt, die wir unserer Arbeit widmen und der Energie, die wir benötigen, um unsere Bewusstheit und Wertschätzung für das Leben zu verbessern, tatsächlich kein Unterschied besteht.

Allerdings ist es nicht immer einfach, den Ansatz zu finden, der Arbeit in einen Weg zu einem erfreulichen Dasein verwandelt. In der Zusammenarbeit mit meinen Schülern habe ich versucht, sie Tag für Tag zu ermutigen, damit sie in sich selbst die Mittel entdecken, durch die sie Befriedigung und Erfüllung in ihrer Arbeit finden. Das waren keine Belehrungen im traditionellen Sinn des Wortes, sondern Anregungen, die sie in ihrer Arbeit und ihrer inneren Entwicklung leiten sollten. In diesen täglichen Diskussionen haben wir typische Situationen besprochen, denen wir in der Arbeit und im Alltag begegnen. Es geht um Denk- und Handlungsgewohnheiten, die uns häufig daran hindern, unsere Ziele zu verwirklichen und ein sinnerfülltes Leben zu führen.

Es ist eine der schwierigsten Lehr- und Lernaufgaben, Verhaltensmuster, die sich früh im Leben geformt haben, zu ändern. Wir meinen oft, dass wir Angewohnheiten, denen wir ein ganzes Leben lang gefolgt sind, nicht verändern können, und fühlen uns deswegen in gewisser Hinsicht eingeschränkt. Wenn wir tatsächlich für alle Gelegenheiten aufgeschlossen sind, die uns das Leben bietet, gibt es jedoch für das, was wir in Wirklichkeit erreichen können, keine Grenzen. Wir können die selbstauferlegten Beschränkungen durchbrechen, gewaltige Veränderungen bewirken und ungeahnte neue Fähigkeiten in uns entdecken. Und vor allem: Wir können uns unseres wahren Potentials bewusst werden.

Arbeit als Mittel zu Wachstum und Entwicklung zu nutzen hat das Leben meiner Schüler und mein eigenes Leben grundlegend verändert. Ich sehe es als meine Pflicht an zu arbeiten, und das, was ich lerne, mit anderen zu teilen. Dies ist meine Verantwortung und mein Beitrag zum Leben. Durch die Arbeit habe ich viel gelernt, und ich bin sehr dankbar für die vielen mir gegebenen Gelegenheiten, zu lernen und zu teilen.

In den letzten zwanzig Jahren hatte ich die Möglichkeit, sowohl östliche als auch westliche Arbeitsweisen und Lebensstile kennenzulernen. Ich verließ Tibet 1959. Bevor ich in die Vereinigten Staaten kam, lehrte und arbeitete ich zehn Jahre in Indien. In den letzten zehn Jahren habe ich täglich intensiv mit Amerikanern unterschiedlichster Herkunft und Berufe zusammengearbeitet. Dieses schloss Bereiche wie Management, Ausbildung, Verwaltung, Beratung, Bauwesen, Buchproduktion und graphische Kunst mit ein.

Auch wenn ich lehre, bin ich im Grunde meines Herzens ein Schüler des Lebens und der menschlichen Natur. Meine Herkunft und Ausbildung haben mich nicht direkt auf das Leben im westlichen Kulturkreis vorbereitet, und ich war sehr interessiert, so viel wie möglich aus der praktischen Erfahrung, im Westen zu arbeiten, zu lernen. Eine Kultur durch die Augen eines Fremden zu sehen ermöglicht häufig eine frische Perspektive auf Situationen und Einstellungen, die gewöhnlich als selbstverständlich betrachtet werden. Ich habe die Unzufriedenheit gespürt und beobachtet, die viele Menschen in ihrer Arbeit erfahren. Auch wenn meine eigene Arbeit nicht immer leicht war, fand ich sie doch anregend und lohnenswert. Durch meine Erfahrungen in der Arbeit habe ich die Freude kennengelernt, die entsteht, wenn ich mich der Arbeit in vollem Umfang widme. Meine Erfahrungen haben mir auch gezeigt, wie andere von dieser Arbeitsweise profitieren können.

Wenn wir die innere Kunst der Arbeit anwenden, gehen wir unsere Arbeit direkt an, handeln unverzüglich, um unsere Probleme zu lösen, und entdecken die Kraft unserer natürlichen Fähigkeiten. Jeder von uns hat das Potential, Frieden und Schönheit im Universum zu schaffen. Wenn wir unsere Fähigkeiten entwickeln und uns bemühen, sie mit anderen zu teilen, können wir diese Fähigkeiten tief wertschätzen. Diese tiefe Wertschätzung macht das Leben wirklich lebenswert und bringt Liebe und Freude in all unsere Erfahrungen. Indem wir lernen, die innere Kunst der Arbeit in allem, was wir tun, anzuwenden, können wir unser Alltagsdasein umformen in eine Quelle von Freude und Zufriedenheit, die selbst unsere schönsten Träume übertrifft.

Oktober 1978

II

Jedes Lebewesen im Universum offenbart seine wahre Natur im Prozess des Lebens. Arbeit ist die natürliche Antwort des Menschen auf das Lebendigsein, unsere Weise, am Geschehen im Universum teilzunehmen. Die Arbeit erlaubt uns, unser Potential voll auszuschöpfen und uns der unendlichen Weite von Erfahrung zu öffnen, die selbst der profansten Tätigkeit innewohnt. Durch die Arbeit können wir den sinnvollen Einsatz unserer Energie erlernen, so dass alle unsere Handlungen mit Erfolg und reicher Erfahrung belohnt werden.

Es entspricht unserer menschlichen Natur, zufrieden und erfüllt zu sein. Arbeit gibt uns die Gelegenheit, diese Zufriedenheit zu verwirklichen, indem wir die wahren Qualitäten unseres Wesens entwickeln. In der Arbeit drücken sich die Fähigkeiten unseres gesamten Seins aus. Arbeit ist unser Werkzeug, mit dem wir in uns selbst und auf der Welt Gleichgewicht und Harmonie schaffen. Durch die Arbeit führen wir dem Leben unsere Energie zu und setzen dabei Körper, Atem und Geist in schöpferischer Tätigkeit ein. Indem wir unsere kreativen Kräfte anwenden, erfüllen wir unsere natürliche Rolle im Leben und inspirieren alle Lebewesen mit der Freude, die durch lebendige Teilnahme entsteht.

Jeder von uns spürt, welche Rolle Arbeit in unserem Leben spielt. Wir wissen, dass Arbeit sich auf jeden Bereich unseres Daseins beziehen kann und unseren Geist, unser Herz und unsere Sinne vollständig zum Ausdruck kommen lässt. Allerdings ist es heutzutage ungewöhnlich, sich so tief auf die Arbeit einzulassen. In der heutigen komplexen Gesellschaft wissen wir nicht mehr, wie wir unsere Fähigkeiten einsetzen müssen, um ein fruchtbares und sinnerfülltes Leben zu führen. In der Vergangenheit spielte Erziehung eine große Rolle in der Weitergabe von Wissen. Dieses Wissen ist notwendig, um Lernen und Erfahrung zu integrieren, um unsere innere Natur auf praktische Weise auszudrücken. Heute wird dieses lebendige Wissen nicht länger weitergegeben. Daher ist unser allgemeines Verständnis von Arbeit beschränkt und wir erfahren nur selten die tiefe Befriedigung, die entsteht, wenn wir geschickt arbeiten, mit dem Einsatz unseres gesamten Seins.

Da wir zur Befriedigung unserer Grundbedürfnisse nicht mehr all unsere Kräfte mobilisieren müssen, sind wir nur noch selten mit ganzem Herzen und Verstand bei der Arbeit. Tatsächlich ist es zur Norm geworden, nur so viel zu arbeiten, dass man sein Auskommen hat. Die meisten Menschen erwarten nicht, ihre Arbeit zu mögen, geschweige denn sie gut auszuführen. Arbeit wird oft nur noch als Mittel zum Zweck angesehen. Ganz gleich, welchen Beruf wir ausüben, wir sind zu der Auffassung gekommen, dass Arbeit uns unsere Zeit stiehlt und eine unangenehme, nicht vermeidbare Pflicht ist.

Bei entsprechend starkem Anreiz werden wir vielleicht trotzdem hart arbeiten. Wenn wir aber unsere Motive sorgfältig untersuchen, stellen wir fest, dass sie eine Widerspiegelung begrenzter Sichtweisen darstellen: die Verbesserung unserer Stellung, die Vergrößerung persönlicher Macht und persönlichen Besitzes, die Wahrung von Interessen, denen wir uns durch Name und Familie verpflichtet fühlen. Derartig ichbezogene Beweggründe machen es uns schwer, unser menschliches Potential durch Arbeit zum Ausdruck zu bringen und weiterzuentwickeln. Anstatt uns in den positiven Qualitäten unseres Wesens zu verankern, begünstigt die Arbeitswelt Eigenschaften wie Konkurrenzdenken und Manipulation.

Es gibt Menschen, die als Antwort auf diese Verhältnisse Arbeit grundsätzlich zu vermeiden suchen. Wenn wir diesen Standpunkt einnehmen, meinen wir vielleicht, dass wir einem höheren Wert folgen. Aber anstatt eine gesunde Alternative zu finden, die unsere Lebensfreude vergrößern kann, schränken wir unsere Möglichkeiten noch mehr ein. Wenn wir leben, ohne zu arbeiten, kommt das einem Rückzug aus dem Leben gleich. Verweigern wir unserer Energie, sich in der Arbeit auszudrücken, betrügen wir uns unwissentlich um die Gelegenheit, unser Wesen zu verwirklichen, und bringen andere um den einzigartigen Beitrag, den wir für die Gesellschaft leisten könnten.

Das Leben fordert einen Preis für weniger als volles Teilnehmen. Wir verlieren den Kontakt zu den menschlichen Werten und Qualitäten, die sich natürlicherweise aus einem vollen Engagement in der Arbeit und im Leben entwickeln: Integrität, Ehrlichkeit, Treue, Verantwortungsgefühl und Kooperationsbereitschaft. Ohne die Begleitung, die diese Qualitäten unserem Leben geben können, lassen wir uns treiben, einem unbehaglichen Gefühl von Unzufriedenheit ausgeliefert. Wenn wir das Wissen verloren haben, wie wir in sinnvoller Arbeit eine

Grundlage finden können, wissen wir nicht mehr, wo wir uns hinwenden können, um unserem Leben wieder eine Bedeutung zu geben.

Es ist wichtig zu sehen, dass unser Überleben im weitesten Sinne von unserer Bereitschaft abhängt, mit ganzem Herzen und mit dem Einsatz aller geistigen Kräfte zu arbeiten – von dem Willen, am Leben rückhaltlos teilzunehmen. Nur so können wir die menschlichen Eigenschaften und Werte verwirklichen, die uns selbst, unserer Gesellschaft und der ganzen Welt Gleichgewicht und Übereinstimmung bringen. Wir können die Folgen von eigennützigen Beweggründen, von Verhaltensweisen wie Konkurrenzdenken und Manipulation nicht länger übersehen. Wir brauchen eine neue Philosophie der Arbeit, die auf der Grundlage von größerem menschlichem Verständnis, von Respekt für uns selbst und für andere beruht, und auch um jene Qualitäten und Fähigkeiten weiß, die Frieden in der Welt schaffen: Kommunikation, Kooperation und Verantwortungsgefühl.

Das bedeutet, uns offen mit unserer Arbeit auseinanderzusetzen, uns unsere Stärken und Schwächen ehrlich anzuschauen und die Veränderungen herbeizuführen, die unser Leben positiver gestalten werden. Wenn wir unsere Energie aufrichtig der Verbesserung unserer Einstellung zur Arbeit widmen und uns dabei weiterentwickeln, können wir das ganze Leben zu einer freudigen Erfahrung machen. Die Fertigkeiten, die wir in der Arbeit erlernen, bestimmen den Rahmen für unser Wachstum. Sie geben uns auch die Mittel, um Zufriedenheit und Sinn in jeden Augenblick unseres Lebens und des Lebens anderer zu bringen. So zu arbeiten heißt: Die Arbeit zur inneren Kunst zu entwickeln.

Die innere Kunst der Arbeit ist ein Prozess in drei Schritten, den wir auf jede Situation unseres Lebens anwenden können. Der erste Schritt besteht darin, dass wir uns der Realität unserer Schwierigkeiten bewusst werden, nicht nur durch intellektuelle Anerkennung, sondern durch aufrichtige Selbstbeobachtung. Nur so werden wir die Beweggründe finden, um den zweiten Schritt zu tun: Den festen Entschluß zu fassen, uns zu verändern. Beginnen wir das Wesen unserer Probleme zu durchschauen und sie zu ändern, können wir das Gelernte mit anderen teilen. Dieses Teilen kann die zufriedenstellendste Erfahrung überhaupt sein. Es liegt eine tiefe und dauerhafte Freude darin zu sehen, wie andere Mittel und Wege finden, um ihr Leben befriedigend und produktiv schöpferisch zu gestalten.

Wenn wir die Innere Kunst der Arbeit benutzen, um unsere positiven Eigenschaften bei der Arbeit zu verwirklichen und zu stärken, erschließen wir die wertvollen Ressourcen, die in jedem von uns darauf warten, entdeckt zu werden.

Jeder von uns trägt das Potential in sich, das Universum friedlicher und schöner zu gestalten. Sobald wir unsere Begabungen entwickeln und mit anderen teilen, können wir ihren Wert in tieferem Sinne wahrnehmen und würdigen. Diese tiefe Wertschätzung macht das Leben wirklich lebenswert und trägt Liebe und Freude in all unser Tun und unsere Erfahrungen. Indem wir lernen, bei allem, was wir tun, die innere Kunst der Arbeit anzuwenden, können wir unser Alltagsleben in eine Quelle der Freude und Verwirklichung verwandeln, die selbst unsere schönsten Träume noch in den Schatten stellt.

Oktober 1978

Geschicktes Wirken
Arbeit erfolgreich meistern

I

Vor über fünfundzwanzig Jahren bin ich in die USA gekommen. Seitdem ist meine Arbeit wohl zu meinem wichtigsten Lehrer geworden. Sie war und ist mir eine Inspiration und Herausforderung, die meine Reise durchs Leben zu einem Lernen voll reicher Erfahrungen machte. Ich würde mich sehr freuen, wenn ich das auf diese Weise Gelernte mit anderen Menschen teilen könnte.

Als ich in den Westen kam, besaß ich zwar eine umfassende Ausbildung in Philosophie und Religion, stellte aber bald fest, dass ich zur Verwirklichung meiner Ziele Kenntnisse auf zahlreichen Wissensgebieten zu meistern hatte, in denen ich keine Ausbildung hatte. Dies traf auch für jene Menschen zu, die mit mir zusammenarbeiten wollten. Immer wieder mussten wir uns sehr vielfältigen Aufgaben stellen, auf die wir nicht hinreichend vorbereitet waren und für die uns nur wenige Ressourcen zur Verfügung standen. Immer wieder stellten wir fest, dass wir trotz dieser Schwierigkeiten erfolgreich sein konnten.

Im Laufe der Zeit habe ich erkannt, dass unser Erfolg mit dieser Arbeitsweise eng mit jenen Lehren und Übungen verbunden war, die ich als junger Mann erhalten hatte. Erfolg in der Arbeitswelt hängt häufig von den gleichen Faktoren ab, die ich während meiner frühen Lehrjahre schätzen gelernt hatte: Achtsamkeit, Konzentration, Disziplin, Klarheit und Verantwortungsbewusstsein. Es sind ausnahmslos Qualitäten, die sowohl auf dem geistigen Weg als auch im praktischen Leben ungeheuer nützlich sind.

Für unsere Gemeinschaft war in zweierlei Hinsicht bedeutsam, erfolgreiche Arbeitshaltungen und -einstellungen zu entwickeln. Zum einen sind wir eine recht kleine Gruppe, die sehr ehrgeizige Ziele verfolgt. Nur wenn wir unsere Bemühungen maximieren und unsere Fähigkeiten und unser Potential optimal entfalten, konnten wir hoffen, wenigstens einen geringen Anteil der uns gestellten Aufgaben zu bewältigen. Zum anderen trug die Übung, wie effektives Arbeiten erlernt werden kann, dazu bei, dass meine Schüler den menschlichen Geist in einem lebendigen Kontext untersuchen konnten. Arbeit als spirituelle Disziplin wurde tatsächlich zum zentralen Anliegen unserer Aktivitäten.

Jemand, der sitzt und meditiert, kann sich der Selbsttäuschung hingeben, er hätte mehr erreicht, als tatsächlich geschehen ist. Müssen wir aber einen Termin einhalten oder Gehälter auszahlen, können wir uns nicht durch Bluffen oder Selbsttäuschung aus der Affäre ziehen. Für meine Schüler wie auch für mich wurde Arbeit zu einer wertvollen Gelegenheit, sowohl unsere eigenen Fähigkeiten zu stärken als auch Einsicht und würdigendes Verständnis zu entwickeln. Arbeit als Disziplin veranschaulicht auf vollkommene Weise die uralte Einsicht, dass wir lernen müssen, uns selbst gegenüber ehrlich zu sein, wollen wir unser jetziges Sein transformieren.

Erfolg bei der Arbeit hat sich als eine Übung erwiesen, die sich selbst unterstützt. Je mehr Erkenntnisse wir über menschliche Seinsweisen und Gedankenmuster praktisch anwendeten, desto erfolgreicher war unsere Arbeit. Je mehr unsere Übung dazu beitrug, in der Arbeitswelt erfolgreich zu sein, desto mehr lernten wir, deren Wert zu schätzen. Auf diese Weise konnten wir unsere Bemühungen um ein Verständnis der menschlichen Natur mit den praktischen Bemühungen um Erfolg verbinden. In Anlehnung an einen traditionellen Begriff habe ich diesen doppelten Übungsansatz *Geschicktes Wirken (Skillful Means)* genannt.

In seiner ursprünglichen Bedeutung bezieht sich der Begriff *Geschicktes Wirken* auf die Methoden, die allen Wesen ungeachtet ihrer Umstände, Hilfe und Unterstützung bringen können. *Geschicktes Wirken*, so wie wir es üben, hat dieselbe Qualität, denn die Arbeitsweisen, die wir gelernt haben, können für alle Menschen bedeutsam sein.

Erfolgreiche Menschen werden mit einigen dieser Gedanken vertraut sein. Wer sich aber intensiv um einen geistigen Weg bemüht hat, wird wahrscheinlich andere Gedanken wieder erkennen. Trotzdem müssen wir verstehen, wie die beiden Aspekte des Lebens – der praktische und der spirituelle – integriert werden können, damit sie sich gegenseitig unterstützen und fördern. Ich bin fest davon überzeugt, dass die Wertschätzung der Arbeit zu einem sinnerfüllten Leben führen kann. Ich hoffe, dass ich meine Überzeugung einem größeren Leserkreis vermitteln kann.

Der Ansatz von *Geschicktes Wirken* erfordert kein Interesse an spirituellen Fragen, sondern beabsichtigt einfach Menschen zu helfen, ein unbeschwertes Leben zu führen, erfolgreich zu arbeiten und in allen Lebenssituationen von Erkenntnis zu profitieren. Andererseits bietet der Ansatz des *Geschickten Wirkens* allen bereits erfolgreichen Menschen die Möglichkeit, in ihrer Arbeit eine Qualität zu entdecken, die ihrem Tun neuen Sinn verleiht.

Seitdem ich im Westen lebe, bemerkte ich zu meiner Überraschung, dass viele Menschen offenbar bereit sind, eine Lebensweise auf sich zu nehmen, die alles andere als befriedigend ist. Von Kindheit an gewöhnen sie sich daran, weit unter ihrer Leistungsgrenze zu leben. Sie lähmen ihre Energie, vernebeln ihre Intelligenz und unterminieren ihre wertvollsten Impulse, ohne es überhaupt zu merken.

Es ist äußerst schmerzhaft, diese Verschwendung zu sehen. Es gibt so viel wichtige und sinnvolle Arbeit auf der Welt. Wir können so viel Befriedigung finden, wenn wir uns ganz auf die Situationen einlassen, denen wir im Leben begegnen. Kann irgend jemand untätig bleiben, wenn er um diese Möglichkeit weiß? Wir werden zu Komplizen des allgemeinen Verschleierns, wenn wir leugnen, was wir erkannt haben. Lehnen wir aber die Verantwortung für die Lebensweise anderer Menschen ab, machen wir uns selbst des Verschleierns schuldig. Deshalb spürte ich das starke Bedürfnis, einige dieser Einsichten mit anderen zu teilen, Einsichten, die ich glücklicherweise im Laufe der Jahre entdecken konnte, in denen ich in diesem wunderbaren Land gelebt und gearbeitet habe.

II

Die meisten Menschen arbeiten in erster Linie, um Geld zu verdienen. Natürlich erfüllt Arbeit auch andere Bedürfnisse: Sie verleiht eine berufliche Identität, gibt uns Anerkennung durch andere, ein Gefühl von Macht und Können, wir unterhalten soziale Beziehungen und genießen die einfache Befriedigung, beschäftigt zu sein. Der gemeinsame Nenner dieser angestrebten Ziele liegt außerhalb des eigentlichen Arbeitsprozesses. Wir arbeiten, um bestimmte Ziele zu erreichen, doch nur selten finden wir einen Wert im eigentlichen Arbeitsprozess.

Diese Arbeitsweise lässt uns auf einer sehr tiefen Ebene verarmen. Sind unsere Tätigkeiten nicht um ihrer selbst willen wertvoll, arbeiten wir selten mit wirklicher Freude oder spüren eine tiefe Erfüllung. Es gibt zwar solche Augenblicke, doch sie gehen bald vorüber und lassen nur eine Erinnerung an Wohlbefinden zurück.

Das ist möglicherweise der Grund, warum Menschen, die viele Jahre lang hart und erfolgreich gearbeitet haben, manchmal an einen Punkt gelangen, an dem sie den Wert ihrer bisherigen Tätigkeiten in Frage stellen. Ihre Anstrengungen gaben ihnen einen gewissen Grad an materieller Sicherheit und Bequemlichkeit. Aber haben sie ihnen geholfen, ihre menschlichen Qualitäten zu entwickeln? Konnten sie dadurch mehr Sinn und Bedeutung in ihrem Leben finden? Konnten sie dadurch der Erfüllung ihrer Lebensziele näherkommen? Sich diesen Fragen zu stellen ist nicht einfach.

Arbeiten wir ohne innere Bereitschaft, ist Arbeit letztlich nicht sehr befriedigend. Wir müssen uns zu unserer jeweiligen

Tätigkeit zwingen. Dieser innere Konflikt dämpft unseren Elan und erschöpft unseren Geist. Dadurch stumpfen unsere Sinne ab, und wir können auch in anderen Bereichen unseres Lebens immer weniger Freude empfinden. Arbeiten wir widerwillig, so arbeiten wir naturgemäß ineffektiv, und unsere Arbeit geht eher in Richtung Mittelmäßigkeit und Fehler als in Richtung Perfektion und Erfolg.

Selbst wenn wir für eine Sache arbeiten, an die wir glauben, wirkt dasselbe Muster weiter. Obwohl wir dann mit sehr viel mehr Energie und Engagement arbeiten können, sehen wir dennoch an der eigentlichen Tätigkeit vorbei und schielen auf das Ergebnis. Selten ziehen wir in Betracht, dass Arbeiten selbst eine Möglichkeit sein kann, um etwas Grundlegendes über uns zu erfahren, oder dass sie uns Gelegenheit bietet, Mitgefühl zu zeigen und anderen ein Beispiel zu sein.

Die meisten Menschen nehmen es als gegeben hin, dass jeder zu seinem eigenen Nutzen arbeitet. Tatsächlich aber scheinen wir nicht sehr geschickt zu sein, wenn wir unsere eigenen Bedürfnisse und Wünsche erfüllen wollen. Wir haben uns mit einem Lebensstil abgefunden, bei dem wir den Großteil unserer Zeit mit einer Tätigkeit verbringen, die wir nur teilweise befriedigend finden. Nach wirklicher Befriedigung suchen wir außerhalb unserer Arbeit und legen unser Leben auf Eis, während wir unserem Beruf nachgehen. Weil wir unser Glück in den Randbereichen des Lebens suchen, fördern wir schließlich negative Verhaltensmuster, wie Sucht und Flucht. Arbeit gibt uns vielleicht zeitweise eine gewisse Ich-Bestätigung, aber es gibt einen anderen, tieferen Teil unserer Selbst, den wir verkümmern lassen. Kein Wunder, dass so viele Menschen spüren, dass ihr Leben nicht im Gleichgewicht ist.

Ich komme aus einer Kultur, die eine klare Alternative zu diesen Arbeitsweisen anbot. Obwohl normale Berufe respektiert wurden, konnten jene, die nach einem sinnvolleren Lebensstil suchten, sich von weltlichen Belangen völlig zurückziehen und ihr Leben religiöser Praxis und Suche widmen. Diese

Menschen schienen in ihrem Tun oft eine besondere Freude und Inspiration zu finden: ein inneres Gefühl spirituellen Friedens und Wohlergehens, das bedeutungsvoller war als der Erfolg in praktischen Bereichen.

Auch in unserer Gesellschaft gibt es Alternativen zur Arbeitswelt. Selbst wenn sich heute nur wenige Menschen völlig von der Welt zurückziehen, gibt es doch immer einige, die einen eher spirituellen Weg gehen, sei er nun mit Religion, Kunst, Dienst am Nächsten oder der Suche nach Wissen verbunden. Sie weisen materielles Streben und die praktischen Bereiche der Geschäftswelt zurück und suchen nach einer Erfüllung, die ihrer Ansicht nach mehr der fundamentalen Bedeutung menschlicher Existenz entspricht.

Lange Zeit wurde die Trennung dieser beiden Lebensweisen nicht in Frage gestellt, doch in der heutigen Welt ist diese Trennung nicht mehr haltbar. Die strengen Hierarchien und gängigen Ansichten, die diese Trennung in der Vergangenheit getragen haben, verschwinden immer mehr. Spirituelle Gemeinschaften und Individuen können es sich nicht leisten, die weltlichen Angelegenheiten anderen zu überlassen, denn sie können nicht mehr mit der Unterstützung der Gesellschaft rechnen. Andererseits profitieren die wenigsten Menschen, die in der Welt tätig sind, von den Bemühungen derer, die sich geistigen Belangen widmen, denn es fehlt das Gefühl der tiefen Verbundenheit von spirituellen mit weltlichen Bereichen.

Mit zunehmender sozialer Zerstückelung, die alle Teile der Welt erreicht, führt die Aufspaltung zwischen spirituell und weltlich zu ernsthaften Folgen. Einerseits werden spirituelle Werte immer mehr an den Rand gedrängt. Alle, die sich mit spirituellen Themen beschäftigen und sich nach dem eigentlichen Sinn fragen, haben es immer schwerer, die für diesen Weg notwendige materielle Unterstützung zu finden. Andererseits stellen sich die enormen Leistungen der westlichen Kultur auf materiellem Gebiet offenbar als hohl heraus. Sie werden von einem wachsenden Gefühl der Sinnlosigkeit und Unzufriedenheit in

Frage gestellt, und der Verdacht wird stärker, das soziale Gewebe stehe kurz vor der Auflösung.

Aufgrund der Erfahrungen, die ich seit meiner Ankunft im Westen vor fünfundzwanzig Jahren gemacht habe, bin ich überzeugt, dass diese Trennung zwischen Arbeitswelt und geistiger Welt unnötig ist. Arbeit selbst kann eine innere Bedeutung und einen Wert besitzen, die sie Teil des spirituellen Weges werden lässt. Jeder, der irgendeine Art von Arbeit verrichtet, kann ein Gefühl tiefer innerer Erfüllung erleben, das zu allen Zeiten als die Frucht einer spirituellen Lebensweise galt, selbst wenn die betreffende Person sich nicht religiös berufen fühlt. Es ist nicht nötig, den Schmerz und die Leere hinzunehmen, die so viele Menschen heute erfahren. Wir brauchen nicht immer verzweifelter versuchen, das Loch in unseren Herzen zu füllen: Es gibt eine weitaus sinnvollere Alternative.

Mehr noch, wenn wir lernen, die spirituellen Werte in unsere Arbeit zu integrieren, können wir sicherstellen, dass sie von allein zu Erfolg führt. Je vollständiger Arbeit die Schönheit einer inneren Ethik zum Ausdruck bringt, desto effektiver und produktiver kann sie sein.

Diese Perspektive von Nutzen auf allen Ebenen kann unsere Vision der Arbeit leiten. Arbeit muss nicht eine schmerzvolle Notwendigkeit oder ein Schimpfwort sein. Wenn wir Arbeit dazu benutzen, unsere Grenzen zu hinterfragen, unsere Bewusstheit zu vervollkommnen und Konzentration zu vertiefen, dann kann Arbeit sich dem Wissen öffnen, das uns erfolgreicher sein lässt und uns gleichzeitig auf tiefsten Ebenen nährt. Lassen wir uns von der Arbeit zu tieferem Wissen führen, können wir jeden Tag mit Freude und einem Gefühl beenden, etwas wirklich Nützliches geleistet zu haben. Wir können unsere eigenen Ziele erreichen und ein Beispiel setzen, das das Potential zur Veränderung der Gesellschaft in sich birgt.

Die innere Übung der Arbeit

Die organische Verbindung zwischen Arbeit und spirituellen Werten wird klarer, sobald wir danach fragen, was wir uns als Menschen wirklich vom Leben erhoffen. Auf dieser grundlegenden Ebene unterscheiden sich Geschäftswelt und der spirituelle Bereich tatsächlich kaum. Menschen möchten glücklich sein, etwas Wertvolles im Leben erreichen und auf eine gesunde und ausgeglichene Art leben. Auch wenn die Sprache, mit der wir geschäftliche und spirituelle Ziele beschreiben, sowie die Vision, wie diese Ziele erreicht werden können, sehr unterschiedlich sind, bleibt eine fundamentale Verbindung.

Auch die Mittel, mit denen diese Ziele angestrebt werden, sind einander sehr ähnlich. Sowohl Glücklichsein als auch die Fähigkeit, etwas Wertvolles zu schaffen, sind mit der geistigen Weite verbunden. Wenn wir nicht wissen, wie wir diese angeborene Fähigkeit schulen, nähren und beherrschen können, erreichen wir wenig, sowohl im spirituellen als auch im geschäftlichen Bereich.

Zum Beispiel ist die Kraft des Gebets von unserer Fähigkeit abhängig, den Geist zu sammeln. Um diese Fähigkeit zu entwickeln, müssen wir Kontemplation lernen: uns tief in ein Gefühl, ein Bild oder eine Frage versenken, ohne uns auf Worte oder Begründungen zu verlassen. Unter einer anderen Bezeichnung ist die gleiche Fertigkeit auch für den geschäftlichen Erfolg ausschlaggebend.

Sobald wir diese Ähnlichkeiten erkennen, sehen wir, dass uns nichts daran hindert, Arbeit als einen Weg zur Erkenntnis zu nutzen. Traditionell beschäftigte sich nur eine Minderheit der Gesellschaft mit der Untersuchung des Geistes. Doch im heutigen Zeitalter der Demokratie sieht es ganz anders aus. Als Menschen haben wir alle ähnliche Ziele. Daher können wir auch alle nach Erkenntnis streben, jede auf ihre Weise, jeder auf seine Weise.

Diese Verbindung zwischen spirituellen Werten und Arbeit bestätigte sich für mich auf allen Gebieten, in denen ich mit meinen Schülerinnen und Schülern während der letzten zwei Jahrzehnte in den unterschiedlichsten Projekten und Geschäftsbereichen tätig war. Aufgrund unserer Erfahrung kann ich voller Vertrauen sagen, dass es in beiden Richtungen zu positiven Entwicklungen führt, wenn wir Arbeit und spirituelle Übung miteinander verbinden. Es ist keine Vernunftehe, sondern eine Verbindung, die uns bei der Erfüllung unseres Lebensziels helfen kann. Erfolg in einem Bereich geht Hand in Hand mit Erfolg im anderen, denn für beide ist ein und dasselbe Wissen ausschlaggebend. Indem wir beide Wege gleichzeitig gehen, können wir dieses Wissen aufblühen lassen und seinen reichen Ertrag sammeln.

Dies scheint mir eine wesentliche Entdeckung zu sein – oder vielleicht die Wiederentdeckung einer Erkenntnis, die in unserer Zeit verloren gegangen ist. Zwar gibt es im westlichen Gedankengut eine alte Tradition, dass wir der täglichen Arbeit auch eine spirituelle Bedeutung geben können, doch diese Sichtweise weiht Arbeit als Bestandteil einer göttlichen Ordnung, nicht aber als einen eigenständigen spirituellen Weg. Für viele Menschen ist jedoch diese Form des religiösen Glaubens nicht mehr überzeugend.

Der Ansatz, der hier vorgestellt wird, ist ganz anders. Wir können Arbeit viel direkter mit unseren höchsten Fragen verbinden. Wir können sie als einen Weg des Erforschens und Entdeckens ansehen, ähnlich dem Weg des Gebets oder dem Weg der Meditation, dem Menschen zu anderen Zeiten und an anderen Orten folgen konnten. Arbeiten wir auf diese Weise, so können wir bei allen unseren Tätigkeiten die für den Erfolg notwendigen Techniken entwickeln.

Machen wir Arbeit zu unserer Übung, bekommen wir eine direkte, unmittelbare Rückmeldung, die für jeden spirituellen Weg außerordentlich nützlich ist. Die nüchtern am Erfolg orientierte Mentalität der Geschäftswelt mit ihrem Schwerpunkt auf Handeln und Resultaten lässt es kaum zu, dass wir uns etwas vormachen. Darüberhinaus zwingt uns die ständige Herausforderung der Arbeit, mehr Wissen zu entwickeln. Beispielsweise erfordert der erfolgreiche Umgang mit anderen Menschen, dass wir selbst mit unserem Geist vertrauter werden. Die Notwendigkeit, aus unseren Fehlern zu lernen, bringt es mit sich, dass wir uns über unsere Stärken und Schwächen ehrlich Rechenschaft ablegen müssen.

Im Grunde ist es keine Alternative, wenn wir es versäumen, die Arbeit auf diese Weise als Übungsfeld zu nutzen. Lernen wir nicht aus den Lektionen, die uns Arbeit lehrt, bereiten wir den Boden für Versagen und Unzufriedenheit auf der alltäglichen Ebene, und wir verspielen auch die Gelegenheit, wirkliche Bedeutung und tiefe Erfüllung auf der spirituellen Ebene zu finden. Obwohl viele Menschen so leben mögen, gibt es keinen Grund, so weiterzumachen.

Wird Arbeit zu einem Weg der Verwirklichung und Erfüllung, werden unsere Handlungen immer bedeutungsvoller. Wir lassen die lähmende Vorstellung hinter uns, dass Arbeitszeit eine Zeit ist, die unseren eigentlichen Fragen und Interessen verloren geht. So steht uns die Hälfte unseres Lebens wieder zur Verfügung. Nun können wir uns wirklich um uns selbst kümmern. Anstatt uns Enttäuschung und Frustration auszusetzen, können alle unsere Handlungen unseren eigentlichen Interessen dienen.

Gleichzeitig legen wir den Grundstein dafür, dass sich unsere Arbeitsweise von selbst in ihrem Wesen verändert. Ohne den Erfolg als Ziel aufzugeben, lernen wir auf menschlichere, erfüllendere und kooperativere Weise zu arbeiten. Wir lernen in Übereinstimmung mit unseren tiefsten Interessen zu handeln, die Umwelt, die uns schützt und versorgt, zu achten und uns um die Bedürfnisse anderer zu kümmern.

Die Lektionen, die uns die Arbeit lehrt, haben oft mit unseren Fehlern und Versäumnissen zu tun. Aber sie können die wichtigsten Lektionen überhaupt sein. Vielleicht erkennen wir, wie wir uns bei der Arbeit selbst etwas vormachen: die Entschuldigungen und die Trägheit, die Anspannung und das Sich-Sorgen, das Ausweichen und Aufschieben. Wenn wir das alles sehen, können wir außerordentlich viel aus unserer Erfahrung lernen. Sind wir uns dessen bewusst, was wir tun, können wir den Vorsatz fassen, uns zu verändern und die Disziplin entwickeln, es auch in die Tat umzusetzen. Jetzt wird Arbeit zu einem wesentlichen Medium der Transformation, mit dem wir unsere Denkweise, unsere Einstellungen, unsere Beziehungen und unsere Handlungen verbessern können.

In der Arbeit können wir sofort überprüfen, ob die vorgenommenen Veränderungen wirksam sind. Wir können sehen, was funktioniert und was nicht, und wir können das anwenden, was am effektivsten ist. Gleichzeitig lernen wir die Kraft einer positiven Einstellung und Perspektive kennen. Wo könnten wir eine bessere Schulung finden?

Arbeit ist für jeden Aspekt menschlichen Seins wertvoll. Durch unsere Arbeit können wir uns einer reichen und gesunden Lebensweise öffnen, die auf der Fülle von Bewusstheit, Konzentration und Energie beruht. Der in dieser Seinsweise enthaltene Reichtum vertreibt endgültig das Empfinden, wir lebten in einem Mangelzustand. Unabhängig von unseren äußeren Umständen sind wir bereit, weiterzugehen und die Erfüllung immer im Blick zu haben.

Der durch Arbeit erschlossene Weg des Erforschens steht uns selbst dann offen, wenn unsere alltäglichen Verantwortlichkeiten scheinbar keine Gelegenheit zu natürlicher Kreativität bieten. Vielleicht entspricht uns unsere gegenwärtige Arbeit nicht, vielleicht haben wir gar keine Arbeit. Wir können jedoch von dem, was wir nicht haben, genauso lernen wie von dem, was wir haben. Wir brauchen nicht nach besonderen äußeren Umständen oder nach der perfekten Arbeit zu suchen, wir können sofort beginnen.

Wir sind zum Beispiel alle mit den Ängsten und Spannungen, den Befürchtungen und den Selbstzweifeln vertraut, die unser Wohlbefinden schmälern und unsere Produktivität unterlaufen. Jetzt, in diesem Augenblick, können wir Schritte unternehmen, um uns von dieser hoffnungslosen und hilflosen Seinsweise zu befreien. Wie ein Sportler, der für den Wettkampf trainiert, können wir uns in Bewusstheit, Konzentration und Energie üben, sodass wir darauf vorbereitet sind, unter geeigneten Umständen die Stärke unserer inneren Kreativität und unseres Wissens zum Ausdruck zu bringen.

Vielleicht klingt das nach sehr hohen Zielen. Wir besitzen aber alle notwendigen inneren Ressourcen, und sie stehen uns in diesem Augenblick zur Verfügung. Wenn Sie Ideen, Übungen und Arbeitsweisen, die zu Erfüllung führen, auf Ihr Leben anwenden, so werden Spannungen, Sorgen und andere Hindernisse, die leistungsmindernd wirken, den Zugriff auf Ihr Bewusstsein lockern. Wenn Sie sich mit diesen Anregungen gründlich auseinandersetzen, über ihre Bedeutung nachdenken, die verschiedenen Schritte in jedem Prozess vor Augen visualisieren und die gewonnenen Einsichten in Ihrer Arbeit anwenden, dann verwandelt sich Ihr tägliches Leben zu Erkenntnis und zu Geschicktem Wirken in der Praxis.

Die Verantwortung liegt letztlich bei Ihnen. Sind Sie der Meinung, dass sich etwas verändert, wenn Sie den Vorschriften anderer folgen, wenn Sie versuchen, einen Plan zu erfüllen, den ein Autor für Sie aufgestellt hat, dann werden Sie Ihr eigenes Schicksal nie erfüllen. Bleiben Sie statt dessen bei Ihrem eigenen Verständnis. Indem Sie Bewusstheit, Konzentration und Energie entwickeln, werden Sie mit der Integrität Ihres Seins in Kontakt kommen und Ihr Leben selbst in die Hand nehmen.

Schließlich müssen Sie Ihr eigenes Buch schreiben und dabei Ihre Ziele, Ihr Engagement und Ihr wachsendes Verständnis berücksichtigen. Indem Sie Wissen wach werden lassen, können Sie diesen Elementen durch Ihre Handlungen und Ihre Leistungen Form geben. Sie können sich mutig auf eine Reise begeben, die Sie in unbegrenzte Dimensionen führt.

Dezember 1993

Weg der Transformation

Vorwort zur deutschen Ausgabe von
Mastering Successful Work (Geschicktes Wirken)

Das Leben gleicht einem magischen Schauspiel: hinreißend, aber schnell vergänglich, kaum Spuren hinterlassend. Unsere Zeit ist kurz bemessen, und wir können sie nur begrenzt kontrollieren. Ein großer Teil unserer Zeit vergeht mit Ausbildung und dem täglichen Gelderwerb, den Rest verbringen wir mit der Befriedigung unserer Grundbedürfnisse, mit Sorgen und gesellschaftlichen Ablenkungen. Doch können wir auch innerhalb dieser Einschränkungen Sinn und Wert schaffen, wenn wir Körper und Geist miteinander ins Gleichgewicht bringen, unsere spirituelle Ausrichtung vertiefen und Wege finden, um anderen Menschen Gutes zu tun.

Konzentration ist der Schlüssel zu einem sinnvollen Leben. Indem wir lernen, unsere Intelligenz und Energie zu sammeln, säen wir den Samen für wachsendes Selbstvertrauen. Schon ein geringes Bemühen kann uns zeigen, dass Bewusstheit, Konzentration und Energie gestärkt, ausgeglichen und so integriert werden können, dass sie ein Mittel werden, um höhere Ziele zu erreichen. Auf der Grundlage dieser Erfahrung wächst unsere Bereitschaft, unsere Fähigkeiten anzuwenden und Neues zu lernen. Unser Interesse nimmt zu und stärkt unsere Motivation. Wir bemerken einen gewissen Fortschritt und sehen erste Ergebnisse. Mit wachsendem Vertrauen wird unser Bemühen freudiger, wir entdecken, dass Leistung auch Vergnügen bedeutet. Während wir von einer neuen, tiefen Ebene des Interesses und der Zufriedenheit getragen werden, entwickelt sich unser Bewusstsein für Zeit und für die Notwendigkeit, sie gut zu nutzen. Aus dieser Bewusstheit erwächst eine natürliche Selbstdisziplin, die unsere Werte reicher werden lässt.

Disziplin und Leistungsfähigkeit können verschiedenen Zwecken dienen. Im Laufe der Geschichte wurden beide Begriffe immer wieder zu Schlagwörtern der Militärs oder der Geschäftswelt und erweckten negative Assoziationen, wie äußeren Zwang, Verpflichtung und Schuld. Wahre Disziplin jedoch ist eine organische Antwort auf das Bewusstsein, dass Zeit begrenzt ist und unser Wert als Mensch davon abhängt, wie gut wir sie nutzen. Mit Hilfe der Disziplin regen wir unsere wertvollsten Ressourcen – Bewusstheit, Konzentration und Energie – in einem kreativen Bemühen an, um das Potential des menschlichen Geistes zu verstehen. Durch dieses Bemühen befreien wir uns von karmischen Mustern und ungezählten geistigen Ängsten.

Wir haben jetzt eine Gelegenheit, den Gegensatz zwischen einer materialistischen Arbeitsweise in der Welt und den sogenannten spirituellen Bestrebungen zu überbrücken, bei denen die Menschen sich von den weltlichen Belangen abwenden, um den damit verbundenen Enttäuschungen und Anforderungen zu entgehen. Dieser Graben hat sich in allen Kulturen auf der ganzen Welt aufgetan, sowohl in buddhistischen Ländern als auch im modernen Westen. Doch nicht alle, die an einem spirituellen Leben interessiert sind, können von heute auf morgen Mönch oder Nonne werden. Die meisten haben keine andere Wahl, als in der Welt zu leben und sich an den von Menschen geschaffenen Systemen zu beteiligen.

Um im alltäglichen Leben erfolgreich zu arbeiten, benötigen wir Stärke, Toleranz, Geduld, Disziplin, Verständnis und Mitgefühl – Qualitäten, die alle Religionen als wesentlich für ein spirituelles Wachstum betrachten. Konzentrieren wir uns mit Achtsamkeit auf die Entwicklung dieser Qualitäten, können wir die Enttäuschungen in der Welt als Übungsmöglichkeiten nutzen. Setzen wir Einfallsreichtum, Kreativität und aufrichtige Fürsorge für andere in die Tat um, so lösen wir alle Grundlagen der Angst auf. Befreit und durch innere Disziplin gesammelt, vermögen Bewusstheit, Konzentration und Energie alle möglicherweise auftauchenden Hindernisse zu überwinden.

Wenn Arbeit darauf ausgerichtet ist, anderen Nutzen zu

bringen – den Dharma zu erhalten, Wissen und Mitgefühl zu verbreiten, gütige Handlungen zu vollbringen, an gesellschaftlich wertvollen Projekten zu arbeiten – dann wird sie zu einem Weg der Verwirklichung. Entschließen wir uns zu dieser Arbeitsweise, öffnen wir möglicherweise neue Ebenen des Bewusstseins, wie die vierundachtzig großen Siddhas im alten Indien es getan haben. Unser Bemühen könnte ein Mandala des Vollbringens werden, in dem sich die Kreativität der erleuchteten Vision des Buddha zeigt.

Wir würden unsere innere spirituelle Freiheit durch die Arbeit in der Welt nicht beschränken, sondern sie mit jeder neuen Herausforderung noch strahlender werden lassen. Indem wir ein Beispiel geben, wie Arbeit in spirituelle Übung transformiert werden kann, können wir erheblich zum Wohl der weltlich lebenden Menschen beitragen und eine Form des spirituellen Lebens entwickeln, die unserer Zeit entspricht. Diese Arbeitsweise baut Stabilität und inneres Vertrauen auf, ein Verbundensein mit der Erde, das uns bei allen Vorhaben dient. Der Geist, nicht mehr verträumt oder verloren, richtet sich auf sein Ziel jenseits aller Grenzen: goldenes Licht zu werden. Diese Arbeit auf einer höheren Ebene bereitet für alle den Weg zur Befreiung, vermittelt Glauben und Bedeutung im Leben und unterstützt alle positiven Bestrebungen. Wir werden fähig, uns wirklich für das einzusetzen, woran wir glauben, und können das Beste, was wir zu geben haben, als unser Erbe hinterlassen. Am Ende unseres Lebens wird es keinen Platz für Schuldgefühle, Sorgen oder Unsicherheiten geben. Wir wissen, dass wir unser Bestes getan haben, um der Menschheit zu dienen, um die erleuchteten Lehren zu erhalten und unser eigenes Bewusstsein zu vertiefen.

Es mag an der Zeit sein, dass die zivilisierten Völker die Möglichkeit ernst nehmen, ohne Trauer, Unklarheit und Enttäuschungen zu leben. Können wir jetzt, nachdem wir weit gekommen sind, unsere Prioritäten so setzen, dass wir die verbliebenen *Fehler* im Programm des menschlichen Geistes beseitigen, die so viel Leiden verursachen? Indem wir eine neue Arbeitsweise entdecken, können wir vielen Menschen zeigen, wie sich Bewusstheit, Konzentration und Energie durch eine offene und natürliche Disziplin entwickeln lassen. Schritt für Schritt könnten wir Angst und Aggression überwinden und eine leichtere und freudvollere Seinsweise entwickeln.

Die Zukunft braucht gute Vorbilder und eine gute Führung, um die Bedürfnisse der acht Milliarden Menschen zu befriedigen. Daher ist es wichtig, die Grenzen des Wissens zu öffnen, nicht nur um des persönlichen Überlebens willen, sondern damit alle Menschen mit Würde in dieser Welt leben dürfen. Wir können zu dieser Vision beitragen und Modelle schaffen, die andere Menschen als sinnvolle und herausragende Vorbilder erkennen.

Der Buddha hat nicht gesagt, dass man der Welt nur helfen kann, wenn man die Kutte eines Mönches oder einer Nonne trägt. Manjushri, der Bodhisattva der Weisheit, manifestierte sich einmal als Nicht-Buddhist und befreite in dieser Verkörperung viele Wesen. Unsere Erscheinungsform ist vielleicht nicht so wichtig, solange wir auf der Basis von Ethik, gutem Bewusstsein und guter Disziplin gute Arbeit leisten. Ich wünsche allen, die hart arbeiten, dass sie eine Möglichkeit finden mögen, um ihre Arbeit als einen Weg der Transformation zu verstehen – einen Weg, der sie über Enttäuschungen und Leere hinaus zu einer Seinsweise führt, die mehr Freude und spirituelle Tiefe mit sich bringt. Möge dieser Weg sie führen und den Schritten der Erleuchteten folgen lassen.

Odiyan, Sommer 1994

TEIL VIER

BEFREIENDES WISSEN

Die Muster des Geistes lockern

In den letzten Jahrhunderten haben die industriell entwickelten Länder zwingend das Muster für Erfolg in der modernen Welt etabliert und den Maßstab für Glück gesetzt: Besitz von Reichtum, materiellen Gütern, körperliche Gesundheit und die weitreichende persönliche Unabhängigkeit, die mit der Macht von Reichtum und Stellung einhergeht. Der größte Teil der Welt folgt ihrem Beispiel und erkennt nun die Bedeutung von Reichtum, wirtschaftlichem Wachstum, Individualismus und persönlicher Freiheit an.

Dies sind die besten Maßstäbe, die in unserem gegenwärtigen System vorstellbar sind. Aber sind sie für jeden Menschen realistisch? Der Gegensatz zwischen denjenigen, die besitzen, und denen, die nichts besitzen, verstärkt sich; große Diskrepanzen in der wirtschaftlichen und gesellschaftlichen Entwicklung lassen allmählich ein Klima von Trennung und Feindschaft zwischen Volksgruppen und Nationen entstehen. Sehr viele Menschen in unserer Welt haben nie die Gelegenheit gehabt, aus den materiellen Segnungen, die wir für selbstverständlich halten, Nutzen zu ziehen, und wissen wenig über den Preis, den es kostet, unseren Lebensstil aufrechtzuerhalten.

Gleichzeitig sind alternative Möglichkeiten, menschliche Bedürfnisse zu befriedigen, verdrängt worden. Vor tausend Jahren waren die Lebensstile vieler Kulturen arm an materiellen Gütern, aber reich an Bedeutung und Wert. Heute wird das einfache Leben traditioneller Kulturen allgemein als primitiv und rückständig angesehen und der Druck zu *modernisieren* ist für sie stark geworden.

Die Standards, die der größte Teil der Welt heute zu verwirklichen strebt, scheinen schon an sich entzweiend und ausschließend zu sein. Was können wir global für die Völker und Nationen tun, deren Möglichkeit für materielle Verbesserungen begrenzt ist? Ist es weise, große Hoffnungen auf Glück in Ziele zu investieren, die viele Menschen nie erreichen können? Sicherlich sollte unsere Vision für die Zukunft der Menschheit umfassender sein, als eine Klasse von Menschen glücklich zu machen.

Während einige Völker und Kulturen mit dem offensichtlichen Problem konfrontiert sind, keine Möglichkeiten zu haben, besitzen andere Möglichkeiten in Fülle, aber ihr Glück wird ruiniert von persönlichen und sozialen Problemen, die sich aus unserem modernen Lebensstil entwickeln. Selbst reichere Nationen, die grundlegende Probleme von Nahrung und Obdach gelöst haben, müssen mit den schwierigeren Themen von geistiger und emotionaler Unausgeglichenheit, allgegenwärtiger Unzufriedenheit und dem Mangel an Wissen, das Glück und anhaltende Befriedigung fördert, umgehen. Erfolg nach unseren Maßstäben bietet keine Garantie für Zufriedenheit: In seinem Strom zu schwimmen ist mühevolles Vorantreiben, in hohem Maß von Konkurrenz geprägt, befrachtet mit der Anspannung, Position und Besitz zu erhalten und sie gegen den Neid und das Verlangen derer zu verteidigen, die vom Glück weniger begünstigt sind.

Während wir uns materiell immer mehr verbessern, scheinen die Muster von Erwerben, Anhäufen und Besitzen unseren Geist zu beherrschen und andere Möglichkeiten des Seins und Handelns zu verdrängen. Nun sind wir in unserer eigenen Schöpfung gefangen, abhängig von einem sich ständig steigernden Verlangen, das uns für Enttäuschung und Unzufriedenheit empfänglich macht.

Wir leiden heute unter den Auswirkungen der Einstellungen und Muster, die unser Leben bestimmen. Sie verbergen nicht nur den Ursprung unserer Probleme, sondern spiegeln sich im größeren Rahmen in gesellschaftlicher Verwirrung wider, in ethnischen Feindseligkeiten, Diskriminierung, religiösen Spaltungen, psychologischen Konflikten und Weisen, das Selbst zufrieden zu stellen, die mit den Bedürfnissen anderer in Konflikt sind. Wenn wir in dieser Verwirrung handeln, sind wir getrennt von uns selbst und unserer Welt. Wir können nicht anders, als in der Gegenwart Konflikte zu erzeugen und Samen für zukünftige Spaltungen zu säen.

Diese Probleme berühren heute das Leben aller Völker und Nationen. Falls wir keine besseren Mittel finden, sie zu lösen, werden sie in der Zukunft als unerledigte Angelegenheiten die kommenden Generationen belasten. Indem wir die Unzulänglichkeiten unseres gegenwärtigen Ansatzes sehen, haben wir eine wertvolle Möglichkeit, unsere Vergangenheit, Gegenwart und das, was wir für die Zukunft wollen, klar auszuwerten. Es gibt hier keine Experten und keine Führer, die die Macht haben, das Problem universellen Wohlergehens und Glückes zu lösen. Es liegt an uns, Verantwortung dafür zu übernehmen, dass wir unser eigenes Verständnis entwickeln und uns anstrengen, unsere Art zu leben zu verbessern.

Vielleicht können wir Menschen finden, die uns als Beispiel dafür dienen, wo wir anfangen können, die Einsichten haben und Wissen, das unserer Suche nach einer gesünderen Grundlage von Glück nützlich ist. Wir können die unterschiedlichen Herangehensweisen an Wissen überprüfen, von denen sich Menschen in der Vergangenheit wie in der Gegenwart, zu allen Zeiten und in allen Kulturen haben leiten lassen. Achten wir alle Formen von Wissen, dann können wir unseren Geist neuen Vorstellungen gegenüber öffnen und uns bemühen, das, was wir nicht unmittelbar verstehen, zu lernen. Aus dieser Ansammlung von Ressourcen der Welt können wir Weisheit destillieren, die wir anwenden können, um einen besseren Lebensstil zu entwickeln.

Wir können dieses Wissen für unsere eigene Bildung nutzen, es auf unseren eigenen Wegen entwickeln und beobachten, was den Strom an Problemen in unserem Leben am besten vermindert. Der Nutzen des Wissens, das wir gefunden haben, wird schließlich in unserem Leben sichtbar werden und wir werden fähig sein, es klar auszudrücken. Für andere kann das ein Vorbild werden, um damit zu experimentieren, es auch in ihrem Leben anzuwenden und es weiterzuentwickeln. Allmählich können wir das, was wir verstanden haben, zusammenfassen, das Allerbeste auswählen und es zum Wohl aller Wesen weit verbreiten.

Während jeder Einzelne bestimmte Schwierigkeiten hat, erleiden wir alle den Schmerz von Vereinsamung, Verwirrung und Verlust. Frustration und Unzufriedenheit unter Freunden, Kollegen und in unseren Gesellschaften vermindern unser aller Glück. Wenn nur ein paar Menschen das beste Wissen, das wir finden können, vorleben und ausdehnen könnten, würde das für alle Gelegenheiten eröffnen, ihr Leben zu verbessern.

Wir müssen schließlich ein Modell entwickeln, das für alle funktioniert, sodass in der Zukunft jeder Zugriff auf Wissen darüber hat, wie das Leben erfolgreich, gesund und in wirklicher innerer Freiheit gegründet sein kann. Wenn alle Menschen Wege kennen, um erfolgreich ihr Glück zu verfolgen, können sie diese an zukünftige Generationen weitergeben.

Um dies zu erreichen, benötigen wir gesunden Menschenverstand, um unser Leben so zu führen, dass Bedeutung und Zufriedenheit gefördert werden; wir brauchen Wissen, um Körper und Geist zu integrieren und sowohl die Gesundheit der Seele als auch des körperlichen Seins zu verbessern. Wir brauchen Vision, um Gedanken und Wünsche in Grenzen zu halten, die erreichbar und ökonomisch durchführbar sind. Sie soll die Last unserer Unzufriedenheit erleichtern und der Welt das Wachsen des gierigen Appetits von Verlangen ersparen. Wir benötigen Weisheit, um einen Beitrag zur Gesellschaft zu leisten und ihr zu helfen, dem menschlichen Leben gegenüber entgegenkommender zu werden. Damit dieses Wissen für uns Wert und für andere Bedeutung hat, müssen wir darüber hinausgehen, über das, was wir denken und fühlen, zu theoretisieren. Wir müssen es verkörpern, sodass andere die Ergebnisse sehen können.

Lange Zeit hat uns unsere Art, mit Erfahrung umzugehen, die uns für andere Möglichkeiten blind werden lässt, zu Opfern gemacht. Die Muster, in denen wir denken und handeln, beeinflussen unser Leben stark; sie besetzen unseren Geist und unsere Einstellungen und manipulieren uns auf einer grundlegenden Ebene.

Wenn wir uns selbst von der Abhängigkeit von neurotischen Mustern, Sorgen und Befürchtungen befreien können, werden sogar unsere hartnäckigsten Probleme wegfallen. Wir werden nicht länger unter der Verwirrung widerstreitender Gedanken leiden oder von emotionalem Schmerz zu Exzessen getrieben werden. Wenn Probleme auftauchen oder wir den Ansturm von Leidenschaft und Aggression spüren, können wir unsere Reaktionen entschärfen und von Handlungen absehen, die uns und anderen Schmerz zufügen.

Wir können anfangen, auf einfache Art unser Verständnis zu entwickeln und in unserem Leben Raum für positive Entwicklung zu schaffen. Wir können unsere Einstellungen aufhellen, den Geist lockern und ihn für höhere Intelligenz öffnen, mit der wir schneller von Wissen profitieren können. Wenn wir Negativität in gesunde Haltungen umformen, können wir unsere zwanghaften Anstrengungen, uns selbst zu kontrollieren, durch eine ursprüngliche Art des Gutseins ersetzen.

Der Schatten von Verwirrung und Negativität löst sich nicht leicht, und wir mögen uns einer solchen Aufgabe nicht gewachsen fühlen. Sogar wenn wir schnell lernen, mag es Zeit und Hingabe verlangen, um das, was wir lernen, in Wissen davon zu entwickeln, wie wir innerlich gesünder, geheilt und produktiv werden können. Aber Erkennen öffnet das Tor zum Verstehen; wenn wir unsere missliche Lage erkennen, kommt uns vielleicht in unerwarteter Weise Hilfe zu.

Wir können anfangen, indem wir unseren Geist schulen und uns selbst anschauen, um mehr über die menschliche Natur zu entdecken. Vierundzwanzig Stunden am Tag leben wir mit uns selbst zusammen; wenn uns Gesundheit und Glück etwas wert sind, sollten wir die Anstrengung machen, zumindest uns selbst gut kennen zu lernen. Dann können wir verstehen, was unser

Geist wirklich braucht, und ihn zum Nutzen für uns selbst und andere besser nähren.

Wir können ausgezeichnete Beispiele für unser eigenes Wissen werden, indem wir Geist und Körper gleichermaßen schulen, um uns zu einem so gesunden menschlichen Wesen wie möglich zu entwickeln. Auf dieser Grundlage können wir ein neues Verständnis von Güte entwickeln. Aus solch einem Bemühen könnte sich eine neue Wissenschaft vom Geist, die globale Bedeutung für die Zukunft der Menschheit hätte, entwickeln. Dies könnte die interessanteste und produktivste Investition sein, die wir je machen können.

Das Tor zu einer neuen Dimension menschlicher Freiheit liegt greifbar nahe: Der Schlüssel liegt darin, die Muster des Geistes aufzulockern; indem wir uns der Offenheit hingeben, beginnen wir den Prozess der Befreiung.

Odiyan, September 1994

Befreiendes Wissen
Zeit zur Veränderung

Wissen ist unser Geburtsrecht und unsere Inspiration. Wir sind eine lebendige Verkörperung des Wissens: Es ist der Schlüssel zu unserer Entwicklung und unserem Wachstum sowie die Grundlage für unseren Fortbestand. Unser Sein entstammt dem Wissen, das in zwei lebenden Zellen enthalten war. Diese Zellen haben unsere gegenwärtige Gestalt hervorgebracht. Unsere Sinne haben das *Wissen* zu sehen, zu riechen und zu schmecken, unser Körper *weiß*, was er tun muss, um zu atmen und neues Leben zu schaffen, damit das menschliche Erbe erhalten bleibt.

Unser Geist ist ein Gefäß für das Wissen vergangener Zeiten. Er ist eine Schatzkammer voller Gedanken und Einsichten und ermöglicht uns, über Vergangenes nachzudenken und Träume über die Zukunft zu entwickeln. Wissen bietet uns unbegrenzte Möglichkeiten für unsere Entwicklung. Jeder Augenblick unserer Erfahrung ist Wissen, eine dynamische Wechselwirkung zwischen unserem Sein und der sich ständig ändernden Welt um uns herum. Unser Denken und unser Sprachvermögen sind Erscheinungsformen des Wissens. Selbst Leiden ist Wissen, ein Hinweis auf unsere Probleme und Beschränkungen. Leiden führt uns die Notwendigkeit vor Augen, tieferes Verständnis zu entwickeln, und regt uns an, Wissen in unser Leben einzuladen.

Wissen verbindet uns mit allen Menschen, die je auf diesem Planeten gelebt haben. Auch wenn uns zeitliche und räumliche Schranken trennen mögen, sind wir doch nie allein, denn wir werden durch die universelle Sprache des menschlichen Herzens verbunden, die auch eine Manifestation von Wissen ist. Alle Menschen haben teil an denselben Grundbedürfnissen und Wünschen. Wir freuen uns gemeinsam in Zeiten des Überflusses. Wir setzen all unsere Hoffnung für die Zukunft auf unsere Kinder, und wir leiden, wenn uns diese Hoffnung genommen wird.

Wir haben Gemeinsamkeiten mit anderen Menschen und dennoch alle eine einzigartige Lebensgeschichte, die sich wie ein gewaltiges Drama entwickelt, geformt durch Hoffnungen und Träume, Handlungen und Reaktionen. Jede Erfahrung, die wir machen, trägt zu unserem Wissen bei, und alles, was wir tun, ist Ausdruck unseres Wissens. Auch die Fähigkeit, unser Leben lang aus unserer Erfahrung zu lernen, ist eine Gabe des Wissens.

Unser Leben besteht jedoch nicht nur aus glücklichen Momenten. Es ist für uns Menschen charakteristisch, dass wir an einem einzigen Tag viele verschiedene Gefühle haben: Sehnsüchte und Enttäuschungen, Vertrauen und Ängste. Der Körper, der uns ermöglicht, Höhepunkte der Ekstase zu erfahren, ist derselbe Körper, der uns für Schmerzen verwundbar macht. Der Geist, mit dem wir Wissen erlangen, kann uns auch mit Erinnerungen, Reue, Kummer, Angst und emotionalem Elend quälen. Nach mehr als einer Million Jahren der Evolution sind wir noch immer auf der Suche nach dem Wissen, das uns dauerhaft glücklich macht und uns vom Leiden befreit.

Stimmt da etwas Entscheidendes nicht mit unserem Wissen? Wissen an sich ist nützlich und befreiend. Wissen hat es möglich gemacht, unsere Umwelt zu gestalten und unsere Lebensqualität zu steigern. Es hat uns in die Lage versetzt, die freiesten und reichsten Gesellschaftsformen zu schaffen, die je auf der Welt existiert haben. Unser Wissen wächst täglich und verspricht weiterhin mehr Freiheit und Wohlstand für alle Menschen auf der Welt.

Während es so aussieht, als ob Wissen und Freiheit sich ausbreiten, scheinen wir aber mit uns selbst weniger zufrieden zu sein als je zuvor. Unter der *reichen Oberfläche* unseres Lebens erfahren wir immer noch Enttäuschungen und Verwirrung, Ängste, und sogar Verzweiflung. In unserer Gesellschaft haben selbst die Glücklichsten wenig Hoffnung auf völlige Befreiung von Frustration und Unzufriedenheit.

Der übliche Bildungsweg hilft uns vielleicht, für unser Leben eine bessere Entscheidung zu treffen, bietet aber keine Garantie dafür, dass unsere Wahl nicht zu Sorgen und Leid führen wird. Nach vielen Jahren der Erfahrung entwickeln wir vielleicht genug Verständnis, um unserem Leben eine Richtung zu geben und schließlich zu erkennen, worin unsere größte Hoffnung auf Zufriedenheit liegt. Das Leben ist unser wichtigster Lehrer, aber seine Lektionen werden oft zu spät und mit großem Leid gelernt. Vielleicht müssen wir Fehler oftmals wiederholen, ehe wir lernen, und manche Lektionen lernen wir womöglich nie. Je nachdem, ob wir schnell oder langsam lernen, führen wir ein glückliches oder weniger glückliches Leben. Doch selbst wenn wir als Individuen klug und weise werden, kann unser Glück von sozialen, internationalen und umweltbedingten Problemen bedroht werden. Obwohl die Menschen mehrere hunderttausend Jahre lang Wissen angesammelt haben, reicht es immer noch nicht aus, um unser Glück zu sichern und uns von Leiden zu befreien.

Könnten wir durch die verschlossenen Korridore der Zeit blicken und an der gesamten menschlichen Erfahrung unmittelbar teilhaben, wären wir vielleicht in der Lage, das notwendige Wissen zu entdecken, um ein besseres Leben zu führen. Als lebende Historiker und unmittelbare Zeugen der Entwicklung vergangener Zeiten könnten wir die Veränderungen direkt wahrnehmen, die im menschlichen Bewusstsein stattgefunden haben. Wir würden erkennen, wie die Angst überwunden wurde, als die Menschen sich zum ersten Mal das Feuer nutzbar machten. Wir würden den Überlebenskampf während der Eiszeit durchstehen und an der Entwicklung des Ackerbaus unsere Freude haben. In den frühen Zentren der Zivilisation würde unsere Lebenserfahrung wachsen und sich mit jedem Jahrhundert vertiefen, in dem die Menschheit sich allmählich über die Kontinente ausbreitete.

Wir würden das Netz der Zivilisationen klar vor unserem geistigen Auge sehen: Hunderte von sich zeitlich und räumlich überlappenden Kulturen würden in unserem Gedächtnis auftauchen, von denen jede einzelne ein Stein in dem farben- und formenreichen universellen Mosaik darstellte. Wie oft hätten wir wohl triumphiert oder uns geschlagen gegeben bei dem Aufstieg oder Verfall einer Zivilisation? Wir hätten über das Entstehen von Religionen und philosophischen Systemen gestaunt und Verständnis für die Ideale entwickelt, für die Menschen gelebt haben und gestorben sind. Nach Hunderttausenden von Jahren der Erfahrung würden wir zweifellos alle Denk- und Verhaltensmuster erkennen, die zum Leiden führen. Wir würden die volle Bedeutung unserer Geschichte erfassen und wären von dem Zwang befreit, die Fehler der Vergangenheit zu wiederholen.

Wenn wir alle die Erfahrung einer solchen Reise machen könnten, würde sich unsere Version der Menschheitsgeschichte weit von den leblosen Fakten unterscheiden, die jetzt unser Geschichtswissen ausmachen. Durch unsere Erfahrung neu belebt, würde die Vergangenheit lebendiges Wissen sein, das wir heute in unserem Leben anwenden könnten. Wenn wir die Muster, die dem Leben zugrunde liegen, im Licht eines umfassenderen Verstehens erkennen könnten, wären wir wohl nicht so leicht bereit, uns auf Handlungen einzulassen, die immer wieder zu Leiden führen. Nachdem wir unzählige Jahrhunderte lang Tränen vergossen hätten, würden wir vielleicht müde, Enttäuschung, Kummer und Leid zu erfahren und menschliches Leben zu vergeuden. Wenn wir uns der Ursache des Leidens bewusst wären, würden wir wissen, was wahrhaft hilfreich ist und wie es Wirklichkeit werden kann. Mit einer solchen Einsicht gäbe es keine Grenzen für unsere Vision vom Menschsein und keine Grenzen für die Freiheit des Menschen.

Aber diese Vision haben wir nicht, und wir können auch die Folgen unseres Tuns nicht abschätzen. Es ist schwer, die Lektionen der Vergangenheit zu lernen und vergangenen Schmerz in gegenwärtiges Wissen zu verwandeln. So bleibt uns nichts anderes übrig, als die alten Verhaltensweisen zu wiederholen und zu hoffen, dass unser Tun irgendwie anders ausgehen wird als in der Vergangenheit. Ohne größeres Wissen jedoch bleibt die Zukunft immer ungewiss, und unsere Hoffnungen verhindern lediglich, dass wir das ganze Ausmaß unserer Probleme erkennen. Das Wissen, das uns Wohlstand und Reichtum gebracht hat, kann ebenso leicht zum Werkzeug der Zerstörung menschlichen Lebens werden oder sogar alles Leben auf unserem Planeten auslöschen. Unser Glück und unsere Freiheit sind weiterhin unsicher, denn sie hängen von Bedingungen ab, die wir weder ganz durchschauen noch unter unserer Kontrolle haben.

Unser Recht auf Rede-, Gedanken- und Handlungsfreiheit wird durch viele Richtlinien und Gesetze gehütet. Doch selbst wenn diese Freiheiten sichergestellt sind, haben wir nicht einmal in einem Land, in dem die Rechte des Individuums respektiert werden, eine vollkommene Entscheidungsfreiheit: Wir können nicht wählen, frei von Leid zu sein. Ganz gleich, wie weit sich unsere persönliche Freiheit erstreckt, unser Wissen ist nicht umfassend genug, um unsere Vision von Freiheit Wirklichkeit werden zu lassen. Selbst das, was wir tun, um unsere Freiheit und unseren materiellen Reichtum zu mehren, scheint nur unser Gefühl des Mangels zu verstärken und den Grad der Enttäuschung in unserem Leben zu steigern. Der erfahrene Schmerz zeugt von unserem mangelnden Wissen und den Grenzen unserer Freiheit.

Ohne größeres Wissen können wir nie sicher sein, ob nicht unser Handeln uns und anderen Leid zufügen wird. Wenn wir weiter so unwissend handeln, können wir nur noch mehr Verwirrung und Leiden verursachen in einer Welt, die ohnehin schon mit Hoffnungslosigkeit und Leid überladen ist. Auf nationaler Ebene können selbst wohlgemeinte Maßnahmen das Gegenteil dessen bewirken, was wir uns wünschen: Gefährliche Störungen des Gleichgewichts in unserer Umwelt und verstärkte Spannungen, die den Weltfrieden und unseren Wohlstand bedrohen.

Wie können wir neue Alternativen erschließen und das nötige Wissen finden, um wirkliche Freiheit zu erlangen? Wir wollen frei sein, um unser ganzes Potential verwirklichen zu können. Wir wollen frei sein, um uns all die Möglichkeiten zunutze zu machen, die das Leben uns bietet. Wir wollen frei sein, um alles, was gut ist, in unser Leben aufzunehmen, und frei sein von allem, was zu Kummer und Leid führt. Wir wollen die Schönheit der Welt und die Vertrautheit in der Begegnung mit anderen Menschen genießen. Ob unsere Wünsche sich erfüllen oder nicht, hängt von der Weite unserer Vision ab und dem Wissen, das unseren Handlungen zugrunde liegt.

Wie können wir herausfinden, was für die Menschen wirklich sinnvoll und hilfreich ist? Wie können wir die volle Bedeutung von Freiheit in unserem Herzen lebendig werden lassen? Die Erkenntnis, dass wir das notwendige Wissen noch nicht besitzen, ist bereits Wissen, das unseren Geist für eine neue Sicht von Freiheit öffnen kann.

Wenn wir erkennen, dass wir mehr Wissen brauchen, können wir allmählich unsere Vision weiten. Wir haben das Privileg, unter Bedingungen zu leben, die alle notwendigen Möglichkeiten für eine freiere und befriedigendere Lebensweise bieten. Erziehung und Ausbildung haben uns das Handwerkszeug zum Fragen und Forschen geliefert. Wir brauchen uns nicht in die Abhängigkeit irgendeines Dogmas oder einer komplexen Doktrin zu begeben, sondern können uns ganz auf unsere Intelligenz verlassen, um uns neue Möglichkeiten des Wissens und Seins zu erschließen. Wir können zwischen den Zeilen der Menschheitsgeschichte lesen und nach den Themen und Mustern forschen, die den Problemen und dem Schmerz zugrunde liegen. Mit größerer Einsicht können wir dann unser Leben, unsere Gesellschaft und unsere Welt aus einer neuen Perspektive betrachten und uns der sich wiederholenden Muster im Leben der Menschen bewusster werden.

Wenn wir das Leben beobachten und unsere Erfahrung überdenken, können wir die Beziehung zwischen unseren Handlungen und ihren Folgen klarer erkennen. Mit wachsender Einsicht können wir aus jeder Art von Erfahrung schneller lernen und müssen nicht zwangsläufig auf Erfahrungen mit Enttäuschung, Ärger oder Leiden reagieren. Wir können sogar noch weitergehen und einen dynamischen Prozess beginnen: Wir beobachten genau und setzen das, was wir erfahren, in neues Wissen um, das wir dann in unserem Leben anwenden.

Wenn wir unser ganzes Wissen in Worten und Taten fruchtbar werden lassen, können wir uns auf jede Erfahrung ohne Wertung offen einlassen und sie als eine Möglichkeit erkennen, bisheriges Wissen zu erweitern. Indem diese Qualität der Aufmerksamkeit zunehmend unser Leben durchdringt, wird die Erfahrung tiefer, interessanter und lebendiger. Betrachten wir alle unsere Erfahrungen als Ausdruck von Wissen, so wird Wissen in den Ergebnissen unseres Handelns sichtbar.

Öffnen wir unseren Geist dem Wissen, können wir eine neue Art von Verantwortung finden, die unserer Gesellschaft und der ganzen Welt mehr Hoffnung auf Glück bringen würde. Verantwortung, die von Wissen getragen wird, ist keine Verpflichtung oder Last, sondern ist Ausdruck der Freiheit, auf unsere Welt wirksam und beherzt zu reagieren. Mit einer solchen Reaktion sorgen wir *rechtzeitig* für uns selbst. Wir haben eine weitreichende Vision für unser Leben und können mögliche Probleme angehen, ehe sie für uns oder andere zur Quelle von Sorgen, Kummer und Leid werden.

Haben wir den Mut, den Problemen unseres Leben und unserer Gesellschaft geradewegs ins Auge zu blicken und das Bedürfnis nach mehr Wissen anzuerkennen, dann wissen wir die in dieser Gesellschaft herrschenden Freiheiten zu schätzen und übernehmen die Verantwortung, der Freiheit einen immer größeren Raum in unserem Leben zu gewähren. Indem wir uns von Problemen befreien, vermindern wir das Ausmaß des Leidens auf der Welt und schaffen für andere die Möglichkeit, mehr

Freiheit für sich selbst zu gewinnen. Wenn wir für das Privileg, als Mensch leben zu können, nicht mehr mit unseren Tränen zahlen müssen, ist das erreichte Wissen wirklich frei.

Wissen, Freiheit und Verantwortung sind die wertvollsten Güter, die wichtigsten Faktoren für unser Wachstum und Wohlergehen. Mit ihnen ist unser Entwicklungspotential unbegrenzt. Ein jedes wirkt sich wie ein Katalysator auf die anderen aus: Wissen gibt der Freiheit Sinn, und unsere Reaktionsfähigkeit schafft Offenheit für neues Wissen. Unsere Freiheit ermöglicht es, alle unsere Quellen des Wissens anzuzapfen, und gibt uns den Raum und die Chance zum Handeln. Wenn wir auf diesem Fundament aufbauen, kann jeder von uns an einem neuen Verständnis von Glück und Wohlergehen mitwirken, das auf der grenzenlosen Freiheit des menschlichen Geistes beruht.

Alles, was wir lernen, können wir mit anderen teilen, denn alle Menschen begegnen den gleichen Schwierigkeiten in ihrem Leben. Welch ein größeres Geschenk können wir bieten als Freiheit von Leid und Schmerz? Auch unsere Kinder werden aus diesem Wissen Nutzen ziehen und das Gelernte an ihre Kinder weitergeben. So kann jeder von uns dazu beitragen, dass für die kommenden Generationen die Vision vom menschlichen Schicksal vollkommener wird. Würden dies viele Menschen tun, könnten wir ein so überzeugendes Bild von Freiheit entwerfen, dass sich nirgendwo Hindernisse für allgemeinen Frieden und Zufriedenheit, Wohlstand und Liebe festsetzen könnten. Unsere von Weisheit erhellte kollektive Vision könnte wie ein Lichtzeichen bis weit in die Zukunft leuchten und so einen Weg weisen, wie sich alles Gute für die Menschen unbegrenzt entfalten kann.

Berkeley, 1984

Stimme des Wissens

Vorwort zur deutschen Übersetzung von *Befreiendes Wissen*

Niemand lädt absichtlich Schmerz und Leiden auf sich, und trotzdem ist unser Leben durch Schmerz und Leiden gekennzeichnet. Vielleicht scheint dieser Umstand unvermeidlich, aber ich bin nicht der Meinung, dass dies unbedingt so sein muss. Wir haben die Wahl, die Muster unseres Lebens zu verändern.

Um dies zu erreichen, müssen wir den richtigen Augenblick wählen. Dies bedeutet nicht, auf eine andere Zeit zum Handeln zu warten – nicht auf die nächste Gelegenheit zu warten – sondern die Chance zu nutzen, die uns in diesem Augenblick angeboten wird. Wir müssen Verantwortung für unser Leben übernehmen, und zwar nicht nur allgemein, sondern jetzt in diesem Moment.

Sobald wir Verantwortung übernommen haben, müssen wir entscheiden, was es heißt, richtig zu handeln. Dabei ist es offenbar von großer Bedeutung, uns für ein Handeln zu entscheiden, das zu neuem Wissen führt. Denn wenn sich die Qualität unseres Wissens im Laufe der Zeit nicht vertieft und vergrößert, wird die Reichweite unserer Möglichkeiten immer begrenzt bleiben. Wir mögen noch so viele Hoffnungen und Wünsche haben, die unsere Taten beflügeln, wir werden dennoch feststellen, dass wir lediglich die gleichen Muster und Erfahrungen immer und immer wiederholen. Obgleich wir die vertrauten Formen von Leiden, Einschränkung und Enttäuschung als fast unerträgliche Fesseln empfinden, werden wir nicht in der Lage sein, auf neue Art und Weise zu antworten. Weil wir nicht wissen, wie wir Schmerz und Leiden überwinden können, verlieren wir den Willen, Wissen zu erlangen. Allmählich versinken wir immer tiefer in Verwirrung und Unwissenheit. Haben wir uns erst im Morast der Verwirrung festgefahren, kann all unser Kämpfen uns nicht vor noch größeren Sorgen bewahren.

Wenn wir uns nicht entschließen, neue Wege des Wissens zu erforschen, so liegt das möglicherweise daran, dass wir im Grunde unser Leiden mehr respektieren und verehren als unsere Fähigkeit zu wissen. Ohne uns dessen wirklich bewusst zu sein, entscheiden wir uns für unser eigenes Leiden. Die Folgen sind weitreichend und schmerzlich: Wir sind an eine Lebensweise gefesselt, die von Klagen, unablässigem Kritisieren, selbst-quälerischem Verhalten und geringem Selbstwertgefühl beherrscht wird.

Unsere bisherigen individuellen wie auch kollektiven Erfahrungen bieten anscheinend wenig Grund für ein Vertrauen, dass wir neue Arten von Wissen lernen können. Aber der Schmerz, den wir früher erlitten haben, spiegelt lediglich unsere Bindung an das Leiden wider. Gefangen im Schmerz und verstrickt in dem Wunsch, diesem Schmerz zu entkommen, hoffen wir entgegen aller Vernunft, dass wir ein Leben voller Genuss führen können. So haben wir keine Chance, auf neue Art zu sehen.

Stellen wir uns einmal vor, wir könnten diese seit langer Zeit bestehende Bindung an unser eigenes Leiden aufgeben. Das Leiden würde zwar bleiben, denn im Laufe unseres Lebens werden einige Erfahrungen angenehm, andere unangenehm sein, einige erfüllend und andere enttäuschend. Sobald wir aber von der alles beherrschenden Sorge um unser eigenes Leiden befreit sind, können wir vielleicht erkennen, dass dies kein grundlegender Aspekt der Erfahrung ist. Unabhängig davon, ob unsere Erfahrungen gut oder schlecht sind, können wir sie zu unserem Nutzen verwenden, denn in jeder Erfahrung können wir die Chance entdecken, unser Wissen zu vertiefen oder auszudehnen.

Allein durch diese grundlegende Veränderung können wir neues Wissen zu einem natürlichen Bestandteil unseres Lebens werden lassen. Wir können uns besser verstehen, wir können uns klarer erkennen und wir können entdecken, wie wir am besten für uns sorgen und unsere Fähigkeiten stärken. Wissen kann stufenweise auf sich selbst aufbauen und uns befähigen, ganz erstaunliche Leistungen zu vollbringen. Auf der persönlichen Ebene werden wir endlich die Chance haben, die alten Verhaltensmuster zu durchbrechen, die uns schon so oft das Herz schwer gemacht haben. Auf einer globalen Ebene kann das Schicksal der Menschheit vielleicht wieder eine neue Stufe der Entwicklung erreichen.

So wie wir vor langer Zeit gelernt haben, uns intensiv um unser eigenes Leiden zu kümmern, so können wir auch lernen, uns um das Wissen zu kümmern, das uns von diesem Leiden zu befreien vermag. Räumen wir dem Wissen wieder seinen angestammten Platz ein, so kann es dazu beitragen, das Ausmaß des Leidens in der menschlichen Geschichte bewusst zu machen. Eine solche Wertschätzung für das, was Menschsein bedeutet, kann uns von unseren beschränkten Sichtweisen und Sorgen befreien, und wir können ein umfassenderes Wissen erschließen. Wenn unsere Überlegungen sich so weit vertiefen, dass sie zu Mitgefühl werden und unser Herz sich öffnet, wird der im Herzen empfundene Wunsch, anderen Menschen zu helfen, diese neue Art des Wissens in uns wachsen lassen.

Wenn Wissen und Herzenswärme sich gegenseitig stärken, entsteht eine neue Weise des Seins. Wissen wächst auf natürliche Weise, wenn es durch Hinterfragen geweckt und von Verantwortungsbereitschaft getragen ist. Wenn Wissen zu einem Instrument des Sorgens geworden ist, dann können wir aufatmen; das schenkt uns neue Energie, neue Ideen und vielleicht auch eine neue Sichtweise. Die fortwährende Schöpfung dieses menschlichen Wissens lässt uns möglicherweise eines Tages entdecken, was es bedeutet, als Mensch wirklich sinnerfüllt zu leben.

Wir haben heute den Glauben, das Wesen des Menschen und die menschlichen Fähigkeiten seien festgelegt. Dadurch haben wir den Eindruck, nur selten wirklich wählen zu können, wie wir unser Leben gestalten wollen. Während sich die Muster des Leidens, der Enttäuschung, der Schmerzen und Frustrationen endlos wiederholen, bemühen wir uns, von einem beschränkten Wissensmodell geführt, um noch bessere Technologien und Erfindungen, um noch raffiniertere Systeme und Methodologien, damit sich alles zu unseren Gunsten wendet. In Wirklichkeit aber können wir lediglich sicherstellen, dass das Leiden immer neue, unerwartete Formen annimmt. Unser Leben ist durchdrungen von einer Unsicherheit, die sich fortwährend in alle Richtungen ausbreitet und uns zu zerreißen droht.

Wenn Sie ein neues Wissen in Ihrem Leben aktivieren wollen, dann bereiten Sie sich darauf vor, das, was hier geschrieben steht, zu verbessern und zu erweitern. Lassen Sie die Themen durch Ereignisse aus Ihrer Geschichte lebendig werden: Durch Erlebnisse und Erinnerungen aus der Vergangenheit, aber auch durch die augenblickliche Arbeitsweise Ihres Geistes. Fragen Sie sich ohne Vorbehalt, was Sie tun können, um Ihre eigene Lebenssituation zu verbessern, wie Sie zum Wohlergehen anderer Menschen beitragen können, wie Sie den Geist verstehen lernen und die Qualität des Wissens selbst verändern können.

Sobald ein neues Wissen Sie lehrt, Erfahrung auf nicht-alltägliche, umfassendere Weise zu sehen, können Sie auch lernen, auf neue Weise zu hören. Üblicherweise hören wir einfach Geräusche, die wir mit vorgegebenen Begriffen verbinden. Es ist aber möglich, nicht einfach nur Geräusche, sondern einen Sinn zu hören. Wenn dies geschieht, so hören Sie Ihr eigenes Herz. Dadurch wird ein Prozess angeregt, in dem der Schmerz Ihres eigenen Lebens endlich heilen kann – und vielleicht sogar der Schmerz anderer Menschen.

Wenn Sie sehen und hören können, so können Sie auch sprechen. Vom Herzen inspiriert, findet Wissen seine Stimme und formt sich zu Worten; es vermittelt uns einen Sinn, den Sie sowohl auf Ihre eigene Lebensweise anwenden können als auch auf das Leben anderer Menschen. Sie sind bereit zur Entwicklung, bereit, Verantwortung zu übernehmen. Dieser Wille äußert sich auf natürliche Weise als schöpferisches Handeln, ob es sich nun in der Arbeit für den Dharma, für die Gesellschaft oder im täglichen Leben zeigt.

Im Laufe seiner Entwicklung kann dieser Prozess zeitweilig bedrohlich oder schwierig erscheinen. Es kann den Anschein haben, als würde zu viel von Ihnen verlangt. Wenn Sie sich dann aber vom Verstehen, vom Mitempfinden und der Verantwortung abwenden, so zahlen Sie einen hohen Preis. Obwohl die Stimme des Wissens stets bereit ist, deutlich und unmittelbar zu sprechen, kann sie auch übertönt werden. Wenn Sie nicht mehr danach fragen, wie Sie Ihr Wissen vertiefen können oder das Wissen nicht anwenden, um Ihr Leben zu verbessern, wird Ihre innere, wissende Stimme bald verstummen. Mit der Zeit werden Sie einfach vergessen, dass wir alle die Möglichkeit haben, Freiheit zum Ausdruck zu bringen und in die Tat umzusetzen. Sie können zwar darüber philosophieren oder psychologisieren, wie Sie Ihr Leben verbessern wollen, aber Sie übernehmen keine Verantwortung für Ihre eigenen Handlungen. Gleichgültig, wie gut Sie Ihre Gedanken formulieren können oder wie sehr diese von anderen angenommen und bestätigt werden, die Verbindung zwischen Ihren Vorstellungen und Ihrer eigenen Lebensweise geht verloren.

Das Gegenmittel zu dieser beschränkten Seinsweise ist einfach und direkt. Haben Sie sich für Wissen entschieden, so können Sie sehen, hören, mitempfinden und verantwortlich sein, können verständnisvoll, unterstützend, ausdauernd und tatkräftig sein. Sie können schöpferisch arbeiten und sich selbst und andere Menschen ermutigen. Betrachten Sie Ihre eigene Erfahrung. Genau da wird befreiendes Wissen entstehen. Wenn Erkenntnisse entstehen und sich im eigenen Erleben bestätigen, lassen Sie andere Menschen daran teilhaben. Wollen Sie weiter lernen, so stellen Sie sich darauf ein, auch auf andere zu hören, damit Sie an deren Erfahrungen wirklich teilhaben können. So können Sie und die anderen gemeinsam in die Zukunft gehen.

Auf unserer langen Geschichte aufbauend, können wir alle unser Wissen teilen.

Unser Wissen über die Zukunft basiert auf unserer persönlichen und kollektiven Vergangenheit als Menschen. Ihr Land besitzt eine lange und ereignisreiche Geschichte, die viele Höhepunkte, aber auch Tiefpunkte enthält. Sie können diese Geschichte als eine kostbare Quelle betrachten, als einen Rohstoff, aus dem Sie ein Wissen destillieren können, das Ihnen planen hilft, neue Visionen erlaubt und den Entwurf einer neuen Seinsweise ermöglicht. Endlich frei und nicht mehr von der Vergangenheit gefangen, können Sie über Ihr Schicksal hinausgehen. Wie in einem Tanz kann Ihr Geist Sie unbeschwert in die Zukunft leiten, und die Zukunft kann ein besserer Ort werden.

In dem Bewusstsein, dass dieser riesige Wissensschatz uns zur Verfügung steht – als Einzelne, in unseren Gesellschaften und als Teil der globalen Ordnung – können Gefühle von Glück und Vertrauen in uns entstehen. Wir müssen einfach lernen, wie wir das Wissen, das uns von Geburt an zusteht, verbessern, zusammentragen und praktisch auf die Zukunft anwenden. Für einige Menschen wird sich dieses Wissen im spirituellen oder religiösen Bereich zeigen, während es für andere Menschen ein politisches oder soziales Engagement oder auch künstlerisches Schaffen bedeuten wird. In jedem Fall aber können wir beruhigt sein, denn wir vertrauen dem umfassendsten Wissen, das uns erreichbar ist.

Durch sorgfältiges Beobachten, durch Verständnis, verbindliche Entscheidung, Mitempfinden und Verantwortung können wir sicherstellen, dass unser Wissen verlässlich ist. Wir können es umsetzen, voller Vertrauen auf die Ergebnisse. Sie alle können zu dieser Dynamik beitragen – durch Ihre Gedanken, Ihre Vorstellungen und durch Ihr Handeln.

Ich ermutige Sie, zur Verwirklichung dieser Ziele beizutragen. Sie können jetzt handeln und begeistert das denkbar Beste erschaffen, das Sie sich vorstellen können. Es ist noch nicht zu spät, und es muss noch sehr viel getan werden. Bemühen Sie sich, zu Ihrem eigenen und dem Wohl anderer Menschen, das Niveau des uns zur Verfügung stehenden Wissens anzuheben. Tun Sie gute Arbeit! Handeln Sie konstruktiv! Geben Sie nicht auf! Ich danke Ihnen.

Oktober 1991

FÜNFTER TEIL

DAS ODIYAN-MANDALA

Odiyan im Westen

I

Buddha Shakyamuni, der Tathagata, hatte erst vor kurzem die Erde verlassen, als der Mahaguru Padmasambhava – zum Wohle aller Lebewesen – auf dieser Welt geboren wurde. Er erhob sich aus einer Lotusblume im Dhanakosha-See im heiligen Land von Odiyana, einem Königreich nordwestlich von Indien, bekannt als Zentrum der erleuchteten Übertragungslinie.

Von da an drang das strahlende Licht der inneren Lehren in alle Dimensionen ein. Anhänger des Buddha-Dharma machten den verwirklichten Meister des sagenumwobenen Landes im Nordwesten ausfindig, und die Übertragungslinie des Vidyadhara blühte auf, inspiriert und unterstützt durch die Segnungen von Padmasambhava und die Manifestation des Guru-Mandala.

Einmal mehr ist das Reich Odiyan erschaffen worden, im Nordwesten der Neuen Welt. Eine Welle des Erstaunens erfasst Himmel und Meer, Berge und Wälder und die Tiere der Wildnis. Auf erwähltem Boden, den Indianern bekannt als Kamm des Kondors, erhebt sich am Rande des großen Pazifik ein Mandala der Verwirklichung.

Odiyan beeinflusst die subtilen Kräfte, die in der Welt am Werk sind, und verlagert sie zum Wohle aller fühlenden Wesen. Dadurch werden Ruhe und Harmonie der Natur wieder hergestellt. Wie ein wertvolles Juwel, das unter dem weiten blauen Himmel glänzt, breitet sich seine leuchtende Pracht zum Himmel hin aus und erfüllt dabei den Kosmos mit der Energie der Erleuchtung. Das Licht des Odiyan-Mandala verschmilzt mit den Strahlen der Sonne und verbreitet den Segen auf alle Lebewesen im ganzen Universum.

II

Amerika ist seit langem als ein Land der Religionsfreiheit bekannt, ein Land, in dem Menschen aus den verschiedensten Gesellschaftsschichten und Kulturen, Menschen unterschiedlichster Rassen und Glaubensgemeinschaften, dem Ruf ihres Herzens folgen können. Obwohl ich hier schon seit über fünfundzwanzig Jahren lebe, staune ich nach wie vor über die Möglichkeiten, die dieses Land bietet.

Auf der ganzen Welt ist Amerika bekannt als ein Land, das Flüchtlingen Zuflucht gewährt. Ich selbst bin auch ein Flüchtling und habe persönlich von der Offenheit dieses Landes profitiert. Allerdings, und das unterscheidet mich von vielen anderen Flüchtlingen in Amerika, stamme ich aus einem Land, dessen ganze Kultur ebenfalls eine Zuflucht braucht. In den letzten vier Jahrzehnten wurden die Fundamente der buddhistischen Tradition Tibets erschüttert, seine wertvollsten Schätze geplündert, sein Volk in Gefahr gebracht. Sogar heute noch besteht das Risiko völliger Zerstörung, und genau aus diesem Grund bin ich Amerika so dankbar für die Möglichkeit, einen kleinen Teil der tibetischen Zivilisation zu erhalten und in einem neuen Land wieder aufzubauen.

Ich habe mein kulturelles Erbe mit nach Amerika gebracht und seither versucht, es hier mit anderen zu teilen. Odiyan ist eine der Frucht dieser Bemühungen. Als ich zum ersten Mal hierher kam, wussten die Menschen nur sehr wenig über Tibet, aber nach und nach stieg das Interesse an dieser Tradition vom anderen Ende der Welt. Im Laufe der Zeit hat sich mir eine Handvoll Menschen angeschlossen in dem Bemühen, Odiyan zu erschaffen. Diese Menschen haben jahrelang ihre Bemühungen diesem Ziel gewidmet und daran gearbeitet, eine gemeinsame Vision des Erreichbaren zu verwirklichen. Über die Jahre haben sich uns noch andere angeschlossen, Hunderte von Freiwilligen aus ganz Amerika und aus allen Teilen der Welt.

Wir freuen uns darauf, Odiyans großes Potential auszuschöpfen und es regelmäßiger zugänglich zu machen. Möge bald der Tag kommen, an dem das Odiyan-Mandala diesem Land und der Welt als ein Zentrum des Lernens und Übens dienen kann!

Odiyans Ursprung

Die Geschichte Odiyans reicht mehr als zweitausend Jahre zurück, bis in die Zeit des Buddha. Die Lehren, die zu jener Zeit entstanden sind und bis zum heutigen Tag von erleuchteten Meistern fortgeführt wurden, können uns etwas ausgesprochen Wertvolles vermitteln. Hier in Odiyan, auf heiligem Boden, den die Indianer den Kamm des Kondors nennen, arbeiten wir daran, dieses uralte Wissen zum Wohle zukünftiger Generationen zu vermitteln. Odiyans Tempel und Stupas sind das Fundament, auf dem die Lehren des Buddha im Westen Fuß fassen können. Das Herzstück dieser Lehren des Buddha bilden die Schriften, die wir gedruckt haben und hoffentlich eines Tages hier übersetzen werden.

Nachdem ich Tibet 1958 verlassen hatte, verbrachte ich fast sieben Jahre an einer Universität in Indien, wo ich lehrte und Forschung betrieb. Prophezeiungen in den Texten ließen mich zu der Überzeugung kommen, dass die Gründung eines tibetisch-buddhistischen Zentrums im Westen für diesen Planeten und seine Bewohner von dauerhaftem Nutzen sein würde. So entschloss ich mich schließlich, nach Amerika zu gehen. Bald darauf begann ich, für den Buddhismus eine neue Heimat zu schaffen.

Dieses Ziel zu verwirklichen hat viele Jahre gedauert. Die Geschichte des Buddhismus ist lang und vielfältig, und das Erbe des Buddha hat Kulturen auf der ganzen Welt geprägt. Odiyan ist mit der Absicht entstanden, ein Gefühl für diese einzigartige Tradition zu vermitteln. Seine Umsetzung hat jedoch außergewöhnlich viel Mühe gekostet, und zwar auf vielen Ebenen: Die Mitarbeiter von Odiyan mussten mit ihnen nicht vertrauten Symbolen arbeiten, ungelernt komplexe Facharbeiten verrichten und Technologien nutzen, in deren Anwendung sie nicht geschult waren. Somit mussten sie mit großer Sorgfalt vorgehen. Unsere Teams waren klein und die finanziellen Mittel begrenzt, und mehr als einmal mussten wir unsere Arbeit einschränken oder sogar einstellen. Inzwischen sind wir weit gekommen: Ich empfinde tiefe Freude, wenn ich daran denke, wie viel wir trotz dieser Hindernisse erreicht haben.

Einen einzigartigen Weg finden

Der eigentliche Wert unserer Arbeit in Odiyan oder anderenorts in unserer Gemeinschaft besteht darin, der Welt ein ganz besonderes Wissen zu vermitteln. Obwohl sich die wahre Bedeutung dieses Beitrages erst nach einigen Generationen zeigen wird, können diejenigen, die bereit sind, sich ernsthaft diesem Weg zu widmen, sogar heute schon ihr eigenes Verständnis verändern und ihr volles Potential entwickeln.

Dass dies möglich ist, beweisen uns die großen erleuchteten Meister der Vergangenheit, die uns Anweisungen hinterlassen haben, denen wir folgen können. Die Kluft, die sich zwischen einem solchen Meister und unserem eigenen Verständnis auftut, mag natürlich riesig erscheinen, dennoch – wir können den ersten Schritt tun. Und während wir weiter üben und uns bemühen, ergeben sich nach und nach alle weiteren Schritte.

Unsere Arbeit während der letzten zwanzig Jahre hat gezeigt, dass ein solcher Weg der Veränderung keine bloße Fantasie ist. Obwohl wir uns an traditionellen Andachtspraktiken beteiligen und Formen von Verständnis kultivieren, die mit Bereichen der Psychologie, Philosophie und der Verwirklichung dieser Erfahrung zu tun haben, konzentriert sich ein großer Teil unserer Übungspraxis hier auf die Lehren, die wir aus der täglichen Arbeit ziehen können. Während wir eine Herausforderung nach der anderen angingen, erkannten wir, dass es in unserer Macht liegt, neue Fähigkeiten zu erlernen und neues Wissen zu erlangen. Heute wissen wir, dass wir Ausdauer und Geduld lernen können und fähig sind, unsere Schwächen zu entdecken und darüber hinaus zu wachsen. Wir sind durch eigene Erfahrung zu dieser Überzeugung gelangt und haben erkannt, dass wir uns bereits auf dem Pfad der Befreiung befinden und dass sich dieser Pfad weiterhin entfalten kann.

Diese Art des Übens erschien mir immer äußerst geeignet für unsere heutige Situation. Arbeit enthüllt die Bedeutung von Buddhas Lehren in Aktion und lässt uns selbst über den Wert dieses Weges entscheiden. Sie erdet uns in der Realität des täglichen Lebens und lehrt uns den Wert von Konzentration und Hingabe. Durch unsere Arbeit können wir die Energie von Körper und Geist verfeinern und dadurch ein gesünderes und natürlicheres Leben führen.

Gleichzeitig ist Arbeit eine Opfergabe für das Wohlergehen anderer und eine verdienstvolle Handlung, deren Ergebnis und Nutzen wir allen Lebewesen widmen können. Eine befriedigendere Lebensführung ist schwerlich vorstellbar.

Die Zusammenarbeit mit anderen bietet uns die beste Möglichkeit, diesen Weg zu entwickeln. Wenn wir innerhalb einer Gemeinschaft handeln statt in Vereinzelung, uns gegenseitig den Spiegel vorhalten, uns unterstützen und herausfordern, lernen wir dabei, wie viel wir einander zu geben haben. Und wenn wir dann diese Erfahrungen einfließen lassen in die Aufgaben, die wir als Gemeinschaft angehen, können wir Erstaunliches erreichen.

Zum heutigen Zeitpunkt haben wir bisher nur erste zaghafte Schritte auf diesem Weg unternommen. Der nächste Schritt ist dann erreicht, wenn wir lernen, über unsere ganz persönlichen Interessen und Vorlieben hinaus zu wachsen und die Forderungen der Persönlichkeit aufzugeben. Wenn wir nicht länger darauf bestehen, unser Ego zu befriedigen, eröffnet uns unser Weg ganz automatisch neue Dimensionen. Da wir uns weder mit der einen noch mit der anderen Haltung identifizieren, wird unser Leben erfüllter. Stück für Stück ändert sich unsere

Erfahrung, bis wir schließlich jeden einzelnen Moment, ja sogar jedes Hindernis genießen können. Wir können unser Wissen wertschätzen, unsere Freiheit fördern und das, was wir gelernt haben, mit anderen teilen.

Die Erfahrung der vergangenen Jahrzehnte hat uns unser Ziel sehr deutlich vor Augen geführt. Auch wenn es uns nicht möglich sein wird, die Probleme der Welt zu lösen, können wir doch eine bedeutungsvolle Geste zum Wohlergehen aller beitragen. Egal ob wir meditieren, beten, übersetzen, im Garten arbeiten oder etwas bauen – wir können etwas zum Wohlergehen des Planeten beitragen.

Solange wir ernsthaft das Wachstum von Wissen fördern, werden wir uns niemals scheuen, härter zu arbeiten oder mehr zu üben, weder im täglichen Leben, noch bei unseren spirituellen Aktivitäten. Wir wissen, dass wir an uns arbeiten können, dass wir mehr lernen, anderen helfen und einen Beitrag zur Gesellschaft leisten können. Nichts hält uns zurück. Von außen mag es so aussehen, als würden wir hart arbeiten und Opfer bringen, aber wir kennen die Wahrheit: Unsere Arbeit macht uns große Freude, und je mehr wir arbeiten, umso leichter und wundervoller wird unser Weg.

Die Zukunft von Odiyan

Als wir 1975 mit dem Bau von Odiyan begannen, konnten wir noch nicht ganz vorhersehen, was hier alles entstehen würde. Trotzdem sind wir unserer Grundvorstellung treu geblieben, nach der Odiyan ein Ort des Rückzugs, des Studiums und des Übens ist, wo ein für die Menschheit essentielles Wissen erhalten und weitergegeben werden kann. Hier können die Texte der Tradition übersetzt werden. Hier können Menschen, die daran interessiert sind, sich dem Sangha anzuschließen und die Lehren des Buddha zu erforschen, einem spirituellen Weg folgen, der ihnen selbst und auch anderen von Nutzen ist. Diejenigen, die die traditionelle Vorbereitung beendet und Engagement gezeigt haben, können hier an längeren Retreats mit Dauer von einigen Monaten bis zu mehreren Jahren teilnehmen. Und obwohl Odiyan ein privates Dharmazentrum bleiben wird, das sich den besonderen Zielen widmet, für die es gegründet wurde, werden wir weiterhin die Gelegenheit suchen, Menschen zu uns einzuladen, die den ehrlichen Wunsch haben, dem Dharma und der ganzen Menschheit zu dienen.

Als Buddhisten glauben wir an die Prinzipien von Frieden und Gewaltlosigkeit und daran, dass jeder Mensch das Recht hat, Glück zu suchen aufgrund einer persönlichen Vision von dem, was wertvoll ist. Wir pflegen Respekt gegenüber allen Lebewesen und gegenüber der Umwelt, die uns Heimat und Schutz bietet. Diese Prinzipien haben viel mit amerikanischen Grundwerten gemeinsam. Das gibt mir die Zuversicht, dass unser Tun eines Tages dieser Gemeinschaft, diesem Land und sogar der ganzen Welt zugute kommen wird.

Auch wenn es uns vielleicht nicht möglich ist, die Langzeitwirkung unseres Tuns genau einzuschätzen, bete ich für den Erfolg unserer Bemühungen. Möge der Segen des aus der Lotusblume geborenen Meisters Padmasambhava diesem Land und den Lebewesen überall Glück bringen. Für dieses Ziel zu arbeiten ist unsere bescheidene Art, der Menschheit zu dienen – eine Geste der Wertschätzung angesichts der Möglichkeiten, die uns gegeben worden sind.

Berkeley, April 1996

Mandala-Gärten

Das Odiyan Retreat Center wurde 1975 im Norden von Kalifornien gegründet. Von Anfang an war das Land wesentlicher Bestandteil der Vision und der Entwicklung von Odiyan.

Die Natur hat an dieser Stelle ein Übermaß an Vielfalt zu bieten: Ozean, Berge, Wald, Felder, dramatische Jahreszeiten und eine kaleidoskopartige Schönheit, die sich von Tag zu Tag verändert.

Die Kraft und Schönheit der Umgebung bilden eine Unterstützung für spirituelles Streben. Innere spirituelle Wirklichkeit wird durch Farben und Formen der natürlichen äußeren Welt reflektiert. Diese Beziehung kann verkörpert und vertieft werden durch ein Muster, das in der buddhistischen Tradition als Mandala bekannt ist: Elemente, die ästhetisch und symbolisch um einen zentralen Punkt herum angeordnet sind.

Die Menschen im Westen hatten bisher noch keine Gelegenheit, Prinzipien und Symbolik des buddhistischen Mandala genau zu studieren. Dennoch ist jeder von uns von Natur aus empfänglich für Schönheit und ganz ohne besondere Ausbildung in der Lage, ästhetische Ausgewogenheit, kräftige Farben und bemerkenswert elegante Formen wertzuschätzen.

Die Welt der Natur spricht das menschliche Herz direkt an: Wir sind bereits von Schönheit umgeben und auf natürliche Weise in den Bereich des Mandala integriert. Ohne jeden Kommentar oder weitere Erklärung können wir durch einen Garten gehen und die Fülle der Erfahrung spüren. Farben und Formen entzücken die Augen, Düfte steigen empor und fließen in unser Wesen so, als würden wir Nektar trinken. Empfindungen prägen sich ins Herz ein und kommunizieren mit dem menschlichen Bewusstsein.

Durch Schönheit erhalten, genährt und unterstützt, beginnt sich das Herz zu öffnen, wie die Blütenblätter einer Blume, die sich entfalten. Die Blume des Herzens ist das Zentrum eines Mandala. Wenn sich das Herz öffnet, beginnen wir die Einheit der Existenz und unsere Verbundenheit mit der Natur zu begreifen.

Schönheit zu schätzen ist der geheime Schlüssel, um das Herz zu öffnen. Sobald unser Herz offen ist, fließen Mitgefühl und Warmherzigkeit von ganz allein. Auf diese Weise muss die Welt der Natur eine grundlegende Rolle bei der Entwicklung der menschlichen Werte von Mitgefühl, Liebe und Freundlichkeit spielen.

Liebe und Wertschätzung führen zu Verstehen und Handeln. Wenn wir die Natur wertschätzen, übernehmen wir Verantwortung, indem wir uns die Konsequenzen verschiedener Handlungsweisen klarmachen. Wir betrachten das Offenkundige und lernen eine globalere Perspektive einzunehmen, damit wir in der Lage sind, das zu schützen, was für uns Wert hat.

Unsere Beziehung zur Natur bietet uns die kostbare Gelegenheit, Schönheit sowohl zu empfangen als auch zu pflegen. Beides ist gleich wichtig, denn indem wir den Bereich von Schönheit, der unsere Herzen nähren kann, schützen und erhalten, dienen wir den höchsten menschlichen Werten. Sollte das Reich der Natur verschwinden und uns nur die von Menschenhand produzierte Umgebung bleiben, könnte man unsere Zivilisation wohl kaum noch menschlich nennen. Wenn wir den Denkfehler machen und *zivilisiert* und *natürlich* als Gegensätze ansehen, dann müssen wir, wenn wir zivilisiert werden wollen, die Natur kontrollieren bzw. besiegen.

Eine Sichtweise, die auf Gegensätzen beruht, ist allerdings begrenzt, da die innere und die äußere Umwelt voneinander abhängige Partner sind. Die buddhistische Tradition hebt die Harmonie zwischen Menschheit und Natur hervor und betont die Wichtigkeit, gewaltlose Haltungen und Handlungen zu kultivieren.

Die Lehren des Buddha zeigen, dass die Mehrzahl unserer Probleme darin begründet sind, dass es uns auf einer tiefen Ebene an Harmonie fehlt: bewertende und entzweiende Absichten, die aus dem Bedürfnis nach Kontrolle, der Gier nach Macht und einer grundsätzlichen Unterscheidung zwischen Subjekt und Objekt entstehen.

Das Herz kann den Mangel an Harmonie und Vollständigkeit spüren und der Kopf kann die negativen Auswirkungen, die folgen werden, vorhersehen. Wir brauchen keine philosophischen Ausführungen oder religiösen Anweisungen, um soviel zu begreifen: Wir haben etwas Wesentlichem keine Beachtung geschenkt, und diese Ignoranz kann gefährlich werden. Wie können wir aber dieses Wissen um unsere Ignoranz anerkennen und aufgrund dieses Wissens handeln? Wenn wir uns von Schönheit leiten lassen, können wir wieder zu Ganzheit und Ausgeglichenheit finden.

Einmal lehrte der Buddha den Pfad der Erleuchtung, indem er einfach eine Blume hochhielt. Auf der ganzen Welt ist die Blume ein bekanntes Symbol für die Seele. Die Lotusblume im Osten und die Rose im Westen symbolisieren das Blühen wunderschöner Eigenschaften, das Wunder von Liebe und Mitgefühl und das Mysterium spiritueller Verbundenheit.

Jeder von uns kann mit natürlicher Schönheit arbeiten, unabhängig davon, wo wir leben oder wie weit von der Natur entfernt unser Lebensstil sein mag. Wir können uns mit einer Blume oder Pflanze vertraut machen und beobachten, wie sie wächst, während wir für sie sorgen. Mit seinen leuchtenden Farben und elegant modellierten Formen bringt das Licht der Schönheit das Wissen um Ausgeglichenheit und Harmonie in unser Leben. Wenn sich unser Geist verdunkelt und wir unsicher werden, ob es in unserer heutigen Welt noch Liebe und Schönheit gibt, dann können wir einfach Zeit in einem Garten oder Wald verbringen und unser Herz befragen.

Hier in Odiyan sind die Mandala-Gärten ein Symbol für unsere Arbeit, überfließend mit reicher Kreativität, inspiriert durch Liebe. Aus diesem Grund haben wir fünftausend Rosen gepflanzt – aber wir wünschten, es könnten fünfhunderttausend sein, als Symbol für das große Mitgefühl und die Offenheit des Herzens, die wir zu verkörpern suchen. Diese bedingungslose Liebe ist wie die Liebe von Mutter Natur eine Liebe, die jedem von uns das Dasein erlaubt. Sie gewährt uns die Freiheit zu handeln, uns auszudrücken und den Ausdruck anderer zu genießen und wertzuschätzen. Frei und ohne Besitzanspruch unterstützt diese offene Anpassung ununterbrochen alle Formen des Lebens.

Odiyan, im Frühling 1991

Rad des Guten

Die Gebetsräder von Odiyan besitzen eine äußere Schönheit, die fast jeder wertschätzen kann. Die durch sie hervorgerufenen Gebete haben auf einer tieferen Ebene einen heilenden und schützenden Einfluss, den viele Menschen wahrnehmen können, nachdem sie sich mit der Präsenz und Kraft dieser Räder vertraut gemacht haben. Diese Aspekte, so wichtig sie auch sein mögen, reichen jedoch nicht einmal annähernd an die Bedeutung heran, die den Gebetsrädern als Ausdruck des erleuchteten Wissens zukommt.

Die rituellen Künste und Wissenschaften, durch die Dharmasymbole wie die Gebetsmühle hervorgebracht und aktiviert werden, sind Verkörperungen der Weisheit von Erleuchteten. Die Kraft derartiger Symbole kann vom Verstand des normalen Geistes nicht erfasst werden. Jedes Symbol des Erwachens stellt eine direkten Verbindung zum menschlichen Bewusstsein her, ähnlich der Wirkung von schöner Musik oder den Wundern der Natur.

Die buddhistische Tradition spricht von Segnungen, die von Mandalas, Mudras, Mantras und Bildern ausgehen. Diese Symbole sprechen eine heilige Sprache des Herzens: Liebe, Mitgefühl, Freude und Frieden der Buddhas und Bodhisattvas schwingen durch sie mit dem Bewusstsein von Menschen, Tieren und Millionen unsichtbarer Lebewesen in anderen Bereichen und Dimensionen. Ist diese tugendhafte Kraft erst einmal richtig aktiviert, zieht sie wie eine milde Frühlingsbrise durch den Raum, um Geist und Körper zu beruhigen. Sie strahlt in die Tiefen des Planeten hinein und bringt die natürlichen Kräfte miteinander ins Gleichgewicht. Leise und im Geheimen spricht sie zum Herzen und inspiriert alle Lebewesen, nach Erleuchtung zu streben.

Das uralte Wissen, das weiß, wie solche Symbole hergestellt werden, ist ein wertvolles Erbe, das geschützt werden muss. Seine Bedeutung geht weit über den Wert von gewöhnlichem Besitz, Reichtum oder Macht hinaus, denn es bietet den Schlüssel zu dauerhaftem Glück. Um die Funktionsweise dieser rituellen Dynamiken zu erklären, fehlen im Westen bisher Mittel und Hintergrund, denn die Vorstellung davon, wie Geist und Kosmos miteinander verbunden sind, kann nicht vollständig zur Zufriedenheit des rationalen Geistes artikuliert werden. Allerdings eröffnet ein Verständnis, das auf der Erfahrung verschiedener Ebenen von Bewusstsein und verschiedener Bereiche des Seins beruht, großzügigere Perspektiven. Hier beginnen heilige Kunst und Wissenschaft einen tieferen Sinn zu ergeben.

Wir haben das Glück, dass uns heutzutage noch Wege offen stehen, heiliges Wissen auf diese Weise zu ergründen und so den Segen der Erwachten in unser Leben einzuladen. Unsere Arbeit in Odiyan ist eine Vorbereitung. Hier errichten wir die Formen, restaurieren die Symbole und aktivieren Kreisläufe positiven Handelns. Indem wir Gebetsräder herstellen und indem wir heiliger Architektur sowie Gebetsfahnen und anderen rituellen Objekten Form geben, schaffen wir einen Kanal, durch den die Kraft der Erleuchteten in die Welt gelangen kann.

Unser Wesen kann sich für die wertvollen Segnungen öffnen die von den Formen, die im Moment hergestellt werden, ausgehen. Das Tor dazu liegt im Vertrauen in die Wahrheit und Kraft des heiligen Wissens, das ihre Schöpfung leitet. Wie aber können wir dieses Vertrauen entwickeln? Müssen wir blind handeln und unserem Geist Muster aufzwingen, die einer rationalen Überprüfung nicht standhalten? Die Angst, dass es so sein könnte, hat viele Menschen vom Erforschen spiritueller Fragen ferngehalten. Aber in der buddhistischen Tradition spielt Vertrauen eine ziemlich andere Rolle.

Vertrauen und Hingabe sind Grundprinzipien aller Religionen, ihre Funktion jedoch ist von Lehre zu Lehre unterschiedlich. In den buddhistischen Lehren basieren beide auf Verständnis. Zuerst müssen wir von höherem Wissen hören, dann müssen wir damit bekannt werden. Wenn wir selbst erfahren, dass es die Kraft besitzt, die Wunden der Unwissenheit zu heilen, entsteht von selbst Vertrauen zu diesem Wissen. Wir werden ermutigt, nach tieferem Verständnis zu streben, und in diesem Verständnis liegt der zweite Schritt für die Entwicklung des Vertrauens, das wir benötigen.

Die auf diese Weise ausgelöste Suche nach Wissen ist außerdem ein Heilungsprozess. Die Erleuchteten haben uns den Weg gezeigt und die Weisheit hinterlassen, die unsere heutige Welt so dringend braucht. Jetzt müssen wir uns darum bemühen, uns den Tathagatas zu nähern, jenen, die *so gegangen* sind. Während wir lernen dieses allen menschlichen Wesen frei zugängliche Erbe wertzuschätzen und es in die Praxis umzusetzen, erfahren wir dessen Nutzen für uns selbst und sind ermutigt, wachsendes Verständnis mit anderen zu teilen.

Eine der Möglichkeiten, mit diesen immer zugänglichen Energien in Berührung zu kommen, besteht darin, die Funktionsweise unseres Geistes zu erforschen, das heißt, sich sowohl die positiven wie auch die negativen Kreisläufe seines Wirkens klar vor Augen zu führen. Wenn wir unsere eigene Natur betrachten, können wir uns die Frage stellen, wonach wir uns im tiefsten Inneren unseres Wesens wirklich sehnen. Gleichzeitig können wir wahrnehmen, wie wir uns von diesem leuchtenden Potential entfernen und in Stumpfsinnigkeit, Dunkelheit und Verzweiflung verfallen. Wir alle suchen nach Glück, aber wir werden es nicht finden, ehe wir nicht ein wahres Verständnis dafür haben, wie der Mensch funktioniert.

In der heutigen Welt ist solch ein Wissen nicht einfach zu erkennen. Unsere Denkweisen und Werte machen uns misstrauisch und zynisch; wir befürchten, uns selbst etwas vorzumachen oder uns Wunschträumen oder Fantasien hinzugeben. Wenn wir beginnen die Anwesenheit von Wissen zu vermuten, scheint es weder die Zeit noch die Entspanntheit zu geben, die zum ruhigen Betrachten führt.

Dennoch haben wir alle mitten im Alltag die Möglichkeit, auf einfache Weise einen Anfang zu machen. Wenn wir jeden

Tag einige Minuten im stillen Gebet oder in der Meditation verbringen, tragen wir bereits Frieden in unser Herz und in die Welt und bilden dadurch die Grundlage für die Entstehung neuer Arten des Wissens.

Sobald wir unseren Geist und unser Herz der Möglichkeit öffnen, wahrhaftiges Wissen über unser Wesen zu erlangen, können wir damit beginnen, uns selbst direkt zu verstehen. Anstatt uns auf Bücher oder Aussagen anderer zu verlassen, können wir unser inneres Wesen erforschen. Wir können unseren Mangel an Glück ganz direkt betrachten und die Gründe dafür untersuchen, diese Erforschung kann unsere Analyse vertiefen. Jede aufrichtig gefühlte Frage wird ein neues Tor zu Wissen öffnen.

Auf diese Weise wird unser Geist zu einem Heim für den Dharma. Sobald wir den Dharma in unser Herz einladen, beginnt der Dharma uns zu beschützen, und langsam beginnen wir selbst die magische Kraft des Heiligen zu verstehen.

Die Suche nach tieferem Verständnis und der Wunsch, sich tugendhaft zu verhalten, bringt eine eigene, fast magische Kraft mit sich. Indem wir Wissen die Möglichkeit geben, sich zu bewegen und zu fließen, entdecken wir Wahrheit, die die Probleme von Täuschung und Unwissenheit lösen kann. Wir können einen positiven Fluss entstehen lassen, der durch unser ganzes Wesen fließt, heilende Energien hervorruft und ein Rad des Guten in Bewegung setzt.

Während sich unser inneres Rad des Wissens dreht, verbindet es die Sinne, das Herz und die Gedanken miteinander und aktiviert dadurch Bewusstsein, Mitgefühl und Liebe. Diese Dynamik führt zur Praxis der Paramitas, der grundlegenden Bodhisattvaübung, deren Kraft alle Existenz transformieren kann.

Obwohl wir die dichte Unwissenheit, die Leiden verursacht, nicht vollkommen beseitigen können, können wir doch Frieden in uns selbst und dann auch in anderen fördern, indem wir negative Kreisläufe erkennen und den Geist ständig vom Schädlichen abwenden und zu Mitgefühl hinwenden. Dieser positive Kreislauf sammelt die Qualitäten der sechs Paramitas an und verteilt sie in ständig weiter werdenden Kreisen. Indem er Schaden beendet, fördert er Harmonie und Gleichgewicht. Während wir uns selbst heilen, können wir an Lebewesen überall heilende Energie aussenden.

Weil es in unserer Macht liegt, Leiden zu lindern, müssen wir jetzt auf das ungeheure Ausmaß an Elend reagieren, das unsere Welt überflutet. Als Menschen mit einem erleuchteten Erbe liegt es in unserer Verantwortung, dieses Verständnis in alle Bereiche des Wissens zu übertragen, seien es gesellschaftliche, wissenschaftliche, politische oder philosophische Bereiche.

Wo immer Menschen danach streben, Lösungen zu finden, kann dieses heilige Wissen beginnen zu wirken. Wo immer jemand Qualen erleidet, kann diese wertvolle Medizin sie lindern. Wo immer Menschen in die dunklen Wolken der Unwissenheit gehüllt sind, kann dieses Licht scheinen. Wo immer ein Wesen in Verzweiflung gerät, kann ihm diese natürliche Güte wieder Auftrieb geben.

Wenn wir erkennen, dass Menschen in einem Netz von Emotionen und Ignoranz gefangen sind, begreifen wir, dass sie die Unterstützung von Mitgefühl und Intelligenz benötigen. Durch sie werden wir geduldig, offen und sensibel und sind in der Lage, reibungslos und kreativ mit anderen zu arbeiten. Wir fürchten uns weder vor Aggression und Leidenschaft der anderen oder den Hindernissen, die sie aufbauen, noch reagieren wir mit unseren eigenen Emotionen auf die Emotionen anderer. Behutsam suchen wir nach Wegen, die dunkle Verwirrung und die Blockaden fortzuräumen. Während sich der Weg vor uns öffnet und die Sonne erneut aufgeht, finden wir uns ganz natürlich bei unseren Freunden wieder, ein kleines bisschen weniger isoliert und ein kleines bisschen weniger liebeshungrig.

Die Segnungen der Paramitas drehen einen Kreis, der uns über die fixierten Positionen von Selbst und anderen hinausbewegt und sie alle umfasst. Gute Gedanken, gute Absichten und gute Arbeit bilden Teile eines gewaltigen unsichtbaren Rades, das uns mit der Erde, mit anderen Menschen und den Erleuchteten verbindet.

So wie ein Gebetsrad, das in der Sonne glitzert, muss sich das Gute drehen und für alle scheinen. Mögen die Gebetsräder von Odiyan uns stetig an unsere Verbindung zu diesem Rad des Guten erinnern. Mögen sie alle Wesen dazu inspirieren, gesünder und glücklicher zu werden und zu sich selbst zu finden!

Interview mit Tarthang Tulku

Oktober 1984

Was motiviert Ihrer Meinung nach die Menschen dazu, nach Odiyan zu kommen? Welchen Nutzen birgt die Arbeit an diesem Ort?
Die Menschen, die nach Odiyan kommen, um zu arbeiten, haben einen Prozess durchlaufen und für sich selbst eine Wahl getroffen. Es sind für gewöhnlich Menschen mit einem Interesse an Bildung und psychologischer Entwicklung beziehungsweise mit dem Willen, mit ihrem Leben zu experimentieren. Sie verstehen, dass Odiyan eine echte Möglichkeit darstellt, und nicht nur einfach ein Symbol oder einen schönen Ort.

Die tibetische Tradition hat uns eine riesige Menge an Fachwissen in den Bereichen von Kunst, Ritual, Psychologie, Philosophie und Kosmologie übermittelt. Viele der in Tibet studierten Wissensbereiche können mit dem Wortschatz westlicher Kulturen nicht einmal beschrieben werden. Wenn dann Menschen einen Sinn für dieses Wissen entwickeln, bekommt Odiyan für sie eine große Bedeutung. Sie sehen es als einen Ort der spirituellen Entwicklung, oder vielleicht als ein Zentrum, von dem aus Wissen an andere weitergegeben wird. Diese Art zu leben zieht sie an, obwohl es sich um harte Arbeit handelt und sie letztendlich begreifen, dass sie ihr Leben in Odiyan nicht von dem trennen können, was sie hier lernen. Sie lernen, aus ihrer Aktivität eine Quelle der Erfüllung zu machen. Alles, was sie tun, bekommt große Bedeutung.

Inwieweit ist die Arbeit in Odiyan eine spirituelle Übung?
Die Mitarbeiter in Odiyan lernen etwas über das Selbst, den Dharma und über den Geist. Sie erfahren etwas über Verwirrung, Schmerz, Faulheit und den Mangel an Stärke, aber auch über Konzentration, Vertrauen, Kommunikation und darüber,

mit Leib und Seele zu arbeiten. Sie lernen, sich der Folgen ihrer Handlungen bewusst zu sein. In der Schule werden diese Dinge nicht gelehrt, und die meisten religiösen Wege betonen sie auch nicht.

Natürlich entwickelt man diese Fähigkeiten am besten in der frühen Kindheit, um sie dann das ganze Leben lang anwenden zu können und eine wahrhaft spirituelle Art des Seins zu entwickeln. Wartet man bis zu einem späteren Zeitpunkt, ist bereits ein großer Teil der eigenen Zeit verstrichen, und man hat in der Zwischenzeit Verhaltensmuster entwickelt, die sehr schwer abzulegen sind. Odiyan aber bietet eine konzentrierte Gelegenheit, zu lernen und sich zu verändern. Nach zwei oder drei Jahren Aufenthalt in Odiyan findet man sich selbst in einer Position wieder, in der man direkte Verantwortung für sein Tun übernimmt und wenig Möglichkeiten für Ausreden hat. Man hat jede erdenkliche Gelegenheit, klar und deutlich zu erkennen, was im eigenen Leben vor sich geht.

Einige der Mitarbeiter hier scheinen sehr wenig über die formalen buddhistischen Lehren zu wissen. Können sie trotzdem den vollen Nutzen aus ihrer Arbeit in Odiyan ziehen?
Es stimmt, dass viele der Mitarbeiter kein besonderes Interesse an Buddhismus oder Religion haben. Sie sind vielleicht wegen der Erfahrung hier, weil sie eine Fähigkeit entwickeln wollen oder weil ihnen die Schönheit des Landes und die Art zu leben zusagt. Aber nach einer Weile fangen die meisten von ihnen an, die besondere Bedeutung von Odiyan zu schätzen. Diejenigen, die bleiben, erkennen hier ihre Chance, sich von den Mustern des gewöhnlichen Lebens zu lösen und ihre Interaktion mit anderen zu vertiefen. Die Arbeit ist sehr erdend und stabilisierend – ein gutes Gegengewicht zu träumerischen spirituellen Vorstellungen.

Warum entschieden Sie sich, Odiyan in einem Land aufzubauen, in dem es keine buddhistische Tradition gibt?
Wenn es hier schon eine buddhistische Tradition gegeben hät-

te, wäre es nicht nötig gewesen, Odiyan zu bauen. Ich habe Odiyan hier gebaut, weil es gebraucht wurde.

Wird Odiyan als traditionelles Kloster dienen?
Symbolisch gesehen kann man Odiyan als ein Kloster bezeichnen, allerdings wird es kein Kloster im traditionellen Sinne sein, kein Ort, an dem nur Mönche leben. Odiyan wird nicht nur eine bestimmte Art zu leben oder eine einzelne Religionsgemeinschaft unterstützen, sondern wird für alle zugänglich sein, die vom Leben als Ganzem etwas lernen wollen. Ich hoffe sehr, dass es für alle Aspekte menschlichen Wachstums und menschlicher Erfüllung stets offen bleiben wird.

Ihren Worten zufolge wird Odiyan ein ökumenischer Ort sein, der nicht an eine bestimmte Lehre gebunden ist. Trotzdem basieren Kunst und Symbolik hier ausschließlich auf der buddhistischen Tradition. Denken Sie wirklich, dass sich ein Christ oder Moslem hier wohlfühlen würde?
Christen oder Muslime, die mit den Lehren ihres eigenen Glaubens vollkommen zufrieden sind, haben kein Interesse daran, sich mit einer anderen Tradition zu beschäftigen und kommen deswegen höchstwahrscheinlich nie hierher. Wenn aber jemand von einer anderen Tradition interessiert ist am Vergleich und mit einem offenen Geist nach Odiyan kommt, glaube ich nicht, dass die religiöse Bildersprache ein Problem darstellen wird. Jede Religion besitzt ihre eigenen Symbole, die Bedeutung der Symbole geht weit über die spezifischen äußeren Zeichen dieser einen Religion hinaus. Die Symbole einer Religion zu erforschen kann unsere Erfahrung einer anderen Tradition bereichern. Durch eine derartige Erforschung entsteht Wertschätzung für andere Traditionen, was den Tendenzen zu Sektenbildung und Dogma entgegenwirkt.

Hinter jedem Symbol steht eine Kraft, ob wir es nun als den Segen der Götter, das Wesen der Wahrheit oder die Schönheit der Kunst bezeichnen. Das Symbol verleiht einer transzendentalen Ebene der Erfahrung Gestalt, Farbe und Form. Es kann jeden inspirieren. Jeder, der mit einem offenen Geist und einem offenen Herzen nach Odiyan kommt, kann die Gegenwart einer lebendigen Kraft spüren. Wie immer man es nennt, es gibt eine Qualität von Segnungen in Odiyan.

Denken Sie, dass einige Menschen in einer Organisation wie Odiyan etwas sehen könnten, das mit ihrer Vorstellung vom spirituellen Weg im Widerspruch steht?
Es ist eine Tatsache des Samsara, dass religiöse Traditionen ihren Ausdruck in Organisationen finden. Es gibt immer ein paar Yogis und Siddhas, die einem Weg direkter Verwirklichung folgen, aber meist ziehen sie sich dann aus dem Leben zurück und verschwinden von der Bildfläche. Jemand, der Interesse an spirituellen Lehren hat und einer lebendigen Tradition begegnen will, muss Kontakt zu einer Organisation aufnehmen. Einige Menschen, die am Anfang des Weges stehen, regen sich über die Strukturen einer Organisation vielleicht auf.

Aber warum sollte jemand, der bereits Verwirklichung erreicht hat, einer Organisation gegenüber Vorbehalte haben? Der Buddha hat einen Weg für Körper und Geist angeboten; ohne eine bestimmte Form von angeleiteter Übung ist es den meisten Menschen nicht möglich, zu erwachen und ihre Konditionierung zu durchbrechen.

Welche Formen der spirituellen Praxis wird es in Odiyan geben?
Ich denke, es wird traditionelle Übungspraktiken geben, unter anderem die fünf vorbereitenden Übungen. Darüber hinaus wird man Entspannung üben, psychologische Einsichten verschiedenster Art und Übungen zur Raum-Zeit-Erkenntnis-Vision praktizieren können. Es gibt Drei-Jahres-Retreats und vielleicht in der Zukunft die Möglichkeit, die formelle Ausbildung zum Lama abzuschließen. Man wird Philosophie und Kunst sowie Gebet und Meditation studieren können. Es kön-

nen vorbereitende Übungen und anschließend Shamatha-, Vipasyana - und Samadhi-Praktiken ausgeführt werden. Man kann sich darauf konzentrieren, wie Körper und Geist arbeiten, wie Körper und Geist sich auf die Welt beziehen, oder man kann sich mit einer Zukunftsvision bzw. dem Schicksal der Menschheit beschäftigen. Wir werden Strategien entwickeln müssen, mit denen wir die Menschen in der lebendigen Wahrheit des Dharma unterrichten können. Auf dieser Grundlage können wir Unterrichtsmaterial erstellen und spezielle Übungen entwickeln, die Menschen erlauben, ihre Grenzen in Frage zu stellen und Wege der Befreiung zu erforschen, die Lebewesen durch alle Dimensionen von Zeit und Raum hindurch von Nutzen sind.

Einige der Dinge in Odiyan, wie zum Beispiel die Gebetsräder, Gebetsfahnen oder sogar die Stupas, sind für Menschen aus dem Westen sehr schwer zu akzeptieren. Es erscheint seltsam, Geld und Monate der Arbeit auf den Bau von Objekten zu verwenden, die dem westlichen Verständnis nach keinen praktischen Wert haben. Fällt es Ihren Schülern schwer, diese Dinge zu verstehen?
Für gewöhnlich sind sie bereit zu akzeptieren, dass diese Tradition solchen Aktivitäten viel Wert beimisst; andererseits fehlt ihnen natürlich die Basis für ein rationales Verständnis. Es gibt Texte, die ihnen vielleicht dabei helfen würden, aber von diesen existiert bisher keine Übersetzung. Allerdings glaube ich, dass viele meiner Schüler, auch ohne rationales Verständnis, eine direkte Erfahrung des Wertes von Gebetsmühlen und Gebetsfahnen haben. Es gibt eine Art Wärme, die sie spüren können, eine Kommunikation jenseits von Worten, beinahe eine Heilung. Obwohl die traditionellen Formen und die Kunst ihnen auf einer Ebene fremd erscheinen, kommen sie ihnen doch auf der Ebene der gemeinsamen feinstofflichen Energien allmählich sehr bekannt vor. Erfahrung auf dieser Ebene kann sehr viel kraftvoller sein als jede Art von begrifflichem Verständnis.

Die Art von offener Bewusstheit oder Heilung, die bei Zeremonien oder in der Gegenwart von Reliquien oder Symbolen entsteht, tritt auch spontan auf. Aber die Gegenwart eines spirituellen Objektes kann solche Augenblicke intensivieren. Ein Schüler kann zum Beispiel viele Male eine Zeremonie durchführen ohne besonderes Verständnis. Aber dann, zu einem bestimmten Zeitpunkt, ist er bzw. sie bereit, und da ist eine plötzliche Öffnung, ein Erlebnis, das wir gelegentlich als übernatürliche oder mystische Erfahrung bezeichnen. Natürlich sind die Erfahrungen selber auch wieder nur Symbole, aber sie können ein Schlüssel sein, mit dem wir die höhere Bewusstheit finden können, die in unserem Bewusstsein eingeschlossen ist.

Jeder von uns wird mit einem geistigen Vermögen geboren, welches dann im Laufe der Zeit von den Bezeichnungen und Ablenkungen dieser Welt eingeschränkt wird. Wir alle haben einen riesigen Schatz an Wissen geerbt, aber die Verstrickungen des Samsara hindern uns daran, Zugang dazu zu finden – solches Wissen erscheint uns irgendwie unlogisch oder unzulässig. Am Ende fühlen wir uns ausgehungert, so wie jemand, der vor Hunger stirbt, weil er nicht erkennt, dass er von wunderbarem, köstlichem Essen umgeben ist.

Auf jedem spirituellen Weg gibt es Symbole, die uns einen besonderen Zugang zu unserem inneren Reichtum an Wissen ermöglichen. Rational mögen wir uns vielleicht fragen, wie so etwas möglich sein kann, aber der rationale Verstand selbst ist nicht die einzige Form von Wissen, und bestimmte Elemente der höheren Stufen des Weges sind ihm verschlossen. Wie können wir die Möglichkeit der Befreiung aus Samsara rational nachvollziehen? Wir mögen vielleicht eine Vorstellung davon haben, aber eine wirklich befriedigende Antwort gibt es nicht. Wenn wir uns nun aber für das symbolische Reich der Bedeutung interessieren, wenden wir uns ganz von selbst dem Gebet und den Segnungen, dem Ritual und der Kunst zu. Alle diese Dinge helfen uns, unseren Geist bescheidener zu machen, sodass sich uns die innere Bedeutung der symbolischen Welt offenbaren kann.

Wenn unser Geist wach bleibt, entwickelt sich eine Wertschätzung für die Symbole, und wir fangen an sie als Schlüssel zum Verständnis von uns selbst zu begreifen. Wenn wir unser Gleichgewicht erhalten können, beginnen wir die Realität neu zu begreifen. Wir sehen das Symbol als eine Reflektion von einem Aspekt der Wirklichkeit, den wir niemals vorher gesehen oder verstanden haben.

Wir sollten die Symbole des erleuchteten Geistes zumindest respektieren. Wir sind vielleicht noch nicht in der Lage, einen Zugang zu ihnen zu finden, aber wir würden einen Fehler machen, wenn wir sie unbeachtet ließen. Die beste Vorgehensweise ist, uns darauf vorzubereiten, ihre Bedeutung zu empfangen, indem wir versuchen unser Bewusstsein zu schulen.

Denken Sie, Ihre amerikanischen Schüler können die Symbolik und die Schönheit von Odiyan wirklich schätzen? Wäre es nicht besser, sie in der Tradition zu unterweisen, bevor sie überhaupt an diesen Ort kommen?
Verständnis kann sich auf viele verschiedene Arten entfalten. Wenn Sie etwas im Voraus erklären wollen, kann es vorkommen, dass Ihnen Ihr Gegenüber nicht folgen kann. Andererseits wird jemand, der in dem Moment soweit ist, zu begreifen, was Sie sagen, Ihnen ohne viel Mühe folgen können. Jede feste Vorstellung von der richtigen Reihenfolge wird sich wahrscheinlich als falsch erweisen. Wenn wir im Einklang mit dem Fluss der Zeit handeln, werden wir Erfolg haben; arbeiten wir dagegen, bekommen wir ernste Probleme.

Wird Odiyan für die Öffentlichkeit zugänglich sein? Wird es formale religiöse Praktiken geben, an denen die Öffentlichkeit teilnehmen kann?
Ich würde mir wünschen, dass mehrmals im Jahr Konferenzen und Seminare, Retreats, Feste und zwanglose Treffen stattfinden. Außerdem wünsche ich mir, dass hier große nationale wie auch internationale Konferenzen für Lehrer, Erzieher und spi-

rituelle Führer abgehalten werden können. Bisher haben wir aber noch nichts Genaues festgelegt.

Odiyan ist ein wunderschöner, aber auch teurer Ort. Weshalb haben Sie so viel Geld für Materialien und Kunst ausgegeben? Kann ein Mandala nicht auch einfach sein?
Jedes Bauvorhaben heutzutage ist teuer. Aber der Dharma ist viel wertvoller als alles andere, und Geld, welches für den Dharma ausgegeben wurde, ist gut angelegtes Geld. Die Erschaffung von Odiyan ist eine gute Investition. Sie ist es wert, weil dadurch eine künstlerische und kulturelle Tradition von größtem Wert erhalten wird.

Die Rendite aus dieser Investition ist, wenn man sich auf den spirituellen Wert von Odiyan bezieht, zwar schwerer zu erklären, stellt aber trotzdem einen realen Gewinn dar. Geld für Odiyan auszugeben, bedeutet zunächst, die von den Menschen aufgebrachte Energie, mit der sie dieses Geld erarbeitet haben, zu nutzen, um es dann in die drei Juwelen umzuwandeln. Es ist ein Werk der Alchemie – die Umwandlung von Geld in Schönheit. Menschen können sich direkt an den Ergebnissen freuen und gleichzeitig schaffen wir ein Zuhause für den Dharma. Alltagsleben wird mit der Zeit immer mühsamer, aber die Antwort darauf ist nicht unbedingt, dass wir uns aus der Wirklichkeit des Alltags zurückziehen oder alles aufgeben. Stattdessen kann Odiyan ein Symbol der Umwandlung gewöhnlicher Realität in die Schönheit des erleuchteten Reiches sein.

Wir hatten in Odiyan nie viel Geld zur Verfügung und haben daher gelernt, mit unseren Ausgaben sehr vorsichtig zu sein und jede Entscheidung sorgfältig abzuwägen. Ich denke, wir haben unsere Kosten sehr effektiv unter Kontrolle gehalten. Von Bauunternehmern und anderen Fachleuten höre ich, dass der Bau von Odiyan auf handelsübliche Weise fünfzehn- bis zwanzigmal so viel gekostet hätte, wie wir letztendlich ausgegeben haben, und ich bin der Meinung, dass wir das größtenteils den Kontrollen zu verdanken haben, die ich aufrechterhalten habe.

Das mag sich vielleicht selbstsüchtig anhören, aber ich denke, ich kann ehrlich sagen, dass Odiyan ohne mein Management unserer begrenzten Mittel nicht hätte gebaut werden können.

Dennoch handelt es sich bei den Kosten für ein Projekt wie Odiyan um riesige Summen, die viel höher sind, als ich mir zu Beginn hätte vorstellen können. Dazu kommt noch, dass es nur wenige Möglichkeiten gibt, an finanzielle Mittel oder Unterstützung heranzukommen, da heutzutage die meisten Menschen mehr Wert auf Selbstzufriedenheit als auf Kunst oder Schönheit, Geschichte und Tradition legen. Wollte noch einmal jemand ein Projekt wie Odiyan in Angriff nehmen, würde ich ihm bzw. ihr dazu raten, vorher sehr genau zu prüfen, ob dies auch wirklich durchführbar ist. Hat man nämlich erst einmal einen Anfang gemacht, ist man eine Verpflichtung eingegangen, die man einhalten muss.

Wenn Sie nicht schon vor zehn Jahren mit dem Bau von Odiyan begonnen hätten, sondern jetzt ganz am Anfang ständen, was würden Sie anders machen?
Wenn ich heute ganz am Anfang stehen würde und wüsste, welche Schwierigkeiten da auf mich zukommen, würde ich vielleicht erst gar nicht mit dem Bau beginnen. Aus gewöhnlicher Sicht ist das, was wir in Odiyan auf die Beine gestellt haben, ein Ding der Unmöglichkeit, ganz besonders für jemanden wie mich, einen Fremden aus einem unterentwickelten Land. Ich verstehe nicht, wie es geschah. Selbstverständlich kann man als Einzelner eine ganze Menge erreichen, wenn man die Unterstützung von Menschen hat, die selbstlos und mitfühlend sind, die Weisheit und Energie miteinander verbinden und bereit sind, große Opfer zu bringen. Aber selbst in Amerika sind solche Menschen nicht leicht zu finden.

Wäre es nicht einfacher gewesen, andere tibetische Lama einzuladen, sich an diesem Projekt zu beteiligen? Warum haben Sie das alles im Alleingang gemacht?

Ja, das hätte es für mich sehr viel einfacher gemacht, allerdings bin ich mir nicht so sicher, ob das eine gute Idee gewesen wäre. Es gibt mittlerweile viele Lama auf der ganzen Welt, und jeder von ihnen leistet seinen eigenen wertvollen Beitrag, sei es durch meditative Praxis, Einweihungen, Übersetzungen oder auch auf andere Weise. Wäre es denn wirklich besser, sie zu bitten, mit dem aufzuhören, was sie tun, damit sie mir helfen können?

Ich habe mich in den letzten zehn Jahren oft sehr abmühen müssen, und es hat Zeiten gegeben, in denen die Situation fast aussichtslos schien. Trotzdem habe ich das Gefühl, dass es für jeden anderen genauso schwer gewesen wäre. Das Maß an Schwierigkeiten hätte sich durch die Hilfe von anderen auch nicht verringert.

Tatsächlich habe ich das eine oder andere Mal den Versuch gemacht, verschiedene Lama einzuladen, um in Odiyan mitzuhelfen, aber jedes Mal hat sich gezeigt, dass sie alle ihre eigenen Interessen und ihre eigene Vorstellung davon hatten, wie man vorgehen sollte. Verschiedene Temperamente sind für verschiedene Situationen geeignet, und die Tibeter von heute haben ihre eigene Weise, Dinge anzugehen. Natürlich hoffe ich, dass andere Tibeter meine Arbeit akzeptieren als einen Beitrag zur originalgetreuen Erhaltung und Übertragung der Tradition, aber in gewisser Weise werden sie vielleicht nicht mit dem einverstanden sein, was ich tue. Vielleicht würden sie es für wichtiger halten, dass ich ihre Aktivitäten unterstütze oder dass ich nach Indien zurückkehre. Es gäbe also mögliche Quellen für Meinungsverschiedenheiten.

Ich frage mich auch, wie viele Lamas die westliche Kultur und ihre Menschen eigentlich wirklich verstehen. Ohne ein solches Verständnis aber werden die Bemühungen, den Dharma weiterzugeben, nicht wirklich Fuß fassen. Ich habe viele Jahre gebraucht, um mein eigenes Verständnis des Westens soweit zu entwickeln, dass ich daraus Nutzen ziehen kann. Und obwohl ich manchmal entmutigt war, ist die Arbeit, die ich angenommen habe, meine eigene Verantwortung, und die Probleme sind ebenfalls meine eigenen. Vielleicht ist es für uns alle das Beste, wenn jeder auf seine eigene Weise für unsere gemeinsamen Ziele aktiv ist: Anderen von Nutzen sein bedeutet den Dharma erhalten und Menschen überall helfen, ihre eigene Bewusstheit zu erwecken.

Andererseits hoffe ich, dass, sobald eine solide Grundlage gefunden worden ist, traditionelle Lehrer nach Odiyan kommen werden, um uns an ihren Einsichten und Perspektiven teilhaben zu lassen. Im Moment ist es noch zu früh, um vorherzusagen, wann es soweit sein könnte.

Wie gelingt es Ihnen bei so vielen Verantwortlichkeiten, praktische Notwendigkeiten mit Ihren Pflichten als spiritueller Lehrer zu vereinbaren? Geraten Sie da manchmal in Konflikte?
Als ich noch jung war, wollte ich mein Leben in spiritueller Praxis und auf Retreats verbringen. Inzwischen bin ich viel bodenständiger, um einiges praktischer sogar als die meisten praktischen Amerikaner, denen ich begegne. Meine Einstellung hatte sich geändert, als mir die Erkenntnis kam, dass, sollten meine Ideen und mein philosophisches Wissen auf irgendeine Weise von Bedeutung sein, es mir auch möglich sein sollte, auf konventioneller Ebene Erfolg zu haben. Als ich damit begann, wurde es eine echte Herausforderung. Ich habe gesehen, dass man mit Mut und Selbstvertrauen auf jedem Gebiet etwas erreichen kann, und im Anschluss daran habe ich keinerlei Konflikte mehr gespürt.

Während meiner frühen Jahre in Tibet habe ich ein traditionelles Klosterleben geführt, und später dann die westliche Lebensart kennen gelernt. Dabei habe ich erkannt, dass die Qualität des Wissens bei beiden Lebensstilen die gleiche ist. Ungeachtet dessen, ob man nun auf der spirituellen oder auf der materialistischen Ebene arbeitet, besteht die eigentliche Disziplin darin, über die Grenzen der eigenen selbstsüchtigen Orientierung und über engstirnige Ziele hinauszuwachsen. In beiden Fällen muss man gewissenhaft, konsequent und engagiert sein, muss sich jeder Herausforderung stellen und darf niemals aufgeben. Wenn es jemandem gelingt, dem ihm zugänglichen Wissen durch seine Taten Ausdruck zu verleihen, wird ihm seine eigene Erfahrung Kraft geben. Ohne diese Erfahrung wird man allenfalls einsam und entmutigt sein und ständig auf Schwierigkeiten stoßen.

Letzten Endes müssen wir lernen, Vergnügen und Schmerz als etwas gleichermaßen Interessantes zu sehen. Das nämlich ist die wahre Herausforderung: hinauszuwachsen über Vergnügen und Schmerz, Erfolg und Versagen. Und diese Position zu halten fällt uns sehr schwer, denn wir wollen den einen oder den anderen Weg einschlagen, selbst wenn das bedeutet, dass wir dem negativen Pol einer Erfahrung verfallen. Beide zu gleichen Teilen anzunehmen ist sehr viel schwieriger: dennoch eine sehr nützliche Übung.

Als Sie mit Ihrer Arbeit in Odiyan begannen, war das Interesse an spirituellen Ideen groß, heute allerdings scheint dieses Interesse geringer geworden zu sein. Wie schätzen Sie die momentane Lage diesbezüglich ein?
Bei einem so riesigen Land wie Amerika, mit so vielen unterschiedlichen Elementen, ist es schwierig, auf diese Weise zu generalisieren. Ich denke, dass es viele Menschen in diesem Land gibt, die ein ernsthaftes Interesse am Dharma haben, auch wenn das im Moment nicht so deutlich wird. Tatsache ist einfach, dass die Menschen immer noch Leid und Verwirrung erfahren und danach streben, glücklich zu sein. In den Verstrickungen des Samsara aber finden sie keine Antworten, sodass sie in gewisser Weise keine andere Wahl haben, als sich dem Dharma zuzuwenden. Selbst Menschen, die kein direktes Wissen von Buddhismus oder anderen Lehren haben, spüren vielleicht, dass es einen spirituellen Weg gibt, der bei der Suche nach Antworten auf Probleme, die ihnen begegnen, helfen kann.

Oberflächlich gesehen machen Amerika und der Westen momentan eine materialistische Phase durch. Aber diese Phasen kommen und gehen. Vielleicht geht es noch fünf Jahre so weiter, und dann ist plötzlich etwas Anderes an der Reihe, nicht notwendigerweise der Dharma, aber einfach etwas Neues und Anderes.

Während der letzten zehn Jahre haben sich die Menschen, die nach Wahrheit gesucht haben, anderen Dingen zugewandt. Vielleicht sind sie inzwischen Börsenmakler oder Programmierer geworden. Wenn sie aber ihr Leben leben und vielleicht trotzdem nicht das finden, was sie suchen, könnte ihr Interesse am Dharma wieder erwachen. In gewisser Weise erscheint dies bedauerlich, da ihnen wertvolle Jahre verloren gehen; in anderer Hinsicht erscheint es aber auch sehr natürlich, wenn man bedenkt, dass es die Menschen im Westen in der Vergangenheit nicht geschafft haben, wirkliches Vertrauen zu irgendeinem der traditionellen Wege zu entwickeln. Sie müssen selbst herausfinden, was sie durch eine Karriere oder Familie gewinnen können, oder was es ihnen gibt, nach Vergnügen zu streben. Sie müssen sich selbst beweisen, was sie zu erreichen in der Lage sind.

Diejenigen, die gelernt haben, die Verhaltensmuster ihrer Kultur zu hinterfragen, sehen sich letzten Endes wieder mit ihren anfänglichen Fragen konfrontiert. Sie kommen an einen Punkt, an dem sie ihr wahres Zuhause finden müssen, eine Quelle von Frieden und Wohlbefinden. Noch einmal müssen sie sich ernsthaft nach dem Sinn und Zweck ihres Lebens fragen. Für Amerika und den Westen wird Samsara der große Lehrmeister sein, der die Menschen von selbst zu den spirituellen Anliegen zurückführt. Demnach würde ich der augenblicklichen Situation nicht zuviel Bedeutung beimessen. In zehn Jahren liegen die Dinge vielleicht ganz anders.

Sind Sie der Meinung, dass dies die richtige Zeit war, um Odiyan zu bauen?
Ich bin mir ziemlich sicher, dass dies genau die Zeit war, zu der Odiyan gebaut werden musste, so viel weiß ich. Was ich nicht

weiß, ist, wie es sich letztendlich entwickeln wird, aber ich denke, dass Odiyan irgendwie für einen guten Zweck entstanden ist.

Sie sagten, dass aus Odiyan sowohl ein Ort für die Erhaltung der tibetisch-buddhistischen Kultur und des darin enthaltenen Wissens als auch ein Zentrum für das Studium moderner Probleme und moderner Arten des Wissens werden soll. Kann man diese beiden Ziele wirklich miteinander vereinbaren?
Auf jeden Fall. Das traditionelle Wissen kann beim Umgang mit heutigen Problemen sehr wertvoll sein. In dieser Kultur sind wir mit einem Mangel an Wissen konfrontiert, das sich mit den grundsätzlichsten Fragen des Menschseins beschäftigt. Im Buddhismus stehen diese Fragen am Anfang. Man fragt nach der Ursache für Leiden – warum Menschen unglücklich sind und was man dagegen tun kann. Dann erforscht man Methoden, mit denen man beobachten kann, was in unserem Leben geschieht; und genau das ist in sich das wesentliche Gegenmittel für blindes Leid. Diese Art zu wissen hat nichts zu tun mit dem Studium einer Tradition, wie man sie in einem Museum oder Klassenzimmer lehrt. Es geht hier um die Fragen, die unser Leben bestimmen.

Wenn wir die moderne Gesellschaft einmal ehrlich betrachten, erkennen wir, dass wir im Rahmen der vielen Fortschritte, die sie uns bietet, oft grundsätzliche Fehler machen, die auf der persönlichen, inneren Ebene enormen Schmerz verursachen. Wir sind nicht in der Lage, den Menschen eine grundlegende geistige Klarheit anzubieten, die ihnen dabei helfen könnte, ihr Leben sinnvoll zu gestalten. Daher ist das Studium des Dharma dringend notwendig. Es ist nicht so, als würde Odiyan zu einem Zentrum mit zwei völlig unterschiedlichen Schwerpunkten werden. Es wird ein Ort sein, an dem eine echte Tradition direkten Wissens in die heutige Gesellschaftssituation integriert wird.

Die moderne Philosophie hat einige wirklich ausgezeichnete Einsichten in die Lage der Menschen gewonnen. Trotzdem hat sie bisher keine zufrieden stellende Methode entwickelt, um mit Leidenschaft, Aggression, Verwirrung und Emotionalität umzugehen. Sie kann nach wie vor das menschliche Bewusstsein nicht umfassend beschreiben, und ebenso wenig eine weithin akzeptierte Sichtweise vom Weg des menschlichen Schicksals vorweisen. In gewisser Weise sind die Menschen heutzutage erschöpft, kurz vor dem Zusammenbruch. Wir brauchen etwas, das diesen negativen Verhaltensmustern entgegenwirkt, die alles so sehr zu bestimmen scheinen. Und der Buddhismus hat kraftvolle Lehren, die von großer Hilfe sein können. Der Dharma ist wahrlich allumfassend.

Ich bin allerdings nicht der Meinung, dass die Beziehung zwischen dem Buddhismus und der modernen Welt einseitig sein sollte. Viele buddhistische Schulen haben in der Vergangenheit versucht, sich ganz vom Samsara abzuwenden beziehungsweise ihn an der Wurzel abzuschneiden. Der moderne Ansatz von heute hat vergessen, dass es außer Samsara noch etwas anderes gibt; er verleugnet den Wert eines spirituellen Lebens völlig. Natürlich können diese beiden Ansätze nicht vermischt werden; das käme dem Versuch gleich, Feuer mit Wasser zu mischen. Aber vielleicht gibt es ja einen Weg, beides zu verbinden: sich in Samsara zu befinden, aber in einem Samsara, das durch das Licht des Geistes vollständig transformiert wurde. Es wäre, als würden wir uns an einem Block Eis wärmen oder unseren Durst an rot-glühenden Kohlen stillen. Bisher gibt es noch keine Möglichkeit, dies zu erreichen. Wenn wir allerdings tatsächlich eine Möglichkeit finden, denke ich, könnte dies zu wahrhaft unglaublichen Ergebnissen führen.

TEIL SECHS

Zeit, Raum und Wissen

Partner von Wissen

Die Raum-Zeit-Wissen-Vision ist keine persönliche Vision, sondern eine Vision von Wissen. Deshalb ist eine natürliche Dynamik wirksam: Je mehr wir mit der Vision in Berührung kommen, desto mehr enthüllt sich Wissen. Dennoch schließt diese Vision die *Person* nicht aus, denn die Person ist Teil des Ganzen. Eine Trennung ist nicht einmal möglich. Was immer wir auch tun, wir sind Partner von Zeit, Raum und Wissen.

Im Westen sind wir daran gewöhnt, Trennung als das Merkmal des Selbst zu betrachten. Wir haben ein festes Bild vom Selbst als einem nicht öffentlichen und unabhängigen Individuum, das von anderen Individuen und auch von der umgebenden Welt abgeschnitten ist. Die TSK-Vision ist umfassender. Sie enthüllt, dass jeder von uns dem Wesen nach aus dem Raum kommt und Raum manifestiert; sie zeigt, wie jeder von uns Raum ist. Sie enthüllt auch, dass genauso, wie unsere Existenz an Raum gebunden ist, unsere Erfahrung verbunden ist mit Zeit und dass unsere Fähigkeiten ein Ausdruck von Wissen sind.

Sobald wir erkennen, dass wir Zeit, Raum und Wissen verkörpern, sehen wir, dass unser Selbst nicht so allein, begrenzt oder klein ist, wie wir denken. Auch unsere persönlichen Probleme sind nicht so groß, wie wir es uns selbst erzählen. Sie sind tatsächlich überhaupt keine persönlichen Probleme, sondern menschliche Probleme, die aus der besonderen menschlichen Weise, Zeit, Raum und Wissen des Seins zu verkörpern, entstanden sind.

Sowohl im herkömmlichen menschlichen Wissen als auch in erleuchteter Bewusstheit ist das Zusammenspiel von Wissen mit Zeit und Raum am Werk. In jedem Gedanken oder Bild und auch in jedem physischen Objekt gibt es einen Kern von Raum.

Dieser Platz bietende Raum erlaubt der Zeit, Erfahrung einzuführen, und gibt dem Wissen Raum, Wachstum und Transformation zu stärken. Aller Fortschritt, ob in den Bereichen von Psychologie, Philosophie und Naturwissenschaften oder in den zahllosen anderen Bereichen menschlicher Verwirklichung hängt von diesem Zusammenspiel ab.

Wenn wir lernen, auf diese Weise zu sehen, erkennen wir, dass alles, was erscheint, Raum, Zeit und Wissen ist; diese drei schließen bereits alles Vorstellbare ein. Alle Entfernungen und Dimensionen sind Aspekte von Raum, alle vergangene, gegenwärtige und zukünftige Erfahrung gehört zu Zeit, und alle Formen des Wissens – alle Schöpfungen und Transformationen, alle Disziplinen und alle Entwicklung – sind Teil vom Körper des Wissens.

Abhängig von unserer Beziehung zu dieser Vision können wir sagen, dass sich Zeit, Raum und Wissen auf drei Ebenen gegenseitig beeinflussen. Wissen entfaltet sich im Verlauf von Zeit, und Zeit trägt Wissen, sammelt es an, zeichnet es auf und stellt es auf diese Weise wieder her. Was auf einer Ebene in einer linearen historischen Abfolge als Geschehen aufgezeichnet wird, mag auf einer anderen Ebene als *gleichzeitig* erscheinen. Was an einem Punkt erscheint, mag sich an einem anderen Punkt erneut manifestieren, so dass wir mehr als einmal in den gleichen Raum wieder eintreten könnten.

Es mag zu Beginn ziemlich komplex scheinen, diese Beziehungen aufzuspüren, aber wir verfolgen hier den Ausdruck unseres eigenen Wesens. Wenn diese Wechselwirkungen klarer werden, fällt Komplexität weg. Es gibt zwischen Erscheinungen keine Mauern und keine Schranken. Es gibt keinen ersten, zweiten oder dritten Punkt. Vergangene und zukünftige Manifestationen können eins sein, denn es gibt keinen Ort, zu dem die Manifestation gehen kann.

Diese Vision öffnet sich in die Unendlichkeit hinein: Nicht in zahlenmäßige Unendlichkeit, sondern in das Wesen der Unendlichkeit selbst. Es gibt keinen ursprünglichen höchsten Ort, keinen getrennten erleuchteten Bereich, keinen Schöpfer und keinen Punkt des Ursprungs. Es gibt keine Entwicklung von *nichts* zu *etwas* und keine lineare Entfaltung von Ereignissen. Unsere Möglichkeiten werden unendlich und wir entdecken, dass wir wirklich frei sind.

Zeit, Raum und Wissen
Eine neue Sicht der Realität

I

Im Grunde braucht die Zeit-Raum-Wissen-Vision keine Einführung, denn man könnte mit einiger Berechtigung sagen, dass sie sich selbst geschrieben hat. Auf einer anderen Ebene war es ein gewaltiges Projekt, das viele Jahre lang im Brennpunkt meiner Aufmerksamkeit stand.

Aus diesem Grunde möchte ich dem Leser gern etwas von dem Hintergrund vermitteln, der sowohl diese Vision selbst als auch ihre Ausformulierung möglich gemacht hat. Zu diesem Zweck vermag es hilfreich sein, etwas von meinem Leben zu erzählen.

Ich wurde in A-skyong im Zentrum von Golok in Osttibet geboren, wo die Menschen ihre Herkunft auf die frühen tibetischen Könige zurückführen. Mein Vater, Sog-po Tulku, ein inkarnierter Lama, war in vielen der wichtigsten spirituellen Traditionen Tibets ausgebildet und übte gleichzeitig das Amt des Dorfarztes aus.

Ich war dazu ausersehen, die Familientradition fortzusetzen, und deshalb widmete man mir sehr viel Aufmerksamkeit und kümmerte sich sehr um meine Ausbildung. Meine Mutter lehrte mich bereits im frühen Kindesalter lesen und schreiben, und von meinem sechsten bis zu meinem zwölften Lebensjahr erhielt ich von mehreren ausgezeichneten Lehrern Privatunterricht. Mein Vater fungierte ebenfalls als mein Lehrer; er unterwies mich in einer Reihe von meditativen Disziplinen und wies mir den Weg spiritueller Integration. Er war der mitfühlendste Mensch, den ich kenne.

Als ich zwölf Jahre alt war, wurde ich zum Kloster Tarthang geschickt, um dort unter der Obhut meines älteren Bruders zu studieren. Da ich mit diesem Kloster sowohl durch eine Inkarnationslinie als auch durch die Mitgliedschaft meines Vaters besonders verbunden war, wurde ich vom dortigen Dekan für akademische Studien unterrichtet und von ihm durch eine ganze Reihe von traditionellen philosophischen Schriften geführt. Zusätzlich erhielt ich Unterricht in Disziplinen, die eine Spezialität der Nyingmapa (älteste Schule des tibetischen Buddhismus) sind. Darüber hinaus hatte ich Gelegenheit, so unterschiedliche Fächer wie Literatur, bildende Kunst, Dichtkunst, Kalligraphie und Medizin zu studieren. Obwohl die Schulung und Disziplin im Kloster sehr streng waren, habe ich später ihren großen Wert schätzen gelernt.

Als meine Schulung in der buddhistischen Lehre und Meditationspraxis zunehmend an Tiefe und Intensität gewann, führte eine ungewöhnliche Entscheidung dazu, dass ich in meinem siebzehnten Lebensjahr auf Reisen geschickt wurde, um mich unter Lehrern in entfernten Gegenden Tibets weiterzuschulen. Ich besuchte etwa vierzig Hauptklöster und erhielt von vielen erleuchteten Meistern Unterweisungen. Dabei lernte ich die Hauptaspekte der meditativen Traditionen dieser Zentren kennen.

Während ich älter wurde und meine Schulung voranschritt, öffneten sich mir immer mehr Gebiete der Philosophie und der meditativen Praxis, und ich hatte die – selbst in Tibet – seltene Gelegenheit, von erleuchteten Meistern, den direkten Bewahrern fast erloschener Linien mündlicher und textlicher Überlieferungen, persönliche Unterweisungen zu empfangen. Mein Hauptlehrer, Khentse Tschöki Lodrö, war wegen der Unermesslichkeit seines Wissens und der Tiefe seines Mitgefühls einer der geachtetsten Lamas in ganz Tibet.

Meine Einsicht war natürlich begrenzt; doch dank der unendlichen Güte meiner Lehrer erlangte ich zumindest einen allgemeinen Überblick über die grenzenlose Weite ihres Wissens. Es ist mein größter Wunsch, diese tiefen Lehren, soweit es in meinen Kräften steht, zu erhalten und mit anderen zu teilen.

Nach Jahren der intensiven Schulung zwangen mich die

Wirren in Tibet dazu, meine Heimat als Flüchtling zu verlassen. Ich war damals gerade 25 Jahre alt. Unter der Schirmherrschaft der indischen Regierung erhielt ich 1963 einen Lehrauftrag für buddhistische Philosophie an der Sanskrit-Universität in Benares. Zu jener Zeit wurden sich die Indologen zunehmend des reichen Materials bewusst, das im Sanskrit-Original verloren gegangen und nur in tibetischer Übersetzung erhalten und verfügbar ist. Gleichzeitig nahm auch das Interesse an originär tibetischen Werken zu. Zum Verständnis dieser beiden Komplexe schriftlicher Überlieferung ist ein mündlicher Kommentar durch jemanden, der in der entsprechenden Tradition geschult ist, unbedingt erforderlich. Aufgrund dieser Stellung an der Universität, die ich über sechs Jahre innehatte, war ich also in der Lage, mein Verständnis mit Gelehrten aus Ost und West zu teilen.

Obwohl das Interesse an der tibetischen Tradition zu wachsen begann, bestand zu jenem Zeitpunkt jedoch die Gefahr, dass viele tibetische Schriften verloren gehen würden. Es war anzunehmen, dass selbst die wenigen Texte, die die Flüchtlinge aus Tibet mitbringen konnten, bald dem indischen Klima zum Opfer fallen würden. Ich gründete deswegen eine Verlagsanstalt und eine Druckerei, um einige seltene, aber wichtige Texte verfügbar zu machen.

Mein erster Kontakt mit der westlichen Wissenschaft und mein Interesse an ihr gehen ebenfalls auf jene Zeit zurück. Und eben dieses Interesse, meinen Hintergrund mit jenen zu teilen, die aus den westlichen Traditionen kommen, führte mich schließlich vor mehr als einem Jahrzehnt zusammen mit meiner Frau in die Vereinigten Staaten. Die vergangenen neun Jahre sind sehr reich und fruchtbar gewesen. Viele Menschen haben mit mir und meiner Familie daran gearbeitet, das gewaltige Erbe der tibetischen Tradition zu erhalten. Hier konnte ich meine Absicht verwirklichen, ein Forum für unterschiedliche Wege zu Wissen zu schaffen. Seit seiner Gründung im Jahr 1973 hat das Nyingma-Institut in Berkeley, Kalifornien, als ein solches Forum fungiert. Hunderte von Psychologen, Natur- und Geisteswissenschaftlern haben sich am Nyingma-Institut getroffen, um das Wesen des menschlichen Seins zu erforschen.

Als ich mit dem westlichen Gedankengut, insbesondere mit den naturwissenschaftlichen Vorstellungen und Begriffen näher vertraut wurde, sah ich die Möglichkeit, ein visionäres Medium zu entwickeln, welches es den verschiedenen Wissenschaften und Religionen ermöglicht, in ihrem Streben nach Wissen einen gemeinsamen Grund zu entdecken. Das Auffinden eines solchen gemeinsamen Grundes könnte dazu dienen, die Wertschätzung der einzelnen Gruppen füreinander zu vertiefen und damit die Wissenssuche selbst zu erleichtern. Meine Ausführungen sollen also keine Darlegungen traditionellen buddhistischen Denkens sein; sie lassen sich nicht unter die Rubrik irgendeiner bestimmten Religion oder Philosophie einreihen. Sie mögen jedoch helfen, einige der Fragen zu klären, die von den traditionellen meditativen Disziplinen aufgeworfen werden.

Die Begriffe Raum, Zeit, Wissen (und Sein) sind die Angelpunkte dieser Vision. Visionen wird zumeist in einer dichterischen Sprache Ausdruck gegeben, und vielleicht wäre die besondere Qualität, die wir gewöhnlich mit Visionen assoziieren, deutlicher hervorgetreten, wenn die Zeit-Raum-Wissen-Vision mehr die Form einer Dichtung angenommen hätte. Eine dichterische Sprache ist jedoch zu wenig präzise für einige der Kernfragen, die ich hier zu behandeln wünschte, insbesondere für jene Gesichtspunkte, die den Bereich der modernen wissenschaftlichen und philosophischen Disziplinen betreffen.

Deswegen schienen für diese erste Präsentation die Sprache und der Stil, die in der Philosophie allgemein üblich sind, besonders geeignet. Sie erlauben uns, eine Vision darzustellen, die auf der Ebene der Ratio und der Analyse ansetzt und dann weiter wächst und sich aus sich heraus entfaltet. Eine solche rationale, systematische Untersuchung kann zu einer meditativen Erforschung beitragen und ist sogar unbedingt erforderlich, wenn wir unseren vollen Wert als menschliche Wesen wahrnehmen und würdigen wollen. Eine integrierte, natürliche Intelligenz, die nicht in Verstand, Emotionen, Empfindungen und Intuition aufgesplittert ist, stellt unseren größten Schatz dar und ist unser Schlüssel zum Fortschritt. Den Bereich unserer Erfahrung mit einer solchen Intelligenz zu erforschen, kann ein inspirierendes Unternehmen sein. Selbst der Lese- und Denkprozess kann zu einem visionären Pfad werden. Indem wir einen theoretischen mit einem eher erfahrungsorientierten Ansatz zusammenfassen, können wir tatsächlich beginnen, unser Leben zu verändern.

Es scheint, dass jetzt die Zeit gekommen ist, die Zeit für ein neues Wagnis, für eine Vision, die alle Aspekte des Seins integriert und vereinigt und damit ein breites, unendlich offenes und kraftvolles würdigendes Gewahrsein des Lebens anregt. Raum und Zeit selbst haben nun eine solche Vision dargeboten, und ich hoffe, dass diese der Welt von heute eine Hilfe sein wird. Jedes menschliche Wesen hat die Gelegenheit, zu dieser Sicht der Wirklichkeit zu gelangen…und wenn sie einmal verwirklicht wurde, dann ist sie in allen Situationen, die das Leben mit sich bringt, zugänglich und bedeutsam.

II

Die Möglichkeiten, in unserem Leben und in unseren zwischenmenschlichen Beziehungen Erfüllung zu finden, sind unendlich. Indem wir lernen, mit der Essenz unseres Seins unmittelbar in Verbindung zu treten, können wir eine grenzenlose Freiheit entdecken, die nicht nur ein Freisein von irgendwelchen äußeren Beschränkungen, sondern der dynamische Ausdruck der Bedeutung des Wertes des menschlichen Seins ist. Wird diese eigentliche Freiheit zu einer gelebten Wirklichkeit, so ergeben sich daraus ganz natürlich alle anderen Freiheiten.

Um diese höchste und schöpferischste Dimension unserer Erfahrung zu erforschen, benötigen wir zuerst ein durchdringendes und umfassendes Verständnis unserer Situation – sowohl auf der persönlichen als auch auf der globalen Ebene. Die Situationen, in denen wir uns finden, sind jedoch oft dermaßen komplex, dass wir uns, auch wenn wir uns wünschen mögen, auf die bestmögliche Weise zu handeln, in Kreisläufen gefangen finden, die enttäuschend und unproduktiv zugleich sind. Zu wirklich konstruktivem Handeln benötigen wir größere Klarheit und ein umfassenderes Wissen.

Dass es uns an einem solchen Wissen und Verstehen fehlt, ist – auf verschiedenen Ebenen – die Wurzel unserer Probleme. Der nichtwissende Geist verewigt ein Gefühl der Getrenntheit unserer *persönlichen* Welt von der Welt der *anderen*. Diese Aufspaltung und Ent-Zweiung ist auf der sozialen und mehr noch auf der globalen Ebene offensichtlich. Umgekehrt wird unsere Bewusstheit für unseren persönlichen Raum und unsere persönliche Zeit umso enger, je achtloser wir für die Faktoren werden, die unser soziales Umfeld ausmachen.

Wir verfangen uns in den Komplikationen unseres Lebens, und es fällt uns immer schwerer, uns wirklich für etwas zu interessieren, das sich außerhalb unserer persönlichen Sphäre befindet. Die Gesellschaft setzt den Rollen, die wir zu spielen haben, so enge Grenzen, dass wir der tieferen Werte und offen stehenden Möglichkeiten des Lebens nicht mehr gewahr sind. Anstatt unsere innige Verbundenheit mit allen anderen anzuerkennen, errichten wir vereinzelte Festungen der Ichbezogenheit, deren Aufrechterhaltung und Verteidigung unsere dauernde Aufmerksamkeit in Anspruch nimmt. Diese Verfestigung und Verteidigung des Ich führt zu einem Gefühl der Isoliertheit und des Ungleichgewichts – zu einem Verlust der Menschlichkeit – und beschränkt unser gegenseitiges Verstehen damit noch mehr.

In dem Versuch, unsere Isoliertheit zu durchbrechen, mögen wir uns in die verschiedensten Vergnügungen stürzen oder uns durch persönliche Macht und persönlichen Besitz Genugtuung zu verschaffen suchen. Anstatt uns jedoch wachstums- und entwicklungsfähige Lösungen für unsere Probleme zu bringen, engen solche Bestrebungen uns – und unsere Perspektiven – nur noch mehr ein. Manchmal hat es den Anschein, dass wir in einem Labyrinth von Formalitäten und undurchdringlichen Oberflächen umherwandern. Wir büßen die Fähigkeit ein, die natürliche Anwesenheit und den Fluss der Kommunikation wahrzunehmen und zu würdigen, und damit den Raum, der alle unsere künstlichen Schranken durchdringt.

Die Disharmonie unseres Lebens spiegelt sich in unseren Versuchen wider, unsere Umwelt zu kontrollieren, und ebenso in den Zuständen, die sich daraus ergeben. Allzu häufig versuchen wir, die Welt um uns herum zu unserem unmittelbaren Nutzen und unserer persönlichen Bequemlichkeit auszunutzen, ohne dabei irgendeine breitere Perspektive in Betracht zu ziehen. Indem wir solche engstirnig konstruierten Absichten in die Tat umsetzen, stören wir das natürliche Gleichgewicht in einer Weise, die für uns und andere gegenwärtige und zukünftige Probleme verursacht.

Die Auswirkungen, die unsere begrenzten Perspektiven auf unsere Umwelt haben, werden immer offensichtlicher. Wenn uns das Wissen (und vielleicht auch die Motivation) fehlt, diese Auswirkungen auszugleichen, machen wir manchmal einfach nur den technologischen Fortschritt für den Mangel an Gleichgewicht in unserem Leben und im allgemeinen Zustand der Welt verantwortlich. Wir würden gern zu einfacheren und weniger chaotischen Zeiten zurückkehren. Wir können jedoch die Bedeutung der Technik als Mittel zur Verwirklichung unserer Ziele nicht bestreiten, und in der Tat sind Technik und materieller Fortschritt an sich nicht zerstörerisch.

Die Bevorzugung eines Ansatzes, der mit Hilfe von Wissenschaft und Technologie die Wirklichkeit verstehen und Probleme lösen möchte, hat dermaßen beeindruckende und nützliche Ergebnisse hervorgebracht, dass der größte Teil der Welt begonnen hat, diesem Beispiel zu folgen. Damit sind jedoch viele Kulturen nun im Begriff, ihr Erbe aufzugeben, auch wenn dieses kulturelle Erbe Einsichten einschließt, die für eine ausgewogene Lebensperspektive – und sogar für den Erfolg der wissenschaftlichen Methode zur Lösung von Lebensproblemen – unbedingt erforderlich sind.

Die hoch entwickelten Industrienationen haben die Welt dazu verleitet, diesen Weg (unter Ausschluss anderer Ansätze) einzuschlagen. Wir sollten uns nun unserer Verantwortung dafür bewusst werden, ein Gleichgewicht wieder herzustellen, eine Integration von materiellem Fortschritt und den tieferen Werten der Menschheit. Wenn zwischen diesen beiden Arten zu denken ein Gleichgewicht herrscht, kann die Technologie als eine sehr wertvolle und schöpferische Kraft genutzt werden.

Es ist unzweifelhaft ein Erfolg der Wissenschaft, dass sie uns eine gewisse Freiheit geschenkt hat, indem sie uns in die Lage versetzte, unsere Umwelt zu beherrschen. Diese Herrschaft ist jedoch nur dann befriedigend, wenn sie durch eine eher persönliche oder individuelle Freiheit ergänzt wird. Und natürlich lässt uns auch eine solche persönliche Freiheit immer noch in vieler Hinsicht eingeschränkt. Die denkwürdigsten dieser Beschränkungen sind ein Mangel an Raum, um darin zu leben, an Zeit, um davon Gebrauch zu machen, und an Wissen, um sich seiner zu erfreuen. Um wahre Unabhängigkeit und Erfüllung zu finden, müssen wir eine innere Freiheit entwickeln, die sich auf die Verfügbarkeit eines Zuganges zu diesen drei Dimensionen des Lebens gründet. Man könnte meinen, dass sich auf der Grundlage der gesellschaftlich verbrieften Freizügigkeit – Bewegungsfreiheit und Freiheit des Denkens – eine solche innere Freiheit ganz natürlich entwickelt; dies muss jedoch nicht der Fall sein.

Um uns unserer natürlichen Intelligenz zu öffnen, müssen wir zuerst unser Verstehen *freisetzen*. Wir müssen die Möglichkeiten, die uns von Raum, Zeit und Wissen dargeboten werden, wahrnehmen und würdigen. Wenn wir unsere Betrachtungsweise entsprechend erweitern, werden wir sehen, dass uns jederzeit weiter Raum, befreiende Zeit und einfühlsames Wissen zur Verfügung stehen. Deswegen ist diese innere Freiheit die Inspiration für alle anderen Freiheiten und liegt ihnen zugrunde.

Raum und Zeit sind nicht nur Hintergründe oder stützende Medien für unsere gewöhnlichen Bestrebungen und Erfahrungen. Sie können für eine ganz eigene und unmittelbare Stärkung unseres Menschseins oder unserer menschlichen Natur sorgen, die sonst nur indirekt durch die Jagd nach sinnlicher und emotionaler Befriedigung Nahrung zugeführt bekommt. Unsere Einstellungen, Emotionen und sogar unsere Handlungen sind gewöhnlich ziemlich *beengte* Seinszustände. Wir können Wissen dazu benutzen, Raum und Zeit aufzuschließen und persönliches Wachstum und persönliche Integration anzuregen. Die befreiende Anwesenheit von Raum und Zeit zeigt uns, dass in allen stagnierenden und bedrückenden Gegebenheiten tatsächlich noch Spielraum für Bewegung und Wachstum ist. Wir brauchen also nicht aus diesen Situationen zu flüchten. Wissen vermag eine neue Seinsweise anzuregen, in der man die üblichen Schwierigkeiten und Konflikte, welche in unserem alltäglichen Leben auftreten – und die zur gegenwärtigen Situation der Welt zu gehören scheinen – in einem neuen Licht sehen kann. Sie sind nicht mehr so festgefahren und unlösbar. Wenn diese Erfahrungen eine offenere und durchscheinendere Qualität gewinnen, sind wir eher dazu in der Lage, auf natürliche Weise in unserem Leben und auf der Welt Gleichgewicht und Harmonie herbeizuführen.

Öffnen wir alle unsere Perspektiven und Sinne und lernen wir, das Leben ganzheitlich zu betrachten, können wir sehen, dass Zeit, Raum und Wissen, welche uns einengende Grenzen gesetzt haben, dies nur tun konnten, weil sie unzureichend hinterfragt, erforscht und gewürdigt wurden. Was immer wir erfahren, wir können lernen, es als Raum und Zeit anzuerkennen.

Während sich unsere Wahrnehmung von Raum und Zeit öffnet, beginnen wir, eine neue Art des Wissens zu würdigen, ein Wissen, das über alle Dualität und alle Dichotomien hinausgeht und alldurchdringend ist. Dieses Wissen kann uns lehren, das spielerische Wesen aller Situationen zu begreifen. Wir vermögen uns der natürlichen Tendenz unserer Energien zu öffnen, in Richtung auf eine Erforschung von Verstehen und Schönheit zu fließen – hin zu den tieferen Werten des Menschseins.

Ist unsere Perspektive einmal hinreichend geöffnet, vermag man alle Erfahrung als das dynamische Spiel von Raum, Zeit und Wissen zu erkennen. Die der Erscheinungswelt innewohnende Schönheit, die der Tanz von Zeit, Raum und Wissen ist, entfaltet sich dann natürlich vor und mit uns. Dann ist es uns möglich, unser Sein, das sich als dynamische und vollkommene Freiheit manifestiert, unmittelbar zu erfahren. Auf diese Weise entdecken wir, was es bedeutet, wahrhaft ein Mensch zu sein.

Indem wir unser Vermögen des würdigenden Gewahrseins noch weiter entwickeln, beginnen wir schließlich, unsere Situation in einer globaleren Perspektive zu sehen. Wir gewinnen eine ausgewogenere Sichtweise der Grenzen unserer Bevorzugung des Materiellen sowie einen Blick für das, was nötig ist, diese einsichtige Ausrichtung zu ergänzen und zu vervollständigen. So erlangen wir schließlich ein wahres Gleichgewicht. Indem wir die Fähigkeit des würdigenden Gewahrseins vergrößern – die sich auf die breitest mögliche Basis gründet und trotzdem vollkommen flexibel bleibt – kann die ganze Menschheit Erfüllung finden und geeint werden.

Berkeley, 1977

Liebe zu Wissen

Die Freiheit zu wissen ist unser größter Schatz. Die Übertragung von Verwirklichung in spirituellen Disziplinen, die gewissenhafte Verfeinerung wissenschaftlicher Methodologie, die sorgfältigen Formulierungen der Logik und die Offenbarungen der Kunst oder der Mathematik – sie alle drücken ein uneingeschränkt wirksames Wissen aus. Wertschätzung dafür zu wecken, dass solches Wissen in unserer Bewusstheit wirksam ist, bedeutet, die Liebe zu Wissen in unser Leben hineinzulassen.

Menschliches Wissen hat große Höhen erreicht und hat eine Gesamtheit an bekannten Tatsachen festgesetzt, die weit über das hinausgeht, was irgendeine einzelne Person beherrschen kann. Unser eigenes aktives Wissen bleibt jedoch unerschlossen. Wie oft nehmen wir wirklich wahr, dass jeder von uns ein einmaliges menschliches Wesen ist, das in einer Welt sich ständig ändernder Formen lebt und einfühlsam auf das Universum, das uns umgibt, eingestimmt ist? Ohne solche Wertschätzung für unsere Situation und unsere Aussichten kann Wissen in unserer Intelligenz nur schwer zum Leben erwachen.

Wenn wir Wissen aktivieren, entdecken wir in der einfachen Tatsache, dass unser Körper in *Raum* verkörpert ist, dass unsere Erfahrung sich in *Zeit* entfaltet und dass unser Geist eine sich immerzu ausdehnende *Wissendheit* ausdrückt, etwas Wunderbares. Wir entdecken, wie wir über die genormten Möglichkeiten *zu wissen* hinausschauen können, wir erforschen die Ursprünge der menschlichen Fähigkeit, wahrzunehmen und logisch zu denken, auf einer grundlegenderen Ebene und entdecken den Zweck, dem solche Fähigkeiten dienen können. Wissen wird wirkungsvoller; es kommuniziert auf allen Ebenen gleichzeitig, so dass wir direkt das Innerste des Wissens als eine alles durchdringende Qualität des Seins berühren können. Wenn solches Wissen sich im Bereich unserer persönlichen Erfahrung ausbreitet, wird ein Heilungsprozess in Gang gesetzt, der das Selbst und andere grundlegend beeinflussen kann.

Was für Einschränkungen unser Wissen auch immer hat, wir sind bereits mit *wissen* verbunden. Erforschung und Beobachtung bringen diesem *wissen* Klarheit, Wertschätzung und Intelligenz. Wir stellen fest, dass wir mehr wissen, als wir realisieren, und entwickeln die Stärke, im Einklang mit unserem Wissen zu handeln, so dass unsere Handlungen uns selbst und der Welt Nutzen bringen. Als Folge größerer Wertschätzung für die Reichtümer, die Erfahrung anbietet, vertieft sich Zeit und weitet sich aus; sie erlaubt ein weiteres Reifen von Wissen und bewirkt, dass Gedanken, Worte und Taten in Harmonie kommen. Engagement für das Wohlergehen anderer entsteht spontan – eine unmittelbare Antwort auf die Entfaltung einer neuen Vision.

Als Menschen können wir uns die Zeit und den Raum zu Eigen machen, aus denen wir stammen und in denen Wissen sich entfaltet. Wenn wir mit Energie handeln und uns von der Liebe zu Wissen führen lassen, können wir Meister unseres eigenen Raumes werden und über unsere eigene Zeit verfügen. Wir können auf Wissen reagieren, indem wir mehr Wissen aktivieren, so dass Wissen sich *über* alle Grenzen *hinaus* und *innerhalb* aller Grenzen entfaltet.

Das Buch *Love of Knowledge* reagiert auf die Entfaltung von Wissen, indem es dem Zusammenspiel von Zeit, Raum und Wissen Ausdruck verleiht. Jedes Verstehen, das aus dem Akt des Lesens und Reflektierens stammt, wird, weil es Zeit, Raum und Wissen kommuniziert, auch Zeit, Raum und Wissen ausdrücken. Die Vision erweckt sich selbst und ist in allem Kommunizieren und in jedem Akt der Erforschung aktiv.

Diese erweckende Qualität der Vision unterscheidet sie von gewöhnlicheren Formen der Erforschung. Analytische Methoden des Denkens und der Erkundung machen Wissen zu etwas, das besessen und nur mit Schwierigkeiten erworben werden kann. Die großen Einsichten der Menschen im Laufe der Geschichte beruhen jedoch auf einer anderen, spontanen Art zu wissen, die die analytische Methode unterstützt und heranzieht, aber auch über sie hinausgeht, hinein in den geheimnisvollen Bereich von Genius und Inspiration. Die TSK-Vision erschließt diese *andere* Art zu wissen unmittelbar.

Die übliche Sicht von Wissen beruft sich nachdrücklich auf das Selbst als Wissenden. Eine Analyse kann dieses Verständnis herausfordern, aber nur, indem sie das Selbst direkt konfrontiert, so dass das Ergebnis wahrscheinlich Konflikt, Abwehr und Verwirrung sein wird. Die Analyse und Erforschung, die hier geschieht, löst jedoch keinerlei Konfrontation aus. Stattdessen wird der Einfluss gelockert, den das Selbst auf Wissen hat, indem sie dem Selbst eine neue Art von Freiheit bieten, die sich auf die Liebe zu Wissen und die Freude, die durch Erkundung entsteht, gründet. Das Wissen, das auf diese Weise hervorgerufen wird, ist nicht darauf angewiesen, eine Position einzunehmen oder eine andere zurückzuweisen.

Wissen nimmt nach herkömmlichem Verständnis dadurch Form an, dass es durch die Stadien von Beobachtung, Erfahrung, Interpretation, Verstehen und Verwirklichung geht. Dieser stufenweise Prozess vergrößert den Abstand zwischen dem Wissenden und dem *Gewussten*. Er lenkt Wissen schnell in Richtung eines intellektuellen Prozesses, der von direkter Erfahrung weit entfernt ist. Das Band, das Vergangenheit und Zukunft mit der Gegenwart verbindet, wird durchtrennt, so dass Geschichte in eine leblose Abstraktion verkehrt und das, was sich noch nicht ereignet hat, zur Fantasie verwandelt wird. Die lineare Verbindung zwischen Subjekt und Objekt begrenzt Wissen auf eine zweidimensionale Ebene und lässt dabei die Tiefen von Wissen unerforscht. Selbst wenn Erfahrung unmittelbar zu sein scheint, können diese selben Muster auf einer subtileren Ebene wirken.

Wenn Wissen umfassender und beziehungsreicher ist, schließt

es die Aktivitäten von *wissen* und *sehen* ein und stärkt deren Kraft. Statt der linearen Beziehung von *Subjekt kennt Objekt* ist da *erfahren* von *wissen* die Erfahrung von Wissen. Die Beziehung zwischen Subjekt und Objekt wird unmittelbar zugänglich und in Folge dessen werden Subjekt und Objekt gleichermaßen transformiert: Das *Objekt* wird Wissen an sich, während das *Subjekt* zu Erfahrung wird.

Wenn diese Transformation einmal begonnen hat, können Raum, Zeit und Wissen als strahlende Facetten des Menschseins erkannt werden. Als Schauspieler in diesem sich entfaltenden Drama sind Menschen *im* Raum, *in* Zeit und *von* Wissen. Philosophie ist nicht darauf beschränkt, Sinn in Ereignissen der Vergangenheit zu finden. Mit Philosophie beschäftigt zu sein ist keine Aktivität, die unternommen wird, um zukünftiges Verständnis zu gewinnen oder den gültigen Beweis einer abstrakten logischen Voraussetzung zu führen. Die Geschichte des Wissens und zukünftige Projektionen des Erkennbaren werden durch ein Wissen, das direkt auf einer immer gegenwärtigen *Wissendheit* beruht, lebendig.

Als Individuen, deren Leben sich auf einem bestimmten Schauplatz und in einer bestimmten Folge abspielt, gelangen wir durch den Prozess von Erkundung zu Wissen. Eine Perspektive, die das herkömmliche lineare Verständnis von *Prozess* beiseite lässt oder in Frage stellt, bleibt weitgehend unzugänglich. Daher ist es vielleicht nützlich, wenn ich zu Beginn einen eher herkömmlichen Zugang wähle und kurz beschreibe, wie die Vision, die diese Darstellung leitet, in Erscheinung getreten ist.

Eine Vision tritt in Erscheinung

Die Ideen, die schließlich zur Raum-Zeit-Erkenntnis-Vision führten, tauchten zuerst etwa so in meinem Geist auf, wie Formen im leeren Raum schwebend erscheinen könnten. Diese unerwarteten Gedanken brachten mich dazu, Begriffe und Muster zu erforschen, die ich in der Vergangenheit eher nicht beachtet hatte.

Als ich meine Erfahrung im Licht dieser neuen Ideen betrachtete, begann ich zu bemerken, dass es verschiedene *Ebenen* des Daseins gibt und dass diese mit verschiedenen geistigen *Objekten* verbunden sind. Nach und nach gelangte ich zu einem gewissen Verständnis davon, wie diese Gestalten und Formen entstanden und wie sie Sinn und Bedeutung annahmen. Dieser Prozess der Erforschung wurde auf sich selbst zurückgeworfen und meine Beobachtung wurde auf allen Ebenen klarer. Ich lernte, mehr als nur eine *Ebene* zu sehen – nicht in einem esoterischen Sinn, sondern indem ich einfach den Geist seine eigene Wirkungsweise direkter anschauen ließ.

Die Veränderungen, die sich durch diese neue Art des Erforschens ergaben, brachten ein bemerkenswertes Gefühl von Freiheit mit sich. Äußerlich entfalteten sich Ereignisse weiterhin ungefähr so, wie sie es zuvor getan hatten, und waren ihrer eigenen Triebkraft unterworfen. Aber *innerlich* verstand und erfuhr ich selbst, wie Gedanken Muster und Grenzen aufstellen.

Ich entdeckte, dass ich diesen Grenzen nicht länger unterworfen war, wenn ich sie im Prozess ihrer Entstehung sehen konnte. Gleichzeitig war es nicht *ich*, der Freiheit gewann oder zu neuen Einsichten gelangte. Stattdessen schien Wissen auf neue Weise wirksam zu sein.

Während ich diese Tatsachen und Einsichten erforschte, machte ich eine Unterscheidung zwischen der *äußeren* Welt der Objekte und der *inneren* Welt der sinnlichen Erfahrung. Schaute ich die *objektive Welt* an, so konnte ich mein Verständnis auf *Raum* konzentrieren. Betrachtete ich das Wirken der Sinne, musste ich *Zeit* als Faktor des Verstehens berücksichtigen. Das wiederum brachte mich dazu, *Erfahrung* zu betrachten, die unmittelbar von Zeit gegeben schien, und die Beziehung zwischen Erfahrung und der Aktivität des Geistes zu untersuchen. Die Wechselwirkungen zwischen Zeit, Raum und Wissen begannen, einen größeren Teil meiner Aufmerksamkeit zu beanspruchen und entwickelten sich allmählich zu einer umfassenden Vision.

Die Richtung, die die Erkundung und Forschung, die ich durchführte, nahm, schien mir recht ungewöhnlich. Ich war zwar in einer Tradition aufgewachsen, in der die Erforschung der Wirkungsweisen des Geistes einen wesentlichen Teil der Erziehung ausmachte. Aber der besondere Zugang, den ich mich jetzt wählen sah, hatte keine direkte Verbindung mit dieser Tradition oder mit irgendeinem anderen Weg der Erkundung, der mir vertraut gewesen wäre. Ich sah die klare Möglichkeit, diese Zusammenhänge zu verfolgen oder mögliche Verbindungen zwischen dem, was ich entdeckte, und den Ansichten der Wissenschaft zu erforschen. Doch dieser Zugang wäre zwar interessant gewesen, er hätte aber auch von der Unmittelbarkeit der Erkundung weggeführt, in einen Bereich hinein, in dem Identitäten, Orientierungen, Definitionen und Beschreibungen eine große Rolle gespielt hätten. Stattdessen beobachtete ich einfach weiterhin mich selbst und meine Erfahrung im Licht von Zeit, Raum und Wissen und war damit zufrieden, die neue Vision sich natürlich entwickeln zu lassen.

Die Vision, die sich entfaltete, erlaubte ein Verständnis in immer mehr Dimensionen, so als ob ich gleichzeitig durch verschiedene Kompasse geführt würde, von denen jeder in eine andere Richtung wies und doch irgendwie genau war. Die herkömmliche Begrenzung, die Beobachtung auf einen einzigen *Standpunkt*, der in Raum und Zeit liegt, einschränkt, hatte weniger Einfluss. Wissen selbst schien sich zu öffnen, wie ein Licht, das zuvor verdunkelt war, jetzt aber aus allen Richtungen gleichzeitig strahlte. Dieses Wissen war frei verfügbar, es war weniger ein Besitz, den es zu erlangen galt, als vielmehr eine leuchtende, durchscheinende *Eigenschaft* der Erfahrung und der geistigen Aktivität.

Während sich mir diese kraftvolle und befreiende Vision erschloss, hatte ich nie das Gefühl, ein esoterisches, verborgenes Wissen entdeckt zu haben. Stattdessen schien es mir, dass die

TSK-Vision zu einem Wissen Zugang gab, das ein wesentlicher Bestandteil allen Wissens ist, zu allen Zeiten und unter allen Umständen potentiell zugänglich. Beobachtung und Erkundung erlaubte jedem, ein *Zeuge* davon zu werden, wie Wissen *von selbst in Erscheinung trat*. Die innere Stärke und Sicherheit, die durch die Vision befreit wurde, die dynamische Aktivität des wissenden Geistes und die physische Verkörperung im Raum, die dieses Wissen möglich machte, sie alle waren Ausdruck von Wissen.

Von diesem neuen Blickwinkel aus gab es kein *höheres* Wissen, sondern nur verschiedene Formen von *Wissendheit*, die den verschiedenen Bedeutungsebenen eines symbolisch reichen Werkes der Kunst oder Philosophie ähnlich waren. Die verschiedenen Manifestationen des Geistes – in Gedanken, im Bewusstsein und in Bewusstheit – konnten als Reaktion von *Wissendheit* auf wechselnde Umstände und Verbindungen verstanden werden.

Ich fand es hilfreich, mir herkömmliches Wissen als ein Gewebe vorzustellen, das durch die Aktivität des erkennenden *Subjekts* im Zusammenspiel mit dem erkannten *Objekt* entsteht. Dieses Gewebe hatte die Funktion, das natürliche Licht des Wissens *innerhalb* des Seins zu verschleiern. Aber die Struktur des Gewebes wurde *gelockert* und ließ leuchtendes Wissen durchscheinen, als durch Beobachtung und Erkundung unmittelbar Verbindung zur *Wissendheit* entstand.

Dieses leuchtende *wissen* schien zuerst weitgehend getrennt zu sein von *Wissen* über gewöhnliche *Objekte* und *Ereignisse*, die von Zeit dargeboten werden. Aber allmählich begann ich, das *Gewebe* zeitlicher Subjekt-Objekt-Interaktionen als direkten Ausdruck von Wissen zu verstehen, und das *Weben* des Stoffes als die aktive zeitliche Manifestation des *Leuchtens*.

Erfahrung hatte nur deshalb so oft den Geschmack von Stagnation, Konditionierung und Gefangensein, weil herkömmliches Wissen das *zeitliche Gewebe* als eine verdunkelnde, *solide* Wirklichkeit interpretierte. Emotionalität, Verwirrung und Nicht-Wissen waren *Haltungen* – ein Ergebnis von *Positionen*, die das *Subjekt* einnahm und die bestimmte Interpretationen der Subjekt-Objekt Interaktion waren, die von herkömmlichem Wissen vorausgesetzt wurden. Herkömmliches Wissen stellte sicher, dass die Haltungen, die vom Selbst eingenommen werden, gefroren und unflexibel sein würden, indem es die Positionen selbst als *wirklich* interpretierte.

Eine verbindliche Entscheidung für offene Beobachtung schien diese wohl-etablierte Tendenz umzudrehen und wieder Gleichgewicht und ein neues Erfahrungspotential herzustellen. Ich wurde mir der künstlichen Grenzen, die wir der Beobachtung setzen, zunehmend bewusst: Wir konzentrieren uns auf die Welt um uns herum und ignorieren gleichzeitig unseren eigenen Geist und die Wirkungsweise der Fähigkeit zu wissen. Beobachtung kann geistige Ereignisse wie Gefühle und Emotionen *erkennen*. Auf dieser Grundlage behaupten wir zu *wissen*, wie wir den Geist in bestimmter Weise nutzen können. Solches *wissen* ist jedoch auf schmerzhafte Art beschränkt. Wir *wissen* nicht, wie wir den Geist unmittelbar *berühren* oder die Interaktion von *Subjekt* und *Objekt*, *Selbst* und *Welt* beobachten können. Wir bleiben blind gegenüber den subtilen Gebilden, die sowohl unser Verständnis als auch die Welt, die wir erfahren, gestalten.

Anstatt diese Beschränkungen in Frage zu stellen, schloss ich sie ein, indem ich *Beobachtung* sich ausdehnen ließ, um sie dann mit einzuschließen. Genau so, wie der Geist *Dinge* auf eine bestimmte Weise erkennt, so erkennt er auch *Geist* auf eine bestimmte Weise. Aber dieses *Acht geben* des Geistes – die Fähigkeit des Geistes zu wissen und Modelle zu konstruieren, die die Reichweite unseres Wissens bestimmen – kann unmittelbar in Aktion beobachtet werden. Konventionelle Muster oder Strukturen und die Modelle oder *Programme*, die sie schaffen, begannen, durchsichtig zu scheinen, als ich diese Richtung verfolgte. Ob die neuen Bilder und Gedanken, die sich formten, während die alten ihren Einfluss verloren, *zutreffend* waren, schien nicht von vorrangiger Bedeutung zu sein; wirklich wichtig war die Offenheit, die solch einen neuen Inhalt erscheinen ließ.

Als diese Fähigkeit zu wissen und den Geist auszubilden größer wurde, erlebte ich ein tiefes und nährendes Vergnügen. Aus dem Vergnügen entstand Klarheit und aus der Klarheit ein Gefühl der Wertschätzung für die leuchtende und kraftvolle Dynamik von Wissen. Schließlich berührte ich eine Bewusstheit, die sowohl Klarheit als auch Wertschätzung, *Verstehen* und *Fühlen*, aber auch die Möglichkeit, über all dies hinaus zu gehen, zu *verkörpern* schien. Es wurde mir klar, dass diese Bewusstheit am besten als Liebe zu Wissen zu beschreiben war.

Der Wert von Wissen

Liebe zu Wissen kann als die Inspiration für die Zeit-Raum-Erkenntnis-Vision gelten. Das Wundern, das sie fördert, schützt den Impuls für Bewusstheit und Intelligenz und wirkt der subtilen Neigung, Vermutungen und Annahmen für wahr zu halten, entgegen. Durch Wundern geleitet bleiben wir frei dafür, in unseren Annahmen und Überzeugungen nach dem Wissen zu suchen, das sie enthalten. Wir nehmen unmittelbar an Wissen teil.

Sobald Liebe zu Wissen wirksam ist, unterstützt Wissen selbst, dass Wissen sich weiter vertiefen kann. Vollkommenes Wissen löst den *Abstand* zwischen Wissendem und Gewusstem auf, der herkömmliches Nicht-Wissen kennzeichnet. Ohne diesen Abstand ergibt sich eine Vertrautheit mit *wissen*, und Wissen wird untrennbar von Liebe.

Die Formen, die Wissen annehmen kann, sind unter solchen Bedingungen grenzenlos. Gesunder Menschenverstand, rationales Hinterfragen und Logik können alle als gültige Arten, Wissen auszubilden, akzeptiert werden, ohne die Einsichten der großen mystischen Traditionen, die Ergebnisse der Erforschung des Übersinnlichen oder den Weg von *Magie* und *Mysterium* zu verwerfen. Dieses *Akzeptieren* versetzt die TSK-Vision auch nicht in die Position, solche Formen des Wissens *einzuschließen*, denn die Vision selbst hat keinen *Platz*, der sie von Wissen selbst *absetzt*.

Manche Menschen haben dem Hinterfragen gegenüber Vorbehalte, denn sie fürchten, dass es Verwirrung fördert und zu menschlichem Leiden beiträgt. Aufgrund meiner eigenen Erfahrung würde ich jedoch sagen, dass wir Verwirrung nicht übermäßig zu fürchten brauchen. Wenn Verwirrung entstanden ist, ist sie möglicherweise eine vorübergehende Entwicklungsstufe auf der Suche nach Wissen oder ein Zeichen dafür, dass neues Wissen zu wirken begonnen hat. Wenn wir die Entfaltung der Erfahrung weiterhin erforschen und dabei der Liebe zu Wissen ermöglichen, Wurzeln zu schlagen und zu blühen, kann neues Wissen vielleicht spontan und beinahe *zufällig* erscheinen.

Liebe und Fürsorge sind Fähigkeiten, die in jedem menschlichen Wesen wirksam sind, sogar dann, wenn sie sich nur als Gier oder Selbstbezogenheit oder sogar als Selbsthass manifestieren. Trotz der Schwierigkeiten, für die Menschen anfällig sind, sind Hingabe und Treue dem menschlichen Geist angeboren. Aber Liebe und Hingabe werden leicht entstellt, wenn Wissen begrenzt ist. Menschen neigen dazu, ihr Gefühl für Wert und Wohlergehen den *Objekten*, denen sie begegnen, unterzuordnen, wenn die Beobachtung auf den *objektiven* Bereich beschränkt wird, und in Besitz, Macht und äußeren Umständen nach Sinn und Erfüllung zu suchen. Sind sie nicht daran gewöhnt, das Wirken des Geistes, das Funktionieren des Selbst oder die mögliche Reichweite von Wissen in Frage zu stellen, verlieren sie die Seinsweisen, die tief heilend und nährend sein können, aus dem Auge.

Dieses Muster – Liebe, die durch begrenztes Wissen in fruchtlose Seinsweisen geführt wird – bestätigt den Wert der Liebe zu Wissen. Liebe zu Wissen kann unser Leben umwandeln, indem sie die angeborene Fähigkeit des Menschen weckt, sich hinzugeben und wertzuschätzen. Wenn Wertschätzung und Bewusstheit wirksam sind, drücken sogar die Grenzen dessen, was wir wissen, und sogar unser Mangel an Fürsorge eine tiefere *Wissendheit* aus.

Liebe zu Wissen führt zu einer anderen Art zu wissen. Sie unterstützt dabei und ermutigt dazu, zu hinterfragen, und macht dadurch Wissen *von innen her* verfügbar. Subjektives *Nichtwissen* wird anerkannt, aber nicht länger als endgültig hingenommen; stattdessen wird es in ein grundlegendes Wissen eingeschlossen. Gleichzeitig wird die Festlegung auf den *objektiven* Bereich, der in dieser Kultur so machtvoll wirkt, gelöst. Wenn wir uns weder auf die *Tatsachen* noch auf Gefühle und Emotionen als Quelle der Wahrheit oder des Glücks verlassen, sind wir nicht länger im *objektiven* Bereich der Erscheinungen gefangen und auch nicht der schmerzlichen Notwendigkeit unterworfen, das Wissen anzusammeln, das wir brauchen. Mit Wissen, das unmittelbar in Erfahrung verfügbar ist, gewinnen wir neue Macht über Raum und Zeit herkömmlicher Art – ein Zeichen auf der *ersten Ebene* dafür, dass höhere Ebenen von Raum und Zeit zugänglich geworden sind.

Die Probleme des Menschen weisen letztlich auf einen Mangel an Wissen hin oder auf die mangelnde Fähigkeit, das Wissen, das wir schon haben, anzuwenden. Wir haben eine klare Wahl, sobald wir erkannt haben, dass das so ist. Wir können diesen Mangel an Wissen für unausweichlich halten oder wir können uns dafür entscheiden, fruchtbarere Wege zu *wissen* zu verfolgen. Im Laufe der ganzen Geschichte gab es Menschen, die den Weg des Wissens gewählt haben. Jetzt in diesem Augenblick sind wir frei, ihrer Übertragungslinie zu folgen. Mit Offenheit für das anmutige, bezaubernde Spiel von *Wissendheit* können wir eine mit Bedeutung lebendige Welt entdecken. Wir können zur Manifestation von Wissen in Zeit und Raum beitragen und für unser kostbares Erbe als Menschen die Verantwortung übernehmen, indem wir unsere Bemühungen und unsere Intelligenz dem Weg des Hinterfragens verpflichten.

Mai 1987

Wissen von Zeit und Raum

Zeit, Raum und Wissen sind die grundlegendsten Aspekte der menschlichen Erfahrung. Sie sind das Sein unseres Seins, wie es sich in dieser Welt manifestiert. Raum erlaubt der Welt der Objekte zu erscheinen; Zeit ermöglicht die Folge von Ereignissen, die unserem Leben Ordnung gibt; Wissen gibt allem, was erscheint oder sich entfaltet, Bedeutung. Zeit und Raum sind der gewöhnliche Stoff der Erfahrung, den gewöhnliches Wissen zu wissen beabsichtigt.

Genau wegen ihrer *Gewöhnlichkeit* – weil es in unserer Wirklichkeit nichts Grundlegenderes gibt – können Zeit, Raum und Wissen auch als die Tore zu neuer Vision dienen. Wissen in dynamischem Zusammenspiel mit Raum und Zeit kann vertraute Annahmen über Selbst und Welt, Wissen und das Wissbare in Frage stellen. Zeit kann eine neue Art von Hinterfragen vorstellen und Raum kann sie zulassen, Wissen in einem Licht enthüllend, das die Gesamtheit des Seins erhellt.

Die Welt, in der wir heute leben, braucht eine umfassendere Vision, die unsere wahre Beziehung zu Zeit, Raum und Wissen enthüllt. Denn es scheint, als ob Zeit, Raum und Wissen unfreundlich zu uns werden würden. Zeit scheint sich zu schnell zu bewegen: Wenn wir versuchen, uns ihren Rhythmen in unserem Leben anzupassen, finden wir es schwierig, *den richtigen Augenblick zu finden*, *rechtzeitig* zu kommen, *Dinge zum richtigen Zeitpunkt zu erwischen*. Wir sind immer *knapp mit Zeit*: Wir *haben einfach keine Zeit*, um alles zu tun, was wir tun müssen oder möchten.

Raum ist zunehmend voll gestopft mit dem Überfluss an Objekten, die die moderne Technologie geschaffen hat, und das spiegelt wiederum die voll gestopfte innere Landschaft unserer Gedanken und Wünsche. Während Wissen fortfährt zu unterteilen, zu spezialisieren und sich stark zu vermehren, scheinen wir uns eher zu weniger als mehr Sicherheit hin zu bewegen. Das Licht des Wissens, wie es von der Vergangenheit in die Zukunft projiziert wird, ist irgendwie trüb geworden und hat jetzt nicht die Kraft, einen klaren Weg des Handelns zu erhellen. Wir sehen nicht länger, wohin der Pfeil der Zukunft weist; wir kennen die Richtung des menschlichen Schicksals nicht.

Wenn Zeit knapp ist, Raum begrenzt und Wissen unsicher, wohin können wir uns wenden? Dies ist eine ernste Situation, denn obwohl wir Zeit, Raum und Wissen nicht länger als freudige Mitwirkende unseres Lebens ansehen können, ist es nicht möglich, uns einfach von ihnen abzuwenden oder uns von ihnen *scheiden zu lassen*. Sie sind ein wesentlicher Teil unseres Lebens ... wir könnten sagen, sie sind unser Leben.

Als Menschen nehmen wir alle am selben Spiel teil; wir sind alle zusammen aktiv. Im Laufe unseres Lebens spielen wir verschiedene Rollen, die sich durch Raum und Zeit entwickeln. Diese Aktivität ist bereits der Ausdruck von Wissen. Der Geist verbindet sich mit der Qualität von Wissen, und wir nehmen an dieser Verbindung teil, ob wir uns dessen bewusst sind oder nicht. Unser Leben verkörpert auf natürliche Weise eine Antriebskraft, die sich aus Wissen als der zentralen Wahrheit unseres Wesens entfaltet.

Eine neue Art des Hinterfragens würde eine neue Wertschätzung gewöhnlicher Existenz einladen durch Erforschen der Erfahrung aus dem Blickwinkel von Zeit selbst, Raum selbst und Wissen selbst. Anstatt Objekte anzuschauen, könnten wir den Raum bemerken, in dem sie erscheinen. Anstatt die Muster und Positionen des Selbst zu akzeptieren, könnten wir die zeitliche Dynamik des Selbst in Wechselwirkung mit seiner Welt anschauen. Dieser Wechsel der Aufmerksamkeit beginnt unser Interesse vom Inhalt des Bekannten zu Wissen selbst zu verlagern.

Wenn wir unsere Aufmerksamkeit von dem, was in der Erfahrung gegeben ist, zu der Weise wenden, in der sie gegeben ist, werden neue Aspekte von Zeit, Raum und Wissen enthüllt. Während wir lernen, die unbestimmten Ränder und Begrenzungen dessen, was wir wissen, anzuschauen anstatt das undurchdringliche Zentrum, passen sich unsere Augen einer anderen Art von Licht an und wir sehen viel, was wir vorher übersehen hatten.

Neue Weisen zu wissen treten hervor und laden uns ein, über die Strukturen von Gedanken und die Muster von Verlangen hinauszugehen und einen viel reichhaltigeren Körper des Wissens zu entdecken. Verkörpert im Sein, manifestiert sich solches Wissen spontan, ohne die für Gedanken charakteristische Anstrengung oder die Verzerrung, die mit Verlangen einhergeht, und ohne dafür vorher vorbereitet sein zu müssen. Es ermöglicht Handlung frei von Verdunkelung, ungebunden durch Urteile und Vorurteile darüber, wie Dinge sind. Es bewirkt eine Änderung in Denken, Charakter und Sein.

Die Entfaltung dieses Hinterfragens lädt Zeit, Raum und Wissen ein, für sich selbst zu sprechen – nicht einfach als Facetten *unserer* Erfahrung, sondern als sich gegenseitig beeinflussende Dimensionen des Seins. Wenn wir alte Muster von Handlung, Wahrnehmung und Verstehen wegfallen lassen, ohne sie gleich durch neue zu ersetzen, beginnen wir, das schöpferische Spiel von Zeit, Raum und Wissen *vor* allen Interpretationen und *innerhalb* aller Erfahrung anzuerkennen.

Dieses Gespräch zwischen Wissen, Raum und Zeit erfordert eine neue Art des Sprechens. Vertraute Worte müssen in ungewohnter Weise benutzt werden, und lang bestehenden Begriffen muss ihre Kraft zurückgegeben werden, Bewusstheit zu wecken und auszudehnen. Aber wenn es kein echtes Zuhören gibt, kann die Stimme des Wissens nicht gehört werden.

Der Geist hat viele durch Muster geprägte Weisen, um dieses Hören und Sprechen zu verhindern: Langeweile, einfache Ablenkung, verwirrtes Nachdenken oder einen stetigen Strom begrifflicher Einsichten. Sich ausschließlich auf Worte und Gedanken verlassen, in der Ausdrucksweise früheren Verstehens urteilen, unkritisch Überzeugungen anderer übernehmen, Hinterfragen in Schauspielerei umwandeln, Exaktheit und Genauigkeit im Namen von *direkter Erfahrung* zurückweisen – all diese Herangehensweisen fördern nur gewohnte und frustrierende Weisen von *wissen* und *sein*. Sogar eifriges Annehmen zeigt sich als Weg, eine andere Identität anzunehmen oder sich einer geistigen Schule oder einer Lehrmeinung anzuschließen. Solch ein Verständnis unterstützt nur Eigentümerschaft von Wissen und das unfruchtbare Hervorbringen von Kommentaren über das, was nicht mehr lebendig ist.

Die beste Prüfung ist dies: Wenn das, was gehört wird, nicht als grundlegendes Thema in der fortwährenden Übung des täglichen Lebens auftaucht, wurde das Projekt unseres Hinterfragens nicht vollständig zu Herzen genommen.

Wir können unser Hinterfragen mit einer leidenschaftlichen Verpflichtung zu dem, was Wissen vollbringen kann, beginnen. Nicht damit zufrieden, auf der Ebene von Ideen zu forschen, können wir das sich entfaltende Hinterfragen in der Weise ausleben und verkörpern, wie wir jetzt unser gewöhnliches Verstehen ausleben, bereit, Wissen auf Weisen zu fördern, die auch den Menschen fördern.

Empfänglich für die Möglichkeiten von Zeit, Raum und Wissen können wir die Wahrheit dessen, was sich selbst präsentiert, einladen, uns mit einer Stimme anzusprechen, die lange ungehört blieb, aber nie verstummte. Zuerst werden wir uns mit dieser Einladung durch Sprache und lineare Darstellungen beschäftigen. Später hören wir vielleicht, was ungehört geblieben war, im Gespräch mit anderen, die sich dem gleichen Hinterfragen verpflichten und aktiv an der fortwährenden Einladung teilnehmen. Schließlich können wir lernen, diese Stimme in den Klängen zu hören, die durch unsere Welt klingen. Wenn wir achtsam sind, können wir lernen, sie sogar im Missklang der Stimmen zu hören, der von Augenblick zu Augenblick erklingt und der die herkömmliche Wirklichkeit benennt, formt, beurteilt und definiert.

Wir könnten sagen, dass Zeit, Raum und Wissen ihre eigene *Ordnung* haben, die eine Absicht erscheinen lässt, die wiederum innerhalb von Zeit, Raum und Wissen ausgedrückt werden kann. Es gibt eine *Wahrheit*, die dieser Absicht angemessen ist, selbst wenn diese Wahrheit nicht in irgendeinem gewöhnlichen Sinn genau beschrieben werden kann.

Diese *Wahrheit*, die zu unserer Bewusstheit kommt, zu unterschlagen oder zu leugnen, wird die Vision unserer eigenen Erfahrung untergraben.

Die Zeit-Raum-Wissen-Vision ist eine Vision der Umwandlung. Sie trägt in sich die besondere Energie, die Umwandlung eigen ist. Wenn diese Energie aktiviert ist, könnten Versuche, sich die Vision *anzueignen* oder sie in handhabbare Stücke zu schnitzen, in negative Richtungen gehen und einen kontraproduktiven, sogar explosiven Rückschlag geben. Praktisch gesehen können wir uns selbst schützen durch eine Haltung von offenem und energischem Hinterfragen. Es ist nicht wichtig, alles zu *verstehen*, was hier gesagt wird; es reicht, jeder Frage gegenüber offen zu sein, während sie entsteht, und unbeirrt durch Unsicherheit und Unbehagen fortzufahren. Schwierigkeiten entstehen nur, wenn man sich dem dargestellten Material ausschließlich durch Etikettieren, Einverleiben und Lagern nähert.

Als Alternative wird hier vorgeschlagen, die Zeit-Raum-Wissen-Vision mit aktiver Intelligenz zu erforschen. Wissen selbst ist der beste Freund von Intelligenz. Es kann unsere Augen und Ohren sein, unser Führer und unser Schutz. Menschen haben mit Wissen so viel erreicht; jetzt können auch wir teilnehmen an der Entfaltung eines Wissens, das sich durch die Aktivität von Zeit in die Offenheit von Raum entwickelt.

Wenn wir die Suche nach Wissen zum Spiel von Zeit und Raum werden lassen, werden wir finden, dass die Klarheit des Hinterfragens mit der Freiheit von Zeit und mit der Offenheit von Raum verschmilzt. Zeit, Raum und Wissen *nehmen Form an* in der Art, dass niemand nimmt, nichts genommen wird und keine Form festgelegt wird. Während sie im Licht des Hinterfragens erscheinen, laden sie ein Wissen ein, das sich vertieft und ausdehnt in einer Dynamik von Festlichkeit.

Zu lange haben wir unserem menschlichen Potential den Rücken gekehrt, bis wir vergessen haben, dass es irgendwelche anderen Möglichkeiten des Seins gibt. Stattdessen lasst uns jetzt uns dem Wissen zuwenden, als dem Wer unseres Seins und dem Wie unseres Handelns, dem Wo unseres Werdens und dem Warum unserer Existenz. Lebendig für Wissen können wir uns verpflichten, im Einklang mit der Wahrheit zu leben, die in Zeit und Raum auftaucht, und für uns selbst und andere die Bedeutung unseres vollen Potentials entdecken.

Stellen wir uns Wissen vor, grenzenlos in seinen Aussichten, in Wellen aufsteigend, durch das ganze Universum schwingend und sich über Zeit und Raum, seine Eltern, hinaus ausdehnend. Bitten wir Wissen, uns zu stützen und zu nähren, uns mitzureißen in eine Schönheit, die unseren verborgenen Hunger stillt und unsere edelsten Absichten beschützt. Wenn wir unser Hinterfragen beginnen, stellen wir uns vor, dass wir uns die seidene Robe des Wissens anziehen, einen Mantel von vielerlei Farben – ein magisches Gewand, das uns Wärme, Trost, ästhetisches Entzücken und ein Gefühl tiefer Vervollkommnung gibt.

Dynamik von Zeit und Raum

Wir leben in einer weltgeschichtlichen Ära, in der sich alles im Wandel befindet. Wir bewegen uns in Rhythmen von Komplexität, Beschleunigung und zunehmender Intensität, von Zusammenbruch und Auflösung. Es herrscht das starke, immer wiederkehrende Gefühl, dass die Ereignisse einen zu raschen Verlauf nehmen, als dass wir mit ihnen Schritt halten könnten; dass die Dynamik der Veränderung außer Kontrolle geraten ist und dass niemand die Konsequenzen dieser Tatsache voraussagen kann.

Doch unsere Zeit ist auch eine Zeit beispielloser Möglichkeiten. Die gleichen Kräfte des gewaltsamen Umbruchs, die Chaos und Katastrophe zu Dauerthemen unserer Epoche werden lassen, gewähren uns Zugang zu einer erstaunlichen Fülle von Materialien und Informationen. Wissen jeglicher Art bietet sich in Hülle und Fülle, so als hätte ein Riese es achtlos kreuz und quer in die Landschaft geschüttet. Die uralten, durch zahllose Kulturen und Zeiten überlieferten Wissenstraditionen werden zusammengetragen und zu neuen Gebilden zusammengefügt. Gleichzeitig sind wir dabei, eigenes neues Wissen anzusammeln. Obwohl viele Wege der Erkenntnis verloren gingen und andere in ihrem Überleben bedroht sind, scheint die schiere Fülle des uns verfügbaren Wissens in der Weltgeschichte beispiellos dazustehen. In zahllosen Bereichen werden alte Geheimnisse geklärt und bringt jeder Tag neue Entdeckungen.

Doch damit nicht genug. In diesem unserem Jahrhundert hat der Raum selbst eine Verwandlung erfahren. Bei der Erforschung des Mikro- und des Makrokosmos vermittels früher nicht verfügbarer Werkzeuge haben wir entdeckt, dass der Raum im Mittelpunkt aller Erscheinung steht, und wissen wir jetzt, dass die Materie, so wie der Raum sie darbietet, nicht das ist, wofür wir sie vordem hielten. Die Entfernung bietet dem, was wir erreichen können, keine unverrückbaren Schranken mehr, und Grenzen, die früher starr schienen, haben sich aufgelöst. Indem wir lernen, fast simultan zu kommunizieren und Veränderungen in Gang zu setzen, die alte Trennlinien durchbrechen, scheinen die gültigen Wahrheiten von einst weniger unanfechtbar und die Wirklichkeit weniger festgefügt als je zuvor.

Für jeden, der den Nutzen anerkennt, der aus einer Erweiterung der Breite und Tiefe menschlicher Erkenntnis zu erwachsen vermag, kann der sich beschleunigende Rhythmus des Wandels ein Grund des Jubels sein. Es gibt Zeiten, zu denen alle einengenden Horizonte verschwinden und wir in der Lage scheinen, endlich die gesamte Palette unserer menschlichen Fähigkeiten zum Leben zu erwecken. Der Prozess der Erweiterung des Wissens erzeugt ein Gefühl von Offenheit und Möglichkeit. Unsere Leistungen beim Zähmen der Naturkräfte geben uns Anlass zu der Zuversicht, dass wir auch innerlich Wissen zu erwecken vermögen.

Dies ist der Punkt, an dem das tatsächliche Potential zur Verwandlung sich aktivieren lässt. Wenn wir lernen können, mit den Augen des Wissens zu schauen, werden wir unsere eigenen Grenzen erblicken und sehen, wie wir sie ins Dasein leiten. Wir werden entdecken, wie wir die menschlichen Angelegenheiten im Gleichklang mit einer anderen Dynamik gestalten können. Raum und Zeit selber werden in anderer Weise verfügbar werden und die festen Identitäten, die wir zuweisen, die Geschichten, die wir erzählen, und sogar die Art, wie wir uns der Erfahrung bemächtigen, neu strukturieren. Indem wir solche Möglichkeiten lebendig werden lassen, können wir unsere natürliche Affinität zur Erkenntnis in unerwarteter Art und Weise entwickeln.

Menschliche Wesen haben Wissen immer geschätzt und immer darauf gebaut, doch die Wissensmethoden, die wir entwickelt haben, können im Umgang mit den grundlegenden Problemen der menschlichen Existenz nur auf begrenzten Erfolg verweisen. Warum ist dies so? Ist dem Wissen die eigene Begrenztheit inhärent? Oder haben wir noch nicht gelernt, Wissen unbeschränkt zu verkörpern?

Im Allgemeinen wird Wissen als etwas verstanden, das man besitzen und ansammeln kann. Aber das Wissen, das wir nach diesem Modell erlangen, ist weder stabil noch verlässlich. Manchmal wird es unseren Anforderungen nicht gerecht; ein andermal löst es sich auf in Verwirrung oder in Tagträumerei. Das Wissen, das wir erlangen, kann seine Lebendigkeit verlieren, kann starr werden und unfähig zur Reaktion auf wechselnde Umstände oder unbemerkt abgleiten in eine folgenreiche Fehleinschätzung.

Wie wäre es, könnten wir Wissen, anstatt es zu besitzen, erfolgreich verkörpern? Unsere neue Untrennbarkeit vom Wissen könnte das Wirken einer universellen Wissensfähigkeit zu Tage fördern, die raum- und zeitübergreifend am Werk ist. Wenn dies der Fall ist, wäre das Ergebnis eine tatsächliche Verwandlung unseres Wesens. Indem wir *unter* alles bereits Bekannte vordringen, würden wir für uns selbst den inneren Wert des Wissens erfahren. Vom Licht des Wissens erleuchtet, würden unsere Handlungen auf jede neue Situation, so wie sie entstünde, angemessen reagieren. In harmonischer Interaktion mit allem, was erscheint, würden wir teilhaben an der Schönheit schrankenloser Darbietung und des innigen Vertrautseins vollkommener Teilhabe.

Sofern wir nicht völlig zufrieden sind mit unseren gegenwärtigen Wissensformen und den von ihnen erbrachten Ergebnissen, sollten wir solche Möglichkeiten nicht als unbegreiflich oder mystisch von der Hand weisen. Es mag sein, dass unsere jetzigen Wissensmethoden es nicht zulassen, Wissen als einen natürlichen Teil des Seins zu erfahren, doch es besteht immer die Möglichkeit, dass wir neue Wege des Verstehens erwecken, die für eine solche Erfahrung offener sind. Wenn wir es unserem jetzigen Unverständnis gestatten, die Möglichkeiten einer tatsächlichen Wissensfähigkeit auszuschließen, dann werden wir nur bestätigen, was von vornherein festgelegt ist. Doch warum sollen wir, solange der Geist fähig ist, Alternativen zu ersinnen, uns von vornherein mit dieser Festlegung begnügen?

Wir alle wissen, wie es sich anfühlt, mit Nichtwissen als Stubengenossen und Begrenztheit als stillem Teilhaber vorlieb zu nehmen. Müssen wir auf solche Weise leben oder könnten wir eine Seinsweise zulassen, die auf natürlichere Weise auf Licht und Freude abgestimmt ist? Allein schon die Vorstellung, dass wir Wissen verkörpern könnten, deutet auf solche Möglichkeiten hin. Vielleicht sind wir nicht genötigt, Frustration und Enttäuschung als den Schatten auf den Fersen jeder Erfahrung zu akzeptieren. Wenn der Geist gesünder werden kann, als er es jetzt ist, können wir uns anfreunden mit dem Wissen und Tanzpartner des Wissens werden. Vielleicht kann der Körper des Wissens zu unserem Körper werden.

Universelles Wissen

Indem wir dem Wissen einen Platz im Universum zuweisen, neigen wir dazu, eines von zwei konkurrierenden Modellen anzuwenden. Das erste ist der Ansicht, Wissen entstehe zufällig im Verlauf der kosmischen Evolution als unerklärtes Nebenprodukt von Kräften, die sich blind und sinnlos entfalten. Das zweite behauptet, das Wissen, das das Universum steuert, sei letzten Endes der Besitz irgendeiner Art von absolutem Wesen und insofern der Menschheit nicht zugänglich. Beide Auffassungen münden in dieselbe Schlussfolgerung: Für menschliche Wesen ist es fruchtlos, nach universellem Wissen zu streben.

Jenseits dieser konzeptuellen Alternative verweist die Erfahrung auf eine andere Möglichkeit. Wir wissen, dass wir ein Teil des Universums sind; dass unser Geist und unser Körper teilhaben an Raum und Zeit und auf innige Weise verwoben sind in die Dynamik, durch die Wissen entsteht. Wenn wir unser gegenwärtiges Hiersein und die Dynamik seiner Entfaltung erforschen, können wir vielleicht entdecken, dass Wissen auf Arten und Weisen zur Verfügung steht, die wir jetzt nicht erkennen.

Der natürliche Ausgangspunkt für eine solche Erforschung ist der Geist, denn der Geist ist der Prozessor des Wissens, so wie wir es kennen. Der Geist ist der Dirigent, der Künstler, der Gründervater; der Heiler, der Sucher, der Führer. Auf geheimnisvolle Weise kommuniziert der Geist mit dem, was in Zeit und Raum erscheint. Er spricht, denkt, erkennt, phantasiert, imaginiert, visualisiert und projiziert; er leitet Wissen ins Dasein.

Wenn wir uns der Erforschung des Geistes zuwenden, haben wir die Ressourcen des Geistes zu unserer Verfügung. Von Geist zu Geist, von Gedanke zu Gedanke, von Wissen zu Wissen, können wir befragen, was zum Entstehen kommt. Doch wenn wir getreu den üblichen Erkundungsmustern fragen, machen wir wahrscheinlich keine großen Fortschritte. In der Bewegung hin auf *von* und *zu*, auf Bekommen und Erlangen, auf Interaktionen zwischen Subjekt und Objekt, werden wir zu festgelegten Folgerungen und vertrauten Arten des Wissens geführt. Der Geist wird als ein Objekt des Wissens erscheinen, was bedeutet, dass er in gewisser Weise überhaupt nicht erscheint.

Eine alternative Methodologie ist verfügbar. Wenn der Geist der Gegenstand des Geistes ist, dann braucht das Gewahrsein nicht zurückzugreifen auf die Struktur *Subjekt erkennt Objekt*. Der Geist kann Gewahrsein leiten, wie Gewahrsein den Geist leitet. Der Körper des Gewahrseins und der Körper des Geistes können untrennbar sein.

Der Geist als Partner des Geistes kann die Sinne und die Bewusstheit direkt der Erkenntnis öffnen. Dann kann die Erkenntnis unser Lehrer und unser bester Freund werden, der uns ermutigt, die Wahrheit des Universums und unserer eigenen Existenz in neuer Weise zu leiten. Es bietet sich die Möglichkeit eines Wissens, das nicht den ausgetretenen Pfaden folgt, dem *So-war-es-immer-schon* der vorgeprägten Automatismen.

Um diese Form der Erforschung in die Praxis umzusetzen,

müssen wir den Geist darin üben, auf neue Art und Weise zu funktionieren. Für gewöhnlich ist der Geist in schneller Bewegung, zielorientiert. Gesteuert von dem Modell, das Wissen zu etwas Besitzbarem macht, formt er in aktiver Weise die Wahrnehmung und produziert Gedanken, um zu verlässlichen Informationen zu gelangen, die er zum Planen und Handeln einsetzen kann.

Wenn der Geist auf diese Weise funktioniert, kann er nicht zu sich kommen. Gefangen in Urteilen und Unterscheidungen, ist er von vornherein von der Erfahrung abgeschnitten. Ein einzelner Gedanke oder eine Empfindung kommt als Träger von Wissen zum Entstehen, doch bevor wir das darin enthaltene Wissen entwickeln können, ist der nächste Gedanke oder die nächste Empfindung schon da. Der Geist ist gebunden an die Oberfläche der Erfahrung, und während ihn diese Perspektive innig mit Emotionalität, Unterscheidung und Urteil vertraut werden lässt, gibt es für ihn keinen Weg zu größerer Tiefe.

Im Bann dieser chaotischen Rastlosigkeit des Geistes können wir unser Wissen nicht stabilisieren und keine Klarheit darüber erlangen, was eigentlich geschieht. Obwohl wir den Eindruck haben mögen, voll und ganz an unserem eigenen Leben teilzuhaben, haben wir keinen wirklichen Kontakt mit dem innewohnenden Gewahrsein, durch welches das Wirken des Geistes verfügbar wird. Wissen kann nur erscheinen als *Wissen von* oder als *Wissen über*. Eine unkontrollierbare Getriebenheit jagt uns von einem Augenblick zum nächsten.

Ist es möglich, dass wir Entspannung in diese unaufhörliche Getriebenheit hineinbringen und es lernen, uns in einem Geisteszustand zu Hause zu fühlen, der sich in stabileren Rhythmen bewegt? Könnten wir unser Hauptaugenmerk vom Inhalt dessen, was entsteht, verlagern auf die Erkundung der Bewegung und der Rhythmen des Geistes, einschließlich der rastlosen Getriebenheit, durch die Gedanken und Wahrnehmungen Gestalt annehmen? Könnten wir das Gewahrsein ausweiten, so dass es allumfassend wird, oder den Geist und das Denken und Fühlen so weit ausdehnen, dass sie mit dem Gewahrsein verschmelzen? Könnten wir, anstatt an der Oberfläche zu bleiben, vordringen bis in den lautlosen Kern der Erfahrung?

Solche Möglichkeiten werden sich mit Leben erfüllen, wenn wir tatsächlich erkennen, dass der Geist kein Werkzeug ist, das wir unabhängig von dem, der wir sind, einsetzen können. Damit der Geist in anderer Weise funktioniert und sich in anderer Weise dem Wissen öffnet, müssen wir eine andere Seinsweise erlernen.

Der Ausgangspunkt besteht darin, eine neue Dynamik des Hinterfragens in Gang zu setzen. Anstatt dem Gegebenen hinterherzujagen oder uns in vorgefertigten Schablonen zu bewegen, anstatt Gefolgschaft zu leisten oder uns loszusagen, anstatt zu ignorieren oder zu akzeptieren, können wir das Gewahrsein dessen vertiefen, wer und wie wir sind. Gewahrsein kommt zum Vorschein als unser inneres Wesen – die Wahrheit unseres Daseins in Zeit und Raum.

Inneres Dirigieren von Erkenntnis

Unser maßgebliches Modell, die Wissenssuche zu steuern und Erkenntnis zu entwickeln, so wie es sich exemplarisch in der Naturwissenschaft darstellt, fordert uns auf, uns aus der Position des Erkennenden nach außen zu wenden, um das zu Erkennende zu entdecken. Als erstes dirigieren wir unsere Sinne so, dass sie mit dem, was erscheint, Kontakt aufnehmen. Indem wir dementsprechende Bilder imaginieren, nehmen wir Gedächtnisspeicherungen vor, treffen Aussagen und versehen das Imaginierte mit unumstößlichen Identitätszuweisungen. Das Resultat ist ein doppeltes: Wir machen das Erkannte real und bestätigen das Selbst als den Erkennenden.

Heute ermessen wir den Schaden, der entsteht, wenn die vorwärtsdrängende Triebkraft eines so gearteten Wissens uns blind macht für die umfassenderen Folgen unseres Tuns. Insofern wir dies sehen, sind wir vielleicht willens, die Erforschung

nach innen zu richten, auf den Erkennenden und das Erkennen
– den Dirigenten und das Dirigieren.

Dies ist kein Eskapismus und keine Verleugnung unserer
Verantwortung in der Welt. Indem wir auf den Mittelpunkt des
Mittelpunktes schauen, können wir das Sein unseres Menschseins und die Wissensweise unseres menschlichen Geistes hinterfragen. Ist erst einmal das Zentrum in unserem Blick, können wir mit größerem Erfolg nach außen handeln. Wenn wir
wissen, wie der Geist funktioniert, können wir unsere Handlungen vorab durchdenken, das Entstehende sortieren und für
die verfügbaren Reaktionen empfänglich sein. Wir können
schöpferisch umgehen mit dem Fehlen von Lösungen, mit dem
wir vielleicht konfrontiert sind, Geduld entwickeln und uns
von der Wahrheit unserer Situation leiten lassen. Wir können
eine andere Vision dessen, was real und was möglich ist, willkommen heißen.

Weil wir so daran gewöhnt sind, außenbezogen zu wirken,
gibt es keinen direkten, einfachen Weg, auf ein inneres Wirken
umzuschalten. Geschieht dies im Einklang mit den vorherrschenden Modellen, dann macht unsere Wendung nach innen
das Innere zu etwas Äußerem. Wohin wir uns auch wenden,
stets reproduzieren wir die Strukturen unserer konventionellen
Erkenntnisweise.

Der wirkliche Weg nach innen öffnet sich auf andere Weise.
Wir transformieren die Triebkraft unseres nach außen gerichteten Erkennens, wenn wir das gegenwärtige Entstehen dieser
Triebkraft nachzeichnen. Die Dynamik, die sich auf das Erkannte hinbewegt, kann auch zu dem Ursprungsmittelpunkt
unseres Gewahrseins und unseres Erkennens hinführen.

In dem Maß, wie wir diese Dynamik nachzeichnen, öffnet
unsere Analyse sich in Raum und Zeit. Die Dynamik eines nach
außen drängenden Erkennens ist abhängig von einer zeitlichen
Ordnung und einer linearen zeitlichen Antriebskraft und setzt
Entfernung, Getrenntheit und die Existenz von Dingen im
Raum voraus. Unser Sein ist ein Raum-Zeit-Sein, und die Er-

kenntnis, die wir aktivieren, entfaltet sich auf vorbestimmten Wegen in den Dimensionen von Raum und Zeit.

Diese fundamentalen Strukturen der Erfahrung lassen sich als Teil unserer Wissenssuche hinterfragen. Indem wir sehen, dass unser Sein in Raum und Zeit das Thema ist, haben wir den Geist bereits zum Wissen erwachen lassen. Jetzt können wir schöpferisch und vervollkommnend wirken. Wir können Qualität und Tiefe und Exaktheit entwickeln; wir können uns zubewegen auf Langlebigkeit. Indem wir die Erkenntnis als solche transformieren, können wir unsere Interessen in der Welt mit der inneren Gestaltung unseres Menschseins in Harmonie bringen.

Spielraum für neues Wissen

Wir leben in einem physikalischen Bereich, in dem der Raum feste Gegenstände darbietet, die in vorhersagbarer Weise miteinander interagieren. Doch *unterhalb* dieses Bereichs und mit ihm koexistent, auf der mikroskopischen Ebene von Atomen und Molekülen, ist die *Wirklichkeit* eine völlig andere. Wenn wir in irgendeiner Form in dieser mikroskopischen Welt leben würden und Erfahrung durch deren Brennweiteneinstellung erlebten, wäre alles, was wir als wahr akzeptieren, vollständig verwandelt. Was würde aus der Elternschaft dessen, was erscheint: aus der Abfolge des Entstehens von einem Ursprung aus, die wir als gegeben hinnehmen? Was geschähe mit der Unterscheidung zwischen Geistigem und Körperlichem? Wo in dieser neuen Welt träfen wir auf den Geist?

Dieser Wechsel der Perspektive ist uns vielleicht nicht zugänglich in einem konventionellen Sinn. Als Wesen, die in eine Welt *objektiven* physikalischen Raumes hineingeboren sind, haben wir die Verantwortung, mit eben dieser Welt umzugehen. Doch indem wir uns andere Möglichkeiten vor Augen führen, werden wir daran erinnert, dass die Realität in ihren Strukturen nicht fixiert ist. Objekte bieten sich auf der Basis spezifischer Interaktionen zwischen Gewahrsein, Erscheinung und Raum der Erkenntnis dar; und andere Interaktionen ergäben eine ganz andere Welt. Ließe der Raum eine andere Form von Erscheinung zu, dann könnte der Geist auch auf ganz andere Weise funktionieren.

Aus einer Raumperspektive ist das fundamentale Ordnungsprinzip bei der Konstruktion von Welt die Unterteilung, die der Geist vermittels solcher Kategorien wie *dieses* und *jenes*, *hier* und *da* und *angenehm* und *unangenehm* gegenüber der Erfahrung vornimmt. Wenn wir uns diese Perspektive bewahren, dann erlaubt uns das, die Substanz zu öffnen. Wir können in jene das konventionelle Wissen steuernden Strukturprinzipien – nicht nur in Unterteilungen und Positionen, sondern auch in Dialoge, Bilder, Gefühlstönungen, Qualitäten und Identitäten – größere Klarheit bringen. Wir können sehen, wie Gedanken mit den Sinnen interagieren, und die Energie entdecken, die jedes Feld des Gefühls umgibt. Die Masse und Kompaktheit dessen, was erscheint, wie auch die Schwerkraft, die es ausübt, lassen sich auf neue Weise hinterfragen.

Zeit und die Erkenntnisdynamik

Wie der Raum erscheint die Zeit in unserem gewöhnlichen Verständnis als etwas unserem eigenen Sein Äußerliches, eine Kraft, die auf uns einwirkt mit einem Impuls, auf dessen Tempo und Intensität wir keinen Einfluss haben. Wir wissen indes, dass dies eine einseitige Auffassung ist. Unser Leben ist zugleich auch untrennbar mit der Zeit verbunden, denn die Wirklichkeit, die wir erfahren, ist schlicht und einfach die Entfaltung der Zeit. Zeit ist unser stummer Partner, wie der Atem oder der Herzschlag. Lautlos trägt sie unser Tun und hält sie unser Erleben in Gang. Ob unser Leben erfolgreich und erfüllend ist, ob es vital und pulsierend ist, hängt ab vom Spiel und von der Macht der Zeit in ihm.

Gegenwärtig lassen wir die Zeit im Hintergrund; wir haben

die Vorstellung, wenn wir nur tun, was uns wichtig ist, dann werde die Zeit sich schon als geschmeidig genug erweisen, um neue Möglichkeiten zu beherbergen. Doch wir sehen die Defizite dieser Auffassung an der Art und Weise, wie sich unser Leben gestaltet. Wie groß unser Engagement auch immer ist, wir können unseren Schwung und unsere Tatkraft nicht länger als ein paar Stunden oder Tage oder Monate aufrechterhalten. Wir schreiten vielleicht mit Klarheit und visionärem Elan zu Werke, doch unsere Gedanken, unsere Energie, unsere Emotionen, unsere Intelligenz wandeln sich von Tag zu Tag und von Stunde zu Stunde, ja sogar von Augenblick zu Augenblick – in Richtung auf Emotionalität und mangelnde Konzentration, auf Ablenkung und Verwirrung.

Das Hinterfragen von Mustern der Zeit fördert eine Erkenntnis, die diese Muster transformieren kann. Wieso entfaltet sich die Zeit von der Vergangenheit hinein in die Gegenwart und dann in die Zukunft? Warum präsentiert sie Erfahrung in so vorhersagbarer und repetitiver Weise? Warum stellen wir fest, dass wir nicht im Einklang mit unseren eigenen Überzeugungen und Werten zu handeln vermögen? Dabei fällt es nicht schwer, Erklärungen anzubieten: unsere Psyche, unsere Konditionierung, unser physisches Sein. Doch Erklärungen spiegeln die Zeitstrukturen der Weise des Dirigierens, die sie zu erklären versuchen: Sie verfolgen eine Ebene sequentieller Abfolge mit Hilfe einer anderen.

Was wäre der Fall, könnten wir dem Dirigieren der Zeit in anderer Weise nachspüren, indem wir unmittelbar auf die Dynamik ihres Präsentmachens schauen? Könnten wir das *Präsentieren* selber in Frage stellen und reagieren, *bevor* die Präsentation sich verhärtet in *die Art, wie die Dinge sind*? Was wäre der Fall, wenn eine solche Verhärtung in Wahrheit gar niemals einträte?

Die Möglichkeit, dass Zeit in anderer Weise präsentieren könnte, transformiert Schwierigkeiten und Hindernisse, Unzufriedenheit und sogar Hilflosigkeit in Hinweise, dass die Zeit in einer ganz bestimmten Weise präsentiert. Wir können inwendig erforschen, wie dies geschieht. Vielleicht sind die Reibungen, die der linearen Entfaltung der Zeit inhärent zu sein scheinen, auf die Tatsache zurückzuführen, dass die Zeit selbst ignoriert oder vergessen wird – verloren geht im Getümmel der Ereignisse und in der Oberflächendarbietung der Erscheinung. In diesem Fall haben wir eine Wahl: Wir können versuchen, das nach innen gerichtete Wissen zu entfalten, das uns die Zeit *wiedererlangen* lässt. Wenn wir die Zeit an ihren Ort im Zentrum unseres Seins zurückrufen, kann ihre vergessene Natur möglicherweise neue Möglichkeiten für Sein und Wissen eröffnen.

Es gibt Situationen, wo wir mit Zeit in unmittelbare Verbindung zu treten scheinen. Wenn wir zutiefst betroffen sind über das, was mit uns oder anderen geschieht, dann scheint sich die Qualität der Zeit selbst zu verändern, und ebenso kann sich mit ihr die Bandbreite der Erfahrungen, denen wir begegnen, verändern. Es gibt Zeiten des Glaubens oder der Hingabe, Zeiten des Wunders und Zeiten, wenn das Herz sich öffnet, Augenblicke der Schönheit und unerwartete Manifestationen der Vollkommenheit.

Die konventionelle Auffassung würde solche Zeiten als Zeichen einer Veränderung in unserer subjektiven Erfahrung ansehen. Aber diese Erklärung beruht auf der ungeprüften Hypothese, dass die *objektive* Zeit Ereignisse in einer Weise präsentiert, die festgelegt und unveränderlich ist. Wenn wir Erkenntnis nach innen dirigieren, dann lässt sich diese Hypothese anfechten.

Sobald Zeit ein Thema inwendiger Erforschung wird, leuchtet ihre Macht innerhalb der Strukturen des Gewöhnlichen hervor. Zeit kann ebenso sanft wie zornvoll sein; sie kann lösen und auflösen, lehren und raten, Geduld und Freundschaft gewähren. Vor allem kann sie Erscheinung in all ihrer Lebendigkeit und in der Fülle einer inhärenten Erkenntnisfähigkeit darbieten.

Gegenwärtig unternehmen wir heftige Anstrengungen, um

uns von der Zeit abzuwenden oder sie auf Distanz zu uns zu bringen; ihr Wirken in unserem Leben zu ignorieren, ihre Kraft zu leugnen und unsere gegenwärtigen Positionen unverändert aufrechtzuerhalten. Doch nachdem wir uns abgewandt haben, können wir uns auch wieder zurückwenden: Wir können Zeit anerkennen und ihre aktive Präsenz in unserem Leben willkommen heißen. Fast sofort entsteht vielleicht ein Gefühl der Entspannung: das erste Anzeichen für ein Wissen, das stärker auf die Dynamik der Zeit eingestimmt ist.

Problematik von Erkenntnis

In unserer gegenwärtigen Weise des Wissens jagen die Gedanken hintereinander her wie Würfel, die im Würfelbecher durcheinanderpurzeln. Gebunden an Wörter und Sprache, lassen wir jedes Wort seine spezifischen Bedeutungen verkünden und schleppen diese Bedeutungen dann mit uns weiter in Geschichten, die spezifische Seins- und Verhaltensweisen begünstigen und dirigieren. Gebunden an Identität und Substanz, wie der Raum sie zur Schau stellt, bewegen wir uns innerhalb fixer Strukturen. Gebunden an Abfolgen, die sich in linearer Zeit entfalten, haben wir nur eingeschränkte Wahlmöglichkeiten.

Auf der Oberfläche scheint unsere Erfahrung vielleicht interessant genug, doch wenn wir das Erkennen nach innen dirigieren, sehen wir bald, dass die Muster, die Raum und Zeit gegenwärtig zulassen, unsere Begrenzungen nur bestätigen. Indem wir uns in den Dienst herkömmlicher Methoden des Wissens stellen, bringen wir vielleicht eine bestimmte Lebensweise zur Perfektion. Unter Umständen folgen wir dem Modell fehlerlos – als wahre Profis. Doch unweigerlich bringen wir so auch Probleme und Defizite zum Tragen. Indem wir auf dem Wahren und Richtigen beharren, etablieren wir das Falsche und Unwahre. Und selbst wenn sich unser eigenes Leben in einer Weise entfaltet, die wir als befriedigend empfinden, säen wir in größerem Maßstab die Samen für Konkurrenz und Konflikt. Allein schon dadurch, dass wir einem Modell vor dem anderen den Vorzug geben, bestärken wir ein System, in dem bestimmte Individuen unweigerlich bei der Übermittlung des vorherrschenden Wissens erfolgreicher sind als andere.

Solche Muster auszuagieren ist Garant dafür, dass Wissen fehlt, dass wir unvollständig leben. Auf jeder Ebene manipulieren die Großen und Mächtigen die Kleinen und Schwachen, während diejenigen in der Mitte darum kämpfen, ihre Position zu verbessern. Standards sind gesetzt, und jetzt herrscht Konkurrenz und Kampf und Angst; es herrschen Sonntagsreden und Posen. Entweder sind wir nicht dort, wo wir sein wollen, oder wir müssen darum kämpfen, das zu behalten, was wir innehaben. Was immer wir besitzen und unser nennen, es ist nicht genug. Wir sind gefangen in *möchte sein ... könnte sein ... will sein ... sollte sein ... muss sein*. Auf zahllose Arten leisten wir der Gebundenheit Vorschub.

Diese Verhaltensweisen übernehmen keine wirkliche Verantwortung für Erkenntnis. Anstatt dass wir nach innen dirigieren und unser eigenes Sein in Zeit und Raum erforschen, schließen wir uns einer Mannschaft an. Das kann die Wissenschaftsmannschaft sein, die Religionsmannschaft, die Samsaramannschaft, die Nirwanamannschaft, die Nationsmannschaft, die *Gute-Sache*-Mannschaft. In jedem Fall nehmen wir das vorab Festliegende als Ausgangspunkt.

Die Ergebnisse dieses Ansatzes sind keineswegs nur schlecht: Obwohl wir viele Fehler machen und zeitweise manchmal blind zu agieren scheinen, dienen unsere Fehler selbst als unsere Lehrer, und auf vielen Ebenen machen wir Fortschritte. Aber viel Mühe wird ohne Ergebnisse verschwendet. Es ist schwierig, alles zu erreichen, was wir wollen, oder alles zu wissen, was gewusst werden muss. Die Form ist nicht richtig: Irgendwie scheinen Raum und Zeit und Erkenntnis sich in grundlegender Weise nicht zu fügen.

Heute können wir uns diesen Ansatz des Blindversuchs nicht länger leisten. Wir müssen Wege finden, um Erkenntnis unmittelbarer zu öffnen: um Erkenntnis zu bewahren, zu fördern und zu mehren. Wir müssen die Beziehung menschlicher Wesen zum Wissen transformieren – um unseretwillen und um anderer willen.

Wenn wir den Geist und die Gedanken und Sinne wach werden lassen für das Wissen, entdecken wir für uns, dass Erkenntnis der Heiler aller Übel ist. Jetzt können wir das Wissen dirigieren, das wir brauchen, um uns und der Gesellschaft zu nützen; um Parteilichkeit und Diskriminierung, Niedergang und Verfall ein Ende zu setzen. Jenseits der Standarddaten der Sinne und der Standarddeutungen können wir in einen neuen Boden neue Samen pflanzen, die neue Früchte tragen.

Wonach suchen wir eigentlich, und wie sollen wir verfahren? Am Anfang werden unsere Ziele ungewiss scheinen, und die Formulierungen, durch die wir der Erkenntnis näher zu rücken versuchen, mögen wie Mystifizierungen klingen. Doch ist dies kein Grund, den inneren Weg der Erkenntnis in Zweifel zu ziehen. Schließlich gibt es Formen des Wissens, die wir unhinterfragt akzeptieren, die vor fünfhundert Jahren mysteriös erschienen wären, und das Vokabular, das wir jetzt auf dem Feld der Erkenntnis benutzen, wäre vor wenigen kurzen Jahrzehnten noch auf blankes Unverständnis gestoßen. Sicher wird sich in fünfhundert Jahren derselbe Zyklus abermals wiederholt haben, denn Raum und Zeit erlauben keinen Mangel an Alternativen.

Da dies so ist, warum nehmen wir die Herausforderung nicht jetzt an, in diesem Augenblick in Raum und Zeit? Warum erlauben wir dem Körper des Wissens nicht, hervorzutreten? Gleich welches Ziel wir uns auch gesteckt haben, wir agieren Grenzen aus, die unseren Bemühungen Hohn sprechen. Unser Leben ist kurz, und es scheint verfehlt, unsere Verantwortung zur Entfaltung unserer eigenen Natur aufzuschieben oder zu ignorieren.

Aktivierung von Wissen

Obwohl wir uns vielleicht nach Wissen sehnen, das unser Leben transformieren könnte, haben wir im Augenblick keine verlässliche Methode, um es zu aktivieren. Vielleicht trifft uns ein Blitzstrahl; vielleicht wird unsere Art, den Geist einzusetzen, ein für allemal verwandelt. Bis dies geschieht, müssen wir die Last unseres Nichtwissens weitertragen. Weil der Körper des Wissens nicht in unmittelbarer Verbindung zu dem steht, was wir gegenwärtig wissen, bleiben wir zurück ohne Weg und ohne Wahl.

Augen der Erkenntnis sehen dies völlig anders. In dem Augenblick, in dem wir dazu bereit sind, unser Forschungsinteresse auf die Formen von Wissen zu dirigieren, die wir jetzt unhinterfragt voraussetzen, gewinnt eine tiefere Erkenntnisfähigkeit Gestalt.

Anfangs geht es nur darum, Interesse aufzubringen dafür, wie sich unser eigenes Leben entfaltet. Indem wir den Prozess des *von* und *zu* beobachten, möchten wir deren Wirkungsweise begreifen; indem wir Raum zwischen dem Raum öffnen, möchten wir ihn bewohnen. Wenn wir gewahr werden, wie unser Verhalten geformt wird von Kommen und Gehen, von Anfang und Ende, werden wir motiviert zur Ergründung ihres Entstehens und Vergehens. Wir möchten lernen, wie wir Teilnehmer sein können an unserem eigenen Leben und wie diese Teilnahme sich vorbehaltloser gestalten kann.

Dieses nach innen gerichtete Wissen ersetzt die Negativität und Verwirrung des Nichtwissens durch die positive Ganzheit des Wissens. Wenn wir eine Veränderung herbeiführen wollen, ist uns dies möglich; wenn wir eine neue Seinsweise wünschen, kann Erkenntnis uns auch diese verfügbar machen. Lange genug haben wir Leiden verkörpert; nun haben wir die Möglichkeit, Zufriedenheit und inneren Frieden zu verkörpern. Wenn wir unser Nichtwissen wissen, ist kein darüber hinausgehendes Wissen vonnöten. Jetzt, in diesem

Augenblick, können wir aufbrechen zu einer Reise der Erfüllung in Zeit und Raum.

Je besser wir Wissen verstehen, desto besser können wir die Dumpfheit und Finsternis von Neurose und Verwirrung bekämpfen. Mit neuer Intelligenz können wir uns auf Wandel und Transformation zubewegen. Wenn wir uns offen mit den Begrenzungen, die wir erfahren, konfrontieren, können wir unsere Erforschung speisen aus der gewaltigen Frustration und der Sehnsucht, die wir empfinden, oder aus dem verborgenen Potential, das wir in greifbarer Nähe spüren.

Wie andere vor uns, die den Weg der Erkenntnis entdeckt haben, können wir über die jetzige Bewusstheitsebene hinausgelangen. Dann kann die Erkenntnis selbst die Verantwortung für Erkenntnis übernehmen. Das Licht der Erkenntnis kann unser Leben erleuchten und die Gesellschaft, in der wir leben, transformieren; es kann sich ausdehnen in die Welt als ganze. Unterschiedliche Wesen können die Qualitäten des Wissens in unterschiedlicher Weise zum Ausdruck bringen und jedes so seinen jeweils eigenen Beitrag zum Ganzen leisten. Wir können uns die Möglichkeit einer erleuchteten Gesellschaft ausmalen: eine Gesellschaft, in der Erkenntnis eine Transformation der Gesamtheit herbeiführt.

In dem Augenblick, da wir Erkenntnis in unser Leben einladen, haben wir sie bereits aktiviert. Wünschen wir, ein Leben voller Erfüllung zu leben? Uns und andere vom Leiden zu befreien? Größere Freude und größeres Wohlbefinden zu erleben? Jedes von Herzen ausgesprochene *Ja!* ist auch ein Ja zur Erkenntnis. Sobald wir erkennen, dass es uns frei steht, zu wählen, baut ein Ja auf dem nächsten auf, und die Erkenntnis entwickelt sich durch ihre eigene Dynamik.

Die Erkenntnisdynamik dirigiert Gedanken auf neue Weise und öffnet neue Dimensionen des Geistes. Das Denken selber wird eine Form der Wertschätzung: ein Ausdruck der Dankbarkeit für alle Erkenntnis, die bisher hervorgebracht worden ist. Als eine Einladung an Wissen bewahrt das Denken das Gedachte weiter für die fortwährende Präsentation von Wissensfähigkeit. Indem wir sehen, wie Gewahrsein unser Leben verwandelt, wird das Denken ein Weg zu noch größerem Gewahrsein, und unser Entschluss, Wissen wachzurufen, gewinnt an Intensität.

Sobald Gedanken mit dem Körper des Wissens zu verschmelzen beginnen, bewegen sich die Verwirrung und die Schwierigkeiten, die wir erleben, in natürlicher Weise auf ihre Lösung zu. Es ist, als würde man ein Fenster auf eine andere Sphäre öffnen, neues Licht hereinlassen und frische Luft einatmen. Neue Möglichkeiten leiten neues Wissen. Die Gestalt und Form dessen, was sich zeigt, wird untrennbar von der Gestalt und Form des Geistes: Der Körper des Geistes nimmt Gestalt an, und das Verständnis gewinnt eine neue Tiefe.

Wissen, wie wir es heute kennen, akkumuliert und vervielfältigt sich endlos, bis es uns unter Bergen von Daten zu begraben droht. Doch wieviel von diesem Wissen trägt bei zum Gewahrsein oder fordert uns auf zur Transformation? Wir können nicht weiterhin Wissen auf diese Weise sinnlos ansammeln und dabei jede verfügbare Dimension des Raumes ausfüllen in einem Prozess, der sich bis zum Ende der Zeit erstreckt. Wenn wir in dieser linearen Art und Weise vorgehen, werden wir niemals die Zeit finden, das Gewahrsein zu entwickeln, das wir benötigen, oder den Raum zu entdecken, um das, was wir bereits wissen, auch zum Einsatz zu bringen.

Wenn wir nur zu sehen wissen, ist die Alternative bereits verfügbar. Anstatt uns auf dieses oder jenes zu konzentrieren, brauchen wir ein Wissen, das die Gesamtheit würdigt; anstatt spezifischen Gedanken nachzugehen, ist es notwendig, die übergreifenden Muster des denkenden Geistes zu erforschen. Eine universelle Geschichte kann vorausweisen auf eine universelle Erkenntnis.

Können wir garantieren, dass diese Art des Wissens auch funktioniert – dass wir Erfolg haben werden? Die Archive der Vergangenheit und unsere Alltagserfahrung bieten den Ansatz einer Antwort. Wir können garantieren, dass Erkenntnis wertvoll ist. Wir können vertrauen auf unsere Fähigkeit, erkenntnisfähiger zu werden. Wir können Beweise dafür finden, dass andere Wege gefunden haben, Erkenntnis in fruchtbarer Weise auszudrücken und zu verkörpern. Und wir können sicher sein, dass große und noch unerforschte Möglichkeiten der Erkenntnis zur Verfügung stehen.

Erkenntnis ist nicht irgendjemandes anderen Besitz; sie ist nicht einem Eigentumsverhältnis unterworfen und kann nicht verborgen werden oder verloren gehen. Sobald wir mit Erkenntnis in Berührung sind, erkennen wir, dass wir jederzeit Zugang zu ihr finden können, denn wir sind von Natur aus ein Teil des Körpers des Wissens. Wie immer auch unsere gegenwärtige Erfahrung aussieht, wir können uns sicher sein, dass wir Leiden, Verwirrung, Kampf, Frustration und die Tendenz zum Schlimmeren überwinden können; dass wir unmittelbar vordringen können auf die andere Seite dessen, was wir jetzt als unhinterfragbar hinnehmen.

In der Heilsamkeit des Wissens können wir uns selbst genügen. Wir können uns verbinden mit Schönheit und anderen Nutzen bringen. Indem wir den Raum und die Zeit der Erkenntnis und den Körper des Gewahrseins dirigieren, können wir uneingeschränkt teilnehmen an dem Dirigieren, durch das Erkenntnis Form und Gestalt verleiht. Wir können mitwirken an der Magie und wissen, dass dem so ist.

Berkeley, Januar 1994

Interview mit Tarthang Tulku

Frühjahr 1996

Gleich zu Beginn: Was ist TSK?
Zeit, Raum und Wissen sind das, was wir sind – sie formen unser Sein. TSK zeigt dies und bietet dadurch eine Methode, unser eigenes Wesen zu erkunden, die uns nicht an konventionelle Denkkategorien, wie Geist und Körper, Selbst und Welt und so weiter, bindet.

TSK legt nahe, dass wir zu drei verschiedenen Ebenen von Raum, Zeit und Wissen Zugang haben. So können zum Beispiel, in Begriffen der ersten Ebene ausgedrückt, die Objekte im Raum, die Energie, die sich durch Raum bewegt, und *leerer* Raum an sich alle als *Aspekte* von Raum betrachtet werden. Schauen wir diese Raum-Dimension der Erscheinung direkt an, so können wir Raum ganz anders erfahren, und das hat sehr interessante Konsequenzen.

Zeit ist wesentlich für alle Erfahrung und auch für alles Ermessen: für Veränderung und Bewegung und Rhythmus und für das Hinweisen. Was aber an der Zeit ist es, das Erfahrung ermöglicht? Was ist die Beziehung zwischen Zeit und Erfahrung? Wenn wir diese Frage in unserem eigenen Leben stellen, zeigt sich eine andere Energie.

In Bezug auf Wissen konzentrieren wir uns im Allgemeinen auf das, was Menschen wissen. Wir unterscheiden zum Beispiel das Bekannte vom Unbekannten. Das *Nicht-Bekannte* ist jedoch die einzig mögliche Quelle von Wissen, und auch die Beschränkungen des Wissens sind Wissen. Sobald wir Wissen als eine Dimension des Seins zulassen, können wir über alte, nicht erfolgreiche Lösungen der immer gleichen Sammlung von Problemen hinausgehen.

Wie kamen Sie dazu, die TSK-Vision zu formulieren?

Vor einigen Jahren erkannte ich, dass wir, wo immer wir sind und was immer sich ereignet, Erfahrung erleben. Und wir sehen, egal welche Erfahrung wir anschauen, dass Zeit, Raum und Wissen dynamisch aufeinander einwirken. Diese Dynamik hat uns in die Gegenwart gebracht und sie formt all unsere zukünftigen Möglichkeiten.

Wir denken über unsere Erfahrung in Begriffen von bestimmten Einzelheiten nach: Ich befinde mich hier an einem bestimmten Punkt in Raum und Zeit und beobachte etwas dort, das bestimmte Qualitäten besitzt. Als ich aber erkannte, dass diese Unterscheidungen alle an die gleiche Dynamik gebunden sind, Teil des gleichen *Displays*, bemerkte ich, dass ich mich Zeit-Raum-Wissen als grundlegend zuwandte. Da sahen die Dinge auf überraschende Weise anders aus.

Ihre Formulierung von TSK scheint mit Ihrer Erfahrung im Westen, vielleicht insbesondere in den USA, in Verbindung zu stehen. Was am amerikanischen Charakter finden Sie besonders geeignet für diese Art des Erforschens? Wo scheint er begrenzt zu sein?

Menschen im Westen teilen eine wissenschaftliche Auffassung, die das Stellen von Fragen und das Analysieren fördert. Es gibt besonders in Amerika eine natürliche Neugier, eine Faszination, wie Dinge funktionieren, und auch ein betontes Infragestellen von Autorität. All das zusammen ergibt eine fantastische kreative Energie, die sehr aufregend ist. Wenn aber die Spannung abnimmt, vergeht auch die Inspiration, und danach schwindet die Disziplin. Die Menschen verlieren das Interesse oder den Mut. Amerikaner sehen sich selbst als sehr praktisch: Bevor sie etwas Neues übernehmen, wollen sie wissen, wozu es nützen wird. Aber manchmal ist der Nutzen nicht sichtbar, bevor man nicht tief in etwas eingedrungen ist.

Amerika ist in vielerlei Hinsicht geräumig und gewährend. Aber im Äußeren wird Raum chaotisch und ungeordnet, und im Inneren fehlt der geistige Raum, in dem wir wirklich entspannen und Frieden finden können. Was Zeit betrifft, bewegt sich alles so schnell, dass wir nie aufholen können; obwohl wir davon besessen sind, Zeit zu sparen, sind wir immer in Eile. Und auch Wissen ist problematisch. Wir haben zwar immer mehr Information, entdecken aber dennoch weiter neue Probleme, für die wir keine Lösungen haben.

Jeder von uns zeichnet ein Bild der Welt, das auf unseren eigenen Wahrnehmungen und Projektionen beruht, aber Zeit rückkoppelt die Erfahrung auf einer tieferen Ebene als derjenigen, auf der wir projizieren. Wenn diese tiefere Dynamik nicht unseren Projektionen entspricht, entstehen schnell Probleme. Genau das scheint heute in Amerika zu geschehen. Das ist sehr beunruhigend, es bedeutet aber auch, dass Zeit, Raum und Wissen für jeden wirklich wichtige Belange und Möglichkeiten geworden sind.

Unsere Erfahrung von Zeit, Raum und sogar von Wissen ist oft die von ‚Gefangen-Sein'. Ist dieses Gefühl, in der Falle zu sein, die Art von Problem, auf das Sie anspielen? Gibt es irgendeine Möglichkeit, dem zu entrinnen, beziehungsweise über die Umstände, in denen wir uns befinden, ‚hinauszugehen'?

Die Vorstellung, *über* Begrenzungen oder Umstände *hinauszugehen*, ist in Wirklichkeit in sich selbst eine Falle. Sobald wir die Notwendigkeit des *darüber Hinausgehens* akzeptieren, müssen wir alle gegenwärtige Erfahrung zugunsten von etwas Letztendlichem oder Absolutem oder *Transzendentem* zurückweisen. Wir wissen nicht, was es ist; wir können es uns nicht wirklich vorstellen; alles, was wir haben, ist die Vorstellung einer Vorstellung – aber wir erlauben dieser Vorstellung, uns davon zu überzeugen, dass der Punkt, an dem wir uns im Moment befinden, unvollkommen und unbefriedigend ist. Wir erwarten irgendwie, einen scharfen Bruch mit der Vergangenheit zu machen. Wie können wir das tun? Wie können wir jemals über das hinausgehen, was wir sind? Verdammen wir uns nicht selbst zum Scheitern?

In TSK ist es möglicherweise sehr wertvoll, in der Falle zu sein – die Tür zur Befreiung. Wenn wir nachforschen, dann ist da vielleicht gar keine Falle. Unser Verstehen kommt aus Zeit-Raum-Wissen und geht zu Zeit-Raum-Wissen, und dieses Kommen und Gehen spiegelt Zeit, Raum, Wissen wider. Warum darauf bestehen, dass *gefangen* die richtige Beschreibung für das ist, was geschieht? Warum nicht andere Möglichkeiten zulassen?

Lassen Sie mich genauer sein. Ihre Bücher zeigen, dass das, was wir normalerweise für ein Gefühl von ‚Selbst' halten, eine Form des Gefangen-Seins ist. Wie sind wir begrenzt durch unsere konventionellen Vorstellungen davon, was wir sind?
In Wirklichkeit haben wir viele verschiedene *Selbste*, was ein Grund dafür ist, dass die Vorstellung von *Selbst* so schwer festzumachen ist. Es gibt das begriffliche Selbst, die Idee vom Selbst, das selbstsüchtige Selbst. Es gibt das Selbst, das den Intellekt besitzt, das Selbst, das den Körper besitzt, das Selbst, das die Erfahrung besitzt, das Gesunder-Menschenverstand-Selbst und das Selbst, das all dies zusammenhält. Es gibt das Selbst, das ich erfahre, indem ich erfahre. Da ist das Selbst, das glücklich ist, das Selbst, das sich selbst unterhält, das Selbst, das sich selbst tadelt, und das Selbst, das leidet. Es gibt das Selbst, das identisch ist mit *Ich*, und das Selbst, das über *Ich* hinausgeht. Es gibt das Selbst, das ich analysieren kann, und das Selbst, das weiter besteht, sogar dann, wenn ich mir selbst erzähle, dass ich kein Selbst habe. Es gibt das selbstverständliche Selbst und das Selbst der Philosophen. Es gibt das erleuchtete Selbst, das Selbst, wie es in religiöser Erforschung gesehen wird, und das Selbst in der Psychologie.

Mit all diesen und noch vielen anderen Weisen, das Selbst zu verstehen, was hat TSK zu bieten? Ich könnte so sagen: TSK ist das Selbst. Das Selbst ist TSK. Nur TSK. Es gibt kein anderes.

Man könnte fragen: Aber was ist mit *meinem* Selbst, jetzt hier? Unterscheidet es sich von einem *TSK-Selbst*? Wie wirken diese beiden Arten des Selbst aufeinander ein? Wenn ich aus der TSK-Perspektive schaue statt aus meiner gewöhnlichen *nahen* Perspektive, verändert das meine unmittelbare Erfahrung? Das sind gute Fragen – genau die Art von Fragen, die TSK stellt.

Sie scheinen die Begriffe ‚Zeit', ‚Raum' und ‚Wissen' auf eine Weise zu benutzen, die recht verschieden ist von der, wie sie in gewöhnlicher Sprache enthalten ist. Können Sie einige dieser Unterschiede erläutern?
Ereignisse erscheinen in Raum und Zeit und enthüllen dadurch Wissen. In dieser Interaktion sind die Botschaft, das Ausdrucksmittel der Kommunikation und das Selbstverständnis des Sprechers alle eng aneinander gebunden. Da Sprache dieses Zusammenspiel ausdrückt, können neue Arten des Sprechens auftauchen, wenn neue Dimensionen des Wissens verfügbar werden. Genau das geschieht in TSK.

Sprache sagt uns, was wir sind, indem sie uns sagt, wo wir sind: Sie gibt uns die Einzelheiten unserer Situation. Sobald wir etwas über TSK verstehen, dehnt sich unser Sinn von *wo* aus. Er schließt unseren üblicherweise engen Raum und unsere gedrängte Zeit ein, anstatt durch sie gebunden zu sein. Wenn wir *Zeit*, *Raum* und *Wissen* auf diese umfassendere Weise verstehen, gehen wir tendenziell über sprachzentriertes Wissen – sogar über Erfahrung hinaus.

Dennoch, egal welche Begriffe wir benutzen oder wie wir sie definieren, wir klassifizieren noch und machen Unterscheidungen, und letztlich verfehlt das etwas Grundlegendes. Selbst wenn unsere Sprache eine enorme Auswahl von Gefühlen und Charakteristiken aufführt, sind wir letztlich nicht so. Wir sind Raum-Zeit-Wissen, und wir haben keine andere Geschichte als diese. Unser *von* und unser *nach* sind TSK.

Sagen Sie, dass Sprache selbst ein Hindernis für Wissen wird? Wenn ja, trifft das gleichermaßen für alle Sprachen zu? Im Besonderen, wie nützlich oder begrenzt ist Englisch als ein Werk-

zeug, um TSK-Ideen auszudrücken?
Jede Sprache wird Wissen begrenzen, solange wir ihre Projektionen ernst nehmen – sie wird uns ermutigen, uns auf Erfahrung als Außenstehende zu beziehen und als voreingenommene Zaungäste [1], so dass wir die direkte Verbindung zu Zeit, Raum und Wissen verlieren. Ob die TSK-Vision auf Englisch erscheint oder in irgendeiner anderen Sprache, ist wirklich zweitrangig für das Verständnis dieser Beziehung zwischen Sprache und Wissen.

Im Allgemeinen stellen wir uns vor, dass Sprache sich mit wechselndem Grad an Genauigkeit auf etwas Wirkliches bezieht, aber für TSK bezeichnet Sprache nicht irgendetwas *Tatsächliches*: Sie spiegelt einfach unsere vorhergehenden Resultate wider. Wenn wir das einmal sehen, können wir mit Sprache anders umgehen. Wenn wir zum Beispiel die Vorstellung aufgeben, dass Wissen oder Erfahrung jemandem gehört, ist Sprache nicht länger getrennt von dem, was sie benennt. Der Hinweisende verschmilzt mit dem Hinweisen, der Projizierende mit dem Projizieren. Zeit liest Erscheinung, Raum zeigt sie und Wissen bestimmt sie.

Wenn wir der Sprache erlauben, dieses Zusammenspiel widerzuspiegeln, benutzen wir Worte spielerischer. Die Unterscheidungen und Merkmale, die Sprache zuordnet, sind die einzige Interpretation, die uns zugänglich ist – unser einzig möglicher Bezugspunkt. Aber wir können unsere Sprache lebendig und dynamisch machen, so dass wir abgenutzte Weisen, Dinge zu sagen, durchdringen. Wir können das auf Englisch oder in jeder anderen Sprache tun. Behalten Sie einfach im Sinn, dass das, worauf hingewiesen wird, nicht ein fester Zustand oder Ort ist; es ist nicht das, was wir behaupten, dass es sei.

Können Sie etwas über die Methode von TSK sagen?
Unsere Wahrnehmungen und unsere Möglichkeiten gründen auf dem, was wir kennen – durch den Intellekt und durch Erfahrung. Das ist die wirkliche Falle, aber es fühlt sich nicht einmal

wie eine Falle an. Zum Beispiel glauben wir, dass mein *Selbst* der Besitzer von Erfahrung ist. Wie könnte es anders sein?

TSK lädt uns ein, zu sehen, wie diese Begrenzungen funktionieren, zu sehen, wie sie Form annehmen. Jetzt haben wir Zugang zu einem Wissen, das vorher nicht zugänglich war. Jetzt sind unsere Beschränkungen nicht in derselben Weise Beschränkungen – sie sind auch Teil von Wissen. Das ist der TSK-Weg.

TSK scheint einen Zugang zu Wissen anzubieten, der ebenso von Fragen wie von Antworten abhängt. Hat diese Art zu wissen das Potential, über unsere gewöhnlichen begrifflichen Kategorien hinauszugehen? Hat es irgendetwas zu tun mit mystischer Erfahrung oder Einsicht?

TSK stellt die Unterscheidung, die Sie zwischen gewöhnlicher und mystischer Erfahrung treffen, in Frage. Angenommen ich schaue eine Pflanze mit meinem bloßen Auge an und dann unter einem Mikroskop. Ich sehe zwei verschiedene Wirklichkeiten, und ich ordne diese zwei Wirklichkeiten in Begriffen von Maßstab. Wenn ich eine mystische Erfahrung habe, verbinde ich sie in der gleichen Weise mit gewöhnlicher Erfahrung, indem ich auf ihrer besonderen Qualität bestehe. Ich baue eine Hierarchie auf und ordne Werte zu. Jemand hat so viel Glück, eine bestimmte Art von Erfahrung zu haben; jemand anders hat es nicht. Diese Person ist begabt oder erwählt; jene Person ist das nicht.

Was ist nun mit der Hierarchie selbst? Was garantiert ihre Gültigkeit oder Genauigkeit? TSK schlägt vor, dass die Standards, die ich benutze, um eine Erfahrung mit einer anderen zu vergleichen, nicht von der Erfahrung unabhängig sind. Das bedeutet, dass ich nicht wirklich Werte zuordnen kann. Es stellt sich heraus, dass die *Ebene* meiner Erfahrung mehr von Haltung abhängt als von Begabung, und ob ich auf die eine oder andere Weise erfahre, ist einfach zufällig.

Die Absicht, mit der ich das sage, ist nicht, die Gültigkeit mystischer Erfahrung zurückzuweisen. Wenn meine Urteile nicht abseits von Wissen stehen, drücken sie Wissen aus. Jetzt können wir Wissen (und Erfahrung) auf einer grundlegenderen Ebene untersuchen, bevor die Unterscheidung zwischen *mystisch* und *gewöhnlich* gemacht wird. Alles Wissen wird gleichermaßen interessant – und gleichermaßen geheimnisvoll.

Zum Beispiel ändert sich im Laufe der Zeit, was als wahr gilt. Die Gegenwart ist das Ergebnis einer Sammlung solcher vergangener *Wissensinhalte*, und genau die Gebilde und Formen, die wir – als Ausdruck der Kraft unseres Wissens – instrumentell in der Vergangenheit in Gang gesetzt haben, können zu einer spezifischen Zukunft führen. Wir können diese Zeit/Wissen-Wechselwirkung rückwärts oder vorwärts lesen. Ein Augenblick reflektiert jeden anderen Augenblick mit einer Genauigkeit, zu vollkommen, um darüber hinwegzugehen, und zu machtvoll, um zu fliehen. Diese Evolution ist eine schöne Darstellung von Wissen durch Zeit, eine Bildung in der Wirkungsweise von Zeit.

Es gibt auch zahllose andere Arten zu schauen. Zum Beispiel sind Vergangenheit, Gegenwart und Zukunft relativ zueinander und zu der Art der Wahrnehmung, die in Kraft ist. Gegenwärtig lesen wir die Displays der Zeit auf eine bestimmte Art, aber Zeit liest sich auch selbst, enthüllt sich selbst dem Wissen durch ihre Dynamik und ihren Rhythmus und bietet Bedeutungen an unabhängig von irgendeiner Interpretation, die wir aufdrängen. Die Kraft vom Paradigma der Zeit ist allumfassend, weil alles *in* Zeit existiert. Anstatt zu kämpfen, um mit Gewalt eine Art neuer Hierarchie einzuführen, können wir entscheiden, diese allumfassende Qualität von Zeit zu untersuchen. Was bedeutet es zu sagen, es gibt nichts jenseits von Zeit? Wie verpflichtet fühlen wir uns der Idee von *jenseits*? Was würde es bedeuten, über *jenseits* hinauszugehen?

Schlagen Sie vor, dass wir aufhören sollten, nach mystischem Wissen zu suchen?

Ich sage nicht, dass eine Form des Wissens besser ist als eine andere. Es ist natürlich, nach nicht-standardisierten Formen des Wissens zu suchen, weil gewöhnliche Formen des Verstehens – Gedanken und Wahrnehmungen und so weiter – sich als in sich begrenzt darstellen. Aber die Vorstellung, *jenseits* von gewöhnlichem Wissen zu gehen, setzt die gegenwärtige Hierarchie fort. Wer geht jenseits? Wer bleibt, wenn das Gehen vollendet ist? Ist *jenseits* ein Ort? Wie ist dieser Ort mit anderen Orten, von denen wir wissen, verbunden? Wir können diese Fragen innerhalb von gewöhnlicher Erfahrung stellen und auch innerhalb von außergewöhnlicher Erfahrung.

Einige Menschen fühlen sich stark angezogen von Spekulationen darüber, was *jenseits* liegt. Sie erschaffen gerne Mythen, präsentieren *jenseits* als eine Art Paradies, ein herrliches Altenheim offen für jeden. Wenn wir einen harten Tag hatten und erschöpft und entmutigt nach Hause kommen, kann das sehr anziehend klingen. Vielleicht fragen wir uns, wie wir uns dort anmelden können.

Letzten Endes jedoch kann die Idee von *jenseits* uns nur begrenzen, weil es woanders ist. Wenn wir in Zeit leben, Wissen erkennen, Teil von Raum sind, gibt es keine Trennung und keine Notwendigkeit, *jenseits* zu gehen oder etwas Besonderes zu suchen. In TSK-Begriffen, *höhere* Ebenen von Zeit-Raum-Wissen sind weder getrennte Zustände noch Bedingungen oder Erfahrungen, selbst wenn es von einer mittleren Perspektive der zweiten Ebene so scheinen mag. Es ist alles viel einfacher. Sind wir? Wir sind.

Was ist die Beziehung von TSK zu Buddhismus oder zu buddhistischer Lehre? Gibt es irgendwelche Parallelen, die nützlich oder interessant zu verfolgen sind?
Jedes umfassende Glaubenssystem – und besonders Buddhismus – beschäftigt sich damit, das Selbst, die Ordnung der Wirklichkeit, und das Problem von Vergänglichkeit und Tod zu verstehen. So sind Wissen, Raum und Zeit in jeder Tradition na-

türliche Anliegen. Im Buddhismus gibt es noch die Frage, wie wir aufwachen können, und das lässt Wissen zu einem zentralen Anliegen werden. Andere Parallelen zu ziehen liegt bei Ihnen. Es ist eine Sache der Interpretation: Wie TSK Buddhismus interpretiert und wie Buddhismus TSK interpretiert.

Lassen Sie mich einen grundlegenden Unterschied nahe legen. Im Buddhismus ist tugendhaftes Handeln ein Teil des Weges. Aber in TSK führen Transformationen des Wissens in unvorhersagbare Richtungen. In der Praxis bedeutet das, dass TSK die meisten der Kennzeichen des Buddhismus und anderer Religionen nicht besonders ausprägt: Glauben, Tugend, Verhaltensregeln, Dogma, Hierarchie, Autorität. Es sagt einfach still: *Wissen genügt.*

TSK schließt nicht aus. Als TSK-Studenten üben wir vielleicht Vertrauen oder rufen Segnungen hervor oder aktivieren Verdienst, Ermächtigung und Übertragungslinie. Aber wir würden sie alle als Enthüllungen von Wissen verstehen. Denken Sie daran, Wissen ist in TSK der umfassende Körper des Wissens, der erleuchtetes Wissen einschließt. Es ist also nicht überraschend, wenn es Parallelen zu Buddhismus oder anderen Religionen gibt, oder dass TSK jenen Inspiration bietet, die ihrem eigenen Glauben folgen. Aber TSK unterscheidet sich von religiösen Traditionen, von der ersten Seite des ersten Buches an.

Was ist der praktische Nutzen der TSK-Vision? Wie wird sie wahrscheinlich unser Leben beeinflussen?
An jedem Punkt in Raum und Zeit manifestiert sich ein besonderer Satz von Werten. Was bedeutet es also, von *praktischem Nutzen* zu sprechen? Angenommen, Ihre Vorstellung davon, was praktischen Nutzen hat, ändert sich als Ergebnis von TSK-Erforschung. Müsste sich meine Antwort ebenfalls ändern?

Einige Werte scheinen tatsächlich einigermaßen beständig zu sein. Zum Beispiel wollen wir alle glücklich sein, aber wir scheinen nicht viel Kontrolle darüber zu haben, ob das geschieht. Wird TSK uns auf dieser Ebene mehr Kontrolle geben?

Wenn ich mit Ja antworte, schaffe ich einen Wunsch in Ihnen als dem Zuhörer, und dieser Wunsch wird Ihre Bemühungen der TSK-Erforschung untergraben. Wenn ich mit Nein antworte, geben Sie vielleicht auf, bevor Sie je beginnen. Vielleicht ist es am besten zu sagen, dass TSK nicht darauf abzielt, unsere Situation als Menschen zu ändern.

Wenn Sie fragen, ob TSK praktischen Nutzen hat, fragen Sie eigentlich, ob ich etwas habe, das ich Ihnen verkaufen kann. Nun, das habe ich nicht. Wissen ist einfach verfügbar. Die große Überraschung, das wunderbare Geschenk ist, dass dieses Geheimnis des menschlichen Wissens sich öffnen kann – vollkommen unerwartet.

TSK lässt uns nicht einfach in unserer gegenwärtigen misslichen Lage, festgefahren mit Problemen und mit dem Wunsch nach Lösungen. Es fordert den Geist, den wir nicht kontrollieren können, und die Gedanken, die die Wirklichkeit verzerren, heraus. Aber wenn wir TSK in der Hoffnung studieren, an einem Ort anzukommen, wo wir sagen können, *Jetzt habe ich etwas für mich selbst bekommen*, werden wir das Wesentliche nicht begreifen. Diese Erwartung garantiert, dass Wissen auf der Ebene von Plauderei und begrenzten Bedeutungen bleibt, während Zeit und Raum der leere Hintergrund für die Weise sind, in der wir im Allgemeinen leben.

TSK sagt, dass Wissen etwas ganz Anderes sein könnte – Heiler, Berater, kostbarer Schatz. Können wir lernen, diese Art des Wissens zu umfassen, ohne darauf zu bestehen, es zu besitzen oder bestimmte Ergebnisse zu erzielen? Können wir lernen, nicht von unseren eigenen Problemen und Haltungen manipuliert zu werden?

In TSK können wir denken, reden, lesen und üben. Niemand anders trägt die Verantwortung und niemand setzt Grenzen. Es gibt niemanden, der die Handlung hinter der Bühne leitet, keinen Schriftsteller, der das Script vorbereitet. Es gibt kein *vor* Zeit-Raum-Wissen, keinen Sponsor, keine Eltern, keinen Vermittler, keine andere Macht. TSK sagt uns, dass wir der

Tänzer sind und der Tanz, der Musiker und das Lied. Es lädt ein, uns auf eine enge Kommunikation mit unserem eigenen Sein einzulassen. Einige Menschen scheinen diesen Zugang wertvoll zu finden.

Falls Sie diese Beschreibung zu banal finden, könnten wir es auch anders sagen. Vielleicht gibt Wissen auf geheimnisvolle Weise Botschaften, und vielleicht ist dieses Wissen jenseits unseres Begriffsvermögens. Aber *jenseits unseres Begriffsvermögens* führt keine Distanz ein oder Unterscheidungen; es führt nicht einmal *jenseits* ein. Es nennt einfach nur ein anderes Merkmal der Situation, ein anderes Muster, das ins Spiel gebracht wurde. Wenn wir fragen, ist die Frage der Vermittler von Wissen. Wenn die Antwort kommt, ist das auch der Vermittler von Wissen. Wir sind nicht getrennt von diesem Prozess.

Hier ist ein kleiner *praktischer* TSK-Rat: Verlassen Sie sich auf das beste Wissen, das Ihnen zugänglich ist. Verfolgen Sie Ihre Hypothesen und Annahmen – erfahren Sie diese, während sie vor sich gehen. Benutzen Sie Hinterfragen und Erkundung, um zu belegen, ohne ein bestimmtes Ergebnis zu erwarten oder zu bevorzugen. Ihre Bereitschaft, wieder und wieder zu fragen, wird Ihr wachsendes Vertrauen in Wissen zeigen. Das ist TSK.

---

[1] Im Englischen *bias-standers*, ein Wortspiel mit *bias* (voreingenommen) und *bystander*, Zuschauer oder auch Zaungast

TEIL SIEBEN

PERSPEKTIVEN VON ZEIT, RAUM UND WISSEN

Den Geist meistern

Raum, Zeit und Wissen gehören zu unserem menschlichen Erbe. Wir können dies auf verschiedene Weise ausdrücken: Aus einer Perspektive gesehen sind wir Teil von Zeit, Raum und Wissen, da diese uns erschaffen, aus einer anderen Perspektive erschaffen wir sie selbst. Vielleicht funktioniert es in beide Richtungen oder vielleicht ist keine der beiden Formulierungen exakt. Dennoch können wir sagen, dass wir mit diesen Faktoren eng verbunden sind. Verbindungen finden wir sowohl auf persönlicher als auch auf globaler Ebene.

Eine gute Art, diese Verbindungen zu untersuchen, besteht darin, Wissen zu betrachten. Es scheint klar, dass das Gute, nach dem wir streben, von einer Verbesserung unseres Wissens abhängt – egal, ob es um persönliche Vervollkommnung geht oder darum, die Umwelt zu reinigen und wiederherzustellen oder darum, andere Ziele, die uns wichtig sind, zu verfolgen.

Heutzutage scheinen wir recht verwirrt angesichts der Frage, was authentisches Wissen ist. Diese Verwirrung ist nicht notwendigerweise schlecht; tatsächlich mag Wissen die Verwirrung, in der wir uns befinden, mit einschließen, denn gäbe es jetzt keine Verwirrung, gäbe es vielleicht später auch keine Klarheit.

Damit diese Möglichkeit Sinn ergibt, müssen wir verstehen, dass Wissen nicht ein Besitz oder eine Ansammlung, sondern vielmehr ein Prozess ist. Wissen entwickelt sich mit der Zeit, und diese Entwicklung zielt auf Vervollkommnung ab. Wenn Wissen zurück ins Leben fließt, verändert es die Qualität der lebendigen Erfahrung. Dann entsteht Vervollkommnung auf natürliche Weise.

Untersuchen wir, was dies in Bezug auf Zeit bedeutet. Heutzutage ist Zeit sehr begrenzt, da viel Zeit für nutzlose oder überflüssige Vorhaben verschwendet wird. Wir verstehen nicht, wie wir die Zeit zu etwas Sinnvollem machen können. Auf der untersten Ebene erfahren wir dies in der Qualität unseres Erlebens. Menschen sind entweder zu beschäftigt oder zu faul, um die Zeit effektiv zu nutzen. Der geschäftige Mensch mag sich vielleicht eines gewissen Erfolges erfreuen, jedoch wird dieser Erfolg durch das ständige Erleben von Druck und das Gefühl gemindert, nie Schritt halten zu können. Obwohl kurzfristige Ziele erreicht werden, mag der geschäftige Mensch vielleicht nie seine wahren Absichten verwirklichen oder ein Gefühl von Bedeutung erfahren. Für den Faulen gilt das ebenso. Weil er immer alles aufschiebt, bleibt ein solcher Mensch verträumt und unproduktiv. Er hat kaum die Möglichkeit, ein wirkliches Gefühl von Bedeutung zu erfahren.

Dieser Mangel an Bedeutung hat nicht einfach mit unseren unmittelbaren Umständen zu tun. Auf einer tieferen Ebene verstehen wir es nicht, die Zeit selbst zu etwas Sinnvollem zu gestalten. Was uns fehlt, ist ein Erwachen in die Zeit hinein … ein Erwachen, das nur durch das Ausdehnen des Bereiches unseres Wissens erreicht werden kann.

Es steht uns frei, dieses Wissen zu erwecken und so in die Zeit hinein aufzuwachen. Wie wir diese Freiheit nutzen – wie wir das Wissen um die Zeit entwickeln – wird die Qualität unseres Lebens bestimmen. Unsere Art zu leben zeigt das Wissen, das wir verkörpern. Wenn wir die Zeit durch Wissen öffnen, entdecken wir neue Bereiche des Raums, neue *Dimensionen*. Tun wir dies nicht, führen wir ein Leben in Enge und Beschränkung.

Die TSK-Bücher sprechen für Zeit, Raum und Wissen, was bedeutet, sie sprechen für Offenheit und die Wahl für Wissen. Aber sie besitzen oder verfügen nicht über Zeit, Raum und Wissen; diese drei Facetten des Seins gehören zu jedem Menschen. Jeder kann die Vision fortführen und neue Gedankendimensionen entdecken. Das ist eine wunderbar erfrischende Übung.

Genau darum bin ich so erfreut und dankbar, dass die Beiträge zu diesem Band anderen Lesern zugänglich gemacht werden. Jeder hier vertretene Autor macht seine eigene Art von Einsicht deutlich. Aus verschiedenen Arten von Bestrebungen, wie Naturwissenschaft, Psychologie, Wirtschaft und Philosophie, entwickeln sich verschiedene Arten, Zeit, Raum und Wissen auszudrücken. Und diese sind überhaupt nicht erschöpfend. Es gibt viele weitere Offenbarungen und Dimensionen zu erforschen.

Da wir Partner von Zeit, Raum und Wissen sind, können wir vielleicht sagen, dass sich in diesem Buch Zeit, Raum und Wissen zu erkennen geben und ihre eigenen Displays betrachten. Je präziser und eingehender die Analyse ist, desto genauer spiegelt die Darbietung die Natur von Zeit, die Natur von Raum, die Natur von Wissen wider. Allerdings bedeutet dies nicht, dass es innerhalb von Zeit, Raum und Wissen irgendeine Eigenschaft gibt, in dem Sinne, dass etwas ausgeschlossen würde. In einer solchen Reflektion gibt es keine Außenstehenden und bleiben keine Reste übrig.

Diese nicht-ausschließende Eigenschaft ist nicht zählbar und übertrifft doch jede Bedeutung von *innen* oder *außen*. Interessanterweise jedoch nehmen Dimensionen sehr wohl Gestalt an, stellen Zeit dar, lassen Raum erkennen, lassen Wissen erkennen – lassen einander erkennen, ohne auf ein außen und innen angewiesen zu sein. Je weiter wir auf diese mannigfaltige Weise forschen, desto mehr entdecken wir, wie eine mysteriöse Reflektion von Wissen Raum und Zeit *abliest*. Wissen auf dieser Ebene mag für Menschen nicht fassbar sein, doch das macht es nicht unerreichbar. In der Tat ist das *Ablesen* verschiedener Dimensionen ein Lernprozess und regt das Wachstum von Wissen an. Dieser sich selbst verfeinernde Prozess ist mit Fortschritt verwandt, allerdings ist die Analogie nicht exakt, denn Fortschritt ist nur eine Dimension von Wissen.

Die Art und Weise unserer Verkörperung, unsere Kommunikation und Art zu leben, unsere Erfahrung und unser Bewusstsein – all das ist Zeit, Raum und Wissen. Weiteres Lernen eröffnet jeder dieser Dimensionen eine viel größere Tiefe, während es sich eng auf Raum und Zeit bezieht und diese lockert. Wenn dieses Lösen beginnt öffnend und klärend zu wirken, wird es zu Präsenz ... der Präsenz von Zeit, Raum und Wissen.

Wenn wir uns auf diese Weise modellieren, erkennen wir, dass Wissen selbst viel direkter in unserer Erfahrung verfügbar und gegenwärtig ist. Dieses Wissen ist nicht rein intellektuell und auch nicht im Kopf zu finden. Es ist in persönlicher Erfahrung gegenwärtig. Dies ist unsere Verkörperung von Zeit, Raum und Wissen.

Jeder Ort und jede Zeit haben ihre spezielle Art sich zu verkörpern. Das sehen wir an verschiedenen Lebensstilen und Werten auf der ganzen Welt. Aber wir könnten uns auch weitere Verkörperungen von Raum, Zeit und Wissen vorstellen, die mit der vollkommenen Verkörperung aller lebenden Wesen dieses Planeten in Verbindung stehen. Wenn wir uns solchen Möglichkeiten öffnen, bemerken wir, wie begrenzt unser Verständnis der verschiedenen Ebenen und Arten von Verkörperung ist. Wir sind vielleicht in der Lage, eine intellektuelle Verbindung zu einer solchen globalen Verkörperung aufzubauen oder vielleicht eine Interpretation ihrer Ausprägung vorzunehmen. Aber diese Möglichkeiten sind recht beschränkt. Stattdessen könnten wir uns auch direkt mit einer derartigen Verkörperung durch Zeit, Raum und Wissen verbinden. Wir könnten wertvolle Unterscheidungen innerhalb eines authentischen Gewahrseins von Einheit bewahren. Das wäre ein wahrer Nutzen, den wir aus der Freiheit ziehen könnten, die uns offen steht. Und das wäre nur ein Schritt: Es gibt viel höhere Dimensionen, die wir erreichen könnten.

Die Schaffenskraft von Zeit, Raum und Wissen ist eine starke immerwährende Kraft. Auf lokaler Ebene sehen wir Zeit als Vergänglichkeit, aber globaler gesehen ist Zeit unendlich und steht nie still. Auch der Raum erscheint uns endlos und unermesslich, immer offen für die Darbietung von Wissen und Zeit, während sich Wissen auf natürliche Weise ausdehnt und vermehrt.

Dieses sich ausdehnende und grenzenlose Wechselspiel lässt das Universum als ein Reich von großer Schönheit entstehen; ein Reich, das von großen Künstlern jedes Zeitalters erforscht wurde. Könnten wir diese Schöpfung vollends verstehen, hätten wir eine andere Art von Bewusstsein.

Heutzutage sind wir in die Belanglosigkeiten unserer Probleme verstrickt; wir erleben eine Verwirrung, die scheinbar Raum einschrumpfen und Wissen zerfallen lässt, wie Pusteblumensamen, die wild in alle Richtungen fortgeweht werden. Aber wir könnten eine neue Dimension des Bewusstseins schaffen. Daheim in Zeit, Raum und Wissen könnten wir unseren Weg fortsetzen in Schönheit, tiefer Freude und Liebe, während wir auf natürliche Weise unser Bestes geben, etwas Sinnvolles und Gutes zu schaffen.

All diese Möglichkeiten hängen von unserer Wertschätzung von Zeit, Raum und Wissen ab. Es gibt nicht Interessanteres auf der Welt als Wissen, nichts Reicheres als Raum, nichts Kreativeres als Zeit. Wir können an dieser Darbietung teilhaben – miteinander und mit allen, die zu einer wahren Freude am Wissen aufwachen.

Berkeley, 1993

Visionen von Wissen

Die TSK-Vision ist der Erforschung von Zeit, Raum und Wissen als Aspekten der menschlichen Natur gewidmet. Ich begann erstmals 1975, mich ernsthaft auf diese Art des Verstehens zu konzentrieren, und die Vision wurde der Öffentlichkeit Ende 1977 mit der Publikation von *Time, Space, and Knowledge* vorgestellt.

Die Leser fanden das neue Buch sowohl herausfordernd als auch lohnend. Beinahe sofort fragten sie nach Kursen und anderen Formen der Anleitung. Ich hatte 1976 zur Erprobung einige Seminare geleitet; nun bot ich einige Workshops und Schulungsprogramme an, um diese Ideen zugänglicher zu machen. 1979 begannen autorisierte Lehrer, Kurse, Workshops und Intensivprogramme zu unterrichten. In dem Jahr wurde ein Neun-Monats-Intensivprogramm am Nyingma Institute in Berkeley gehalten, und anschließend gab es sowohl in Berkeley als auch an anderen Orten mehrere Jahre lang jährlich Intensivprogramme.

Als das Interesse sich auch auf andere Länder ausdehnte, wurden Workshops in Europa, Asien, Südamerika und im Nahen Osten organisiert. Innerhalb weniger Jahre nach der Veröffentlichung waren Übersetzungen des TSK-Buches auf Holländisch, Deutsch und Italienisch erschienen, und inoffizielle Übersetzungen kursierten in der früheren Sowjetunion. Es gab auch eine positive Reaktion im akademischen Bereich, und über die Jahre wurde *Time, Space, and Knowledge* in mehr als 100 Universitäts- und College-Kursen eingeführt. Viel von diesem Interesse ist recht fundiert und von Dauer. In Holland gibt es seit vielen Jahren fortlaufende Programme auf der Grundlage von TSK. Einige Studenten engagieren sich dort seit mehr als zehn Jahren aktiv in Studium und Praxis. Informelle Studienprogramme für die Dauer von zwei oder mehr Jahren wurden sowohl in Russland, der Ukraine, Australien und Deutschland als auch in den Vereinigten Staaten organisiert.

Durch diesen andauernden Enthusiasmus für die Vision, durch einen stetigen Strom an Briefen von Lesern und durch intensive Diskussionen mit Freunden ermutigt, habe ich meine eigenen Untersuchungen fortgesetzt. Ein zweites Buch in der TSK-Serie, *Love of Knowledge*, wurde 1987 veröffentlicht. 1990 folgte *Knowledge of Time and Space*. In beiden Fällen antworteten die Leser mit tiefer Wertschätzung. Intensivprogramme auf der Grundlage dieser Bücher wurden von 1988 bis 1991 am Nyingma Institute gehalten, und Übersetzungen von einem oder beiden Titeln sind jetzt in mehreren Ländern in Arbeit.

Ein frühes Zeichen des Interesses an TSK war 1980 die Veröffentlichung einer Sammlung von Essays in zwei Bänden, *Dimensions of Thought*. Hier berichteten Fachleute aus verschiedenen Bereichen über ihre Reaktionen auf die neue Vision, und engagierte Schüler beschrieben einige ihrer Erfahrungen. In vielen Fällen zogen sie Parallelen und stellten Verbindungen zu ihrer eigenen Disziplin her, die die potenzielle Weite der Vision vergrößerte.

Diese zwei Bände führten eine neue Serie bei Dharma Publishing unter dem Titel *Perspectives on TSK* ein. Anfang 1993 wurde der dritte Band dieser Serie, *Mastery of Mind*, veröffentlicht. *Visions of Knowledge* ist meine Antwort auf dieses neuerlich geäußerte Interesse an der Vision. Während mehr Arbeiten in der Serie *Perspectives on TSK* erscheinen, habe ich vor, selber ebenfalls weitere Beiträge zu schreiben.

Wissen durch Hinterfragen

Das zentrale Thema dieser Arbeit ist Hinterfragen als ein Weg zu Wissen. Zu den Kernfragen, die die Darstellung dieses Themas gestalten, gehören folgende: Was ist das Wesen dessen, was erscheint? Wie interagieren unsere Wahrnehmungen mit dem, was wahrgenommen wird? Welche Aspekte der Erfahrung bringt dieses Fragen zutage, wenn wir Zeit, Raum und Wissen auf der gewöhnlichen Ebene hinterfragen? Welches Wissen regt es an? Welche Dynamik ist am Werk, wenn wir uns vom Hinterfragen abwenden?

Fragen wie diese wurden in der Vergangenheit oft gestellt, und einige der größten Geister aller Zeiten waren nicht in der Lage, sie in zufrieden stellender Weise zu beantworten. Dies bedeutet jedoch nicht, dass wir unser eigenes Fragen einschränken oder aufgeben sollten, bevor wir anfangen. Antworten sind nicht der Zweck unseres Fragens. Wenn wir lernen, auf eine Weise, die frisch und lebendig ist, grundlegende Fragen zu stellen, lenken wir eine Intelligenz in unser Leben, die direkt auf unsere eigenen direkten Umstände anwendbar ist. Indem wir diese Art der Untersuchung aktivieren, können wir, was Inspiration und Führung angeht, auf die großen Meister und Denker der Vergangenheit vertrauen, aber ihre Antworten können nicht unsere Antworten sein. Jeder von uns muss individuell die Herausforderung des Wissens für sich selbst annehmen.

Oftmals halten wir Wissen für etwas, das lediglich auf Information beruht. Wenn wir aus einer weiteren Perspektive schauen, sehen wir es vielleicht in Verbindung mit rationaler Untersuchung oder Intuition oder auch mit der Überlieferung vergangener Entdeckungen. Aber der hier vorgeschlagene Ansatz ist ganz anders. Unsere Frage ist es, wie wir Wissen hier und jetzt im Geschehen der Erscheinung willkommen heißen können. Wie kann der Geist ein guter Schüler von Wissen werden? Welche Schulung ermöglicht es uns, die Arbeitsweisen des Geistes, vielleicht sogar die Funktionsweise unserer Hirnwellen auf eine Art und Weise zu ändern, die stärker im Einklang mit Wissensfähigkeit sind? Können wir lernen mit unserem ganzen Wesen zu hinterfragen, indem wir Wissen auf schöpferische Weise mit all unseren Fähigkeiten für uns gewinnen? Können wir Wissen mit Wissendheit bekannt machen?

Obwohl Wissen sich selbst frei zur Verfügung stellt, ist es

unsere Entscheidung, ob wir es einladen, für es sorgen, es nähren, wachsen lassen und in unserem Leben nutzen. Wenn wir bereit sind, uns für Wissen zu entscheiden, ist die genaue Vorgehensweise oder der Weg, dem unser Hinterfragen folgt, nicht unser Hauptanliegen. Egal welche Gestalt Fragen annehmen, sie rufen Wissen wach. Wir können diese Wissensdynamik unterstützen, indem wir unser Hinterfragen ausweiten, Fragen noch weiter erforschen, indem wir mit dem Herzen, den Sinnen, dem Körper und nicht nur mit dem Geist Fragen stellen. Wir können in unserem Hinterfragen frei und offen sein, denn weder ist Wissen an eine Form gebunden noch sind Zeit und Raum in den Möglichkeiten, die sie anbieten und aktivieren, beschränkt.

Eine nicht-ausschließende Vision

Die TSK-Vision betont weder Rituale noch Glaubensinhalte noch befasst sie sich direkt mit Tugend, Moral oder Verdienst. Sie schreibt keine Regeln vor oder erwartet Konformität mit einer Sammlung von Glaubenssätzen; stattdessen setzt sie einen Kurs des Hinterfragens in Bewegung, der dem Wissen selbst erlaubt, in den Vordergrund zu treten, sich selbst innerhalb von Erscheinung zu offenbaren, so dass alle Wesen Nutzen haben mögen.

Für mich ist diese Art des Vorgehens eine große Stärke der Vision. Wenn sie jedoch zu eng interpretiert wird, könnte sie auch eine Schwäche werden. TSK zielt weder darauf ab, alte Werte über Bord zu werfen, noch behauptet es, dass es keine Grundlage gibt, um Unterscheidungen zu treffen. Wissen selbst besitzt Tugend, und die TSK-Vision proklamiert diese Tugend und sucht sie durch Hinterfragen zu aktivieren.

Der Grund, warum TSK nicht versucht, irgendeine besondere Reihe von Lehren zu etablieren, ist einfach. Theorien und Erklärungen können nützlich sein, sogar unverzichtbare Werkzeuge im Verlauf des Hinterfragens, aber die fixierten Nebeneinanderstellungen, die sie entstehen lassen, arbeiten dem Zweck der TSK-Vision entgegen. Wozu eine Struktur aus Regeln und Prinzipien einer Realität überstülpen, die bereits die Fülle von Zeit, Raum und Wissen ausdrückt? Wie können solche Unterscheidungen von Nutzen sein, wenn Erscheinung alles umfasst? Wozu besondere Anstrengungen unternehmen, Schönheit, Qualität und Wert ins Sein zu rufen, wenn sie allen Darstellungen von Zeit und Raum innewohnen? Da nichts fehlt, warum nach etwas schauen, das repariert oder ergänzt werden muss?

Dieses *Nicht-Ausschließende* des TSK ist nicht eine geschickte Weise, ein Absolutes einzuschmuggeln. Die Vision verkündet nicht ein *Nicht-Ausschließen* im Gegensatz zu einem *Ausschließen*. Sie etabliert oder positioniert nicht, sie zeigt nicht auf etwas Bestimmtes.

Warum dann überhaupt von Zeit, Raum und Wissen sprechen? Weil der Übergang von gewöhnlichem Wissen einen Ausgangspunkt erfordert. Während die Vision sich entfaltet, verliert diese Notwendigkeit ihren Halt. Jeder Punkt öffnet sich und wird zu einem Nullpunkt. Wir könnten sagen, dass die Vision letztlich *punktlos* ist, aber wir könnten mit gleicher Überzeugung auch sagen, dass jeder Punkt als der Große Punkt angezeigt wird, an dem Große Zeit und Großer Raum sich mit Großem Wissen treffen. Beide Beschreibungen sind Eingangspunkte. Wir sprechen nur vorläufig und verlassen uns dabei auf Worte als Symbole oder Gesten, als Möglichkeiten, Wissen in Zeit und Raum zu bringen.

Eine Vision von Wissen

Das Wachstum von Wissen ist immer ein wesentliches Anliegen in der Geschichte gewesen, und alle Zeitalter haben ihre eigenen Beiträge zu seiner Entfaltung geleistet. Die TSK-Vision steht in dieser Übertragungslinie. Zur gleichen Zeit geht sie von dem Verständnis aus, dass die wirkliche Quelle für Wissen Wissen selbst ist. Wenn wir mit diesem Verständnis im Sinn forschen, sehen wir bald, dass die Wurzeln von Wissen verwoben sind mit dem Gewebe unserer Zivilisation und der Struktur unseres eigenen Geistes. Wir erkennen, dass wir die Fähigkeit haben, die Weisen, in denen sich Wissen zeigt, zu erweitern und zu erhellen und dadurch seine Wohltat immer weiter verfügbar zu machen.

Die meisten von uns haben bereits eine Ahnung von einem tieferen Wissen, das unser Leben umformen könnte, aber wir sehen keine verlässliche Weise, wie wir zu solchem Wissen Zugang gewinnen könnten. Vielleicht wird Wissen unerwartet auf uns herabkommen, oder vielleicht können wir irgendwann in der Zukunft die besonderen Anstrengungen unternehmen, die uns erlauben, Wissen zu entdecken oder zu Wissen zu gelangen. Wie ein hungriger Kojote auf der Weide sind unsere Wahlmöglichkeiten begrenzt: Entweder können wir geduldig auf unsere Beute warten oder wir können auf Jagd gehen, von unserer Not getrieben. Oder vielleicht sind sogar diese Wahlmöglichkeiten nicht verfügbar: Durch Emotionen und Befürchtungen, die zu drängend sind, um außer Acht gelassen zu werden, sind wir vielleicht selbst die Gejagten geworden.

Diese Denkweisen verschieben Wissen auf die Zukunft und garantieren so, dass wir in der Gegenwart auf eine Weise leben, die sowohl frustrierend als auch begrenzend ist. Während wir warten, hoffen und Erwartungen hegen, ändern sich die Jahreszeiten, die Jahre vergehen und wir leben noch immer so, wie wir immer gelebt haben. Allmählich werden wir uns dessen bewusst, dass unsere Energie und Kraft schwinden, dass unsere geistigen und körperlichen Kräfte sich abnutzen. Wir haben die Gelegenheit verschwendet, die uns jetzt im Augenblick zur Verfügung steht.

Wir können diese selbstzerstörerischen Muster auf die Weise zurückführen, wie wir augenblicklich Zeit leben. Die Momente ziehen vorüber, einer nach dem anderen, jeder Zeitpunkt zu verkrampft und beschränkt, als dass er der Erfahrung Fülle und Reichtum erlauben würde. Wir leben eine Armutsmentalität aus, tief im Innern sicher, dass wir niemals die Ressourcen ansammeln werden, die zu wirklicher Transformation führen würden.

In diesem Zugang gibt es keine Heilung und keine Leistung. Geprägt durch die Abwesenheit von Wissen, durch die lineare Zeit gekennzeichnet ist, ist unsere Erfahrung mit Langeweile, Verwirrung, Dumpfheit und Befürchtungen gefüllt. In dieser Weise des Seins geschult beginnen wir zu lernen, andere zum Narren zu halten; dann lernen wir, uns selbst zum Narren zu halten; dann geben wir diese Fertigkeiten weiter an diejenigen, die uns nachfolgen. Ist dies das Beste, was wir tun können – das Vermächtnis, das wir bereit sind zu hinterlassen? Falls ja, welchen Unterschied wird es machen, dass wir gelebt haben?

Es ist erstaunlich, wie salopp wir mit unserer Situation umgehen können. Wenn tieferes Wissen möglich ist, ist jeder Augenblick, der ohne dieses Wissen verstreicht, ein verschwendeter Augenblick. Wenn wir auf eine erfüllendere Weise leben können, bedeutet jede verlorene Gelegenheit unnötiges Leiden. Wenn wir jetzt im Augenblick das Wissen, das wir benötigen, um die uns bedrängenden Probleme zu lösen, ergreifen können, wie können wir es ertragen, dies nicht zu tun?

Irgendwie müssen wir zu der Dringlichkeit unserer Situation erwachen. Jeden Tag und jede Stunde bestärken wir Grenzen, die nur bestehen, weil wir sie bestärken. Wir treten in dieselbe Gefängniszelle und weigern uns, den Schlüssel aufzuheben, der die Gefängnistore öffnen könnte.

Vielleicht scheint diese Wahl vorherbestimmt; vielleicht sind wir einfach auf diese Weise konditioniert. Aber diese Weise des Sehens und Denkens ist selbst an eine bestimmte Form des Verstehens gebunden, verknüpft mit der vorherrschenden zeitlichen Dynamik. An der Oberfläche bietet Zeit keinen Ausweg – ihre Triebkraft ist einfach überwältigend. Aber wenn wir einmal Hinterfragen aktivieren, entdecken wir eine andere Dimension der Zeit. In dieser neuen Fülle der Zeit ist Raum lebendig mit Wissensfähigkeit. Eine andere Art zu wissen ist erlaubt.

Es gehört viel mehr dazu, die Tiefe der Zeit zu entdecken als zu lernen, im unmittelbaren Augenblick völlig gegenwärtig zu sein, denn *in* diesem Augenblick der Zeit zu sein setzt eine zeitliche Struktur voraus, die Wissen ausschließt. Noch ist es genug, spezielle Einsicht oder Erfahrungen zu entwickeln. Einsichten *in* und Bewusstheit *von* reduzieren Wissen auf die Muster des konventionellen Geistes. Sie bleiben in der Trennung zwischen Subjekt und Objekt begründet, die die universelle Verfügbarkeit von Wissen ausschließt. Wie eine starke Tasse Kaffee mögen solche Einsichten einen Ausbruch von Energie bewirken, aber sie bieten keine wirkliche Nahrung an.

Da wir wissen, dass unsere Hingabe an Wissen tiefer gehen muss als alle Möglichkeiten, die wir uns gegenwärtig vorstellen können, hören wir uns selbst fragen: *Wie können wir dieses besondere Wissen ergreifen; wie können wir es aktivieren?* Die Frage erscheint vernünftig, sogar unausweichlich. Aber auf diese Weise zu denken – Bedingungen zu stellen, die erfüllt werden müssen, bevor wir beginnen können – ist nur eine weitere Entschuldigung für Ignoranz. Zu fragen, wie wir Wissen erlangen können, leugnet seine unmittelbare Gegenwart. Es lässt den Geist sein Nicht-Wissen projizieren und bestätigt seine Grenzen.

Wenn wir einfach mit Hinterfragen beginnen, wird Wissen spontan in den Vordergrund treten. Wir reagieren vielleicht beunruhigt: *Ich bin verloren, Ich bin verwirrt, Ich verstehe nicht, Ich habe keine Ahnung, wovon du sprichst*. Aber wiederum sind diese *vernünftigen* Antworten Möglichkeiten, der Gegenwart von Wissen zu entfliehen und sie zu leugnen. Obwohl sie die Sprache des Wissens sprechen, untergraben sie, was gesagt wird. Sie bringen Hinterfragen zum Stillstand und lassen Wissen getrennt von der gegenwärtigen Tätigkeit des Geistes.

Die transformierende Intelligenz, die aus dieser ausweglosen Situation herausbrechen könnte, hängt nicht von Verbegrifflichung und den Handlungen eines Ego ab. Tatsächlich ist es überhaupt keine Frage des Erlangens. Eine wunderbare Fülle ist frei verfügbar; ein berauschender Duft erfüllt bereits die Luft. Nur Verpflichtung und Zielsetzung sind nötig. Sobald diese aktiviert worden sind, können wir Wissen tief verteilen. Es kann durch unser gesamtes Wesen fließen und sich in die Welt ausdehnen und alle berühren, die davon Nutzen haben können.

Wissen ausdehnen

Gegenwärtig haben wir vielleicht nur Zugang zu bestimmten Aspekten von Wissen, aber das braucht uns nicht zu entmutigen. Wenn wir Wissen, so wie es uns gegenwärtig zur Verfügung steht, hinterfragen, tragen wir zu seiner Entfaltung bei. Indem wir unsere eigene Fähigkeit zu wissen schulen, rufen wir die innere Dynamik von Wissensfähigkeit hervor. Sogar eine einzige Frage lädt einschneidende Neuerungen ein, die unsere Welt verwandeln können.

Ebenso wie wir Zeit in jeden Tag unseres Lebens einbeziehen und Raum in jeder Zelle unseres Wesens verkörpern, so handeln wir in allem, was wir tun, als Agenten des Wissens. Aber wie klar Wissen durch unsere Handlungen und unser Hinterfragen hervortritt, wird davon abhängen, ob wir lernen, Wissen mit unserem ganzen Wesen innig zu umarmen.

Es gibt viele offensichtliche Hindernisse für Wissen, aber sie alle lösen sich auf, wenn wir lernen, auf sicheren Füßen zu stehen. Wenn unsere Bemühungen, Wissen zu aktivieren, Emotionen oder Zweifel aufwühlen, oder wenn wir merken, wie wir behaupten, endgültige Antworten zu haben, müssen wir fragen, was los ist und was auf dem Spiel steht. Ist es wirklich so schwierig, Wissen auszuüben? Was ist die Ursache unserer Frustration oder unseres Bedürfnisses, aufzuhören? Die TSK-Vision bietet keine endgültigen Antworten auf diese Fragen, aber sie hat uns dies zu sagen: Wenn wir nicht auf unseren Begrenzungen beharren, hält uns nichts zurück.

Wissen ist ein Schatz, der darauf wartet, beansprucht zu

werden. Unsere Gedanken können eine erneuernde Bewusstheit zeigen, unsere Handlungen können eine natürliche Meisterschaft widerspiegeln, unser Geist kann in einer neuen Dimension wirken. Wir können Verantwortung für Wissen übernehmen. Handeln wir aus Freude anstatt aus Pflichtgefühl, können wir die Bedeutung und Bestimmung unseres Lebens ausdrücken.

Wenn wir die Reichweite des Wissens, das uns zur Verfügung steht, ausdehnen möchten, ist der wichtigste Schritt, den wir tun können, zu erkennen, dass das Wissen, das wir nicht entdeckt haben, wichtiger ist als das Wissen, das wir schon zu besitzen meinen. Nicht wissen ist die Quelle für Wissensfähigkeit. Durch Hinterfragen können wir die Kraft des Nicht-Wissens entdecken. Nichts weiter ist erforderlich.

Verbindungen und Querverbindungen

Von Zeit zu Zeit werde ich gefragt, ob TSK eine Darstellung buddhistischer Ideen ist. Ich habe diesen Punkt bereits angesprochen, aber vielleicht ist es gut, noch einmal einiges deutlich zu machen. Ich betrachte TSK nicht als ein buddhistisches Werk oder eine Neuformulierung buddhistischer Ideen in westlichem Vokabular. Es ist auch nicht verbunden mit einem besonderen Text oder einer Schule. Vielleicht kann man Parallelen finden, und es gibt sicher einige geteilte Anliegen, aber TSK sollte nicht als eine leichte oder angepasste Art und Weise gesehen werden, Zugang zu der Wahrheit zu finden, die vom Buddha verkündet wurde.

Andererseits scheint es, dass einige Menschen das Studium der TSK-Vision als hilfreich empfanden, um ein besseres Verständnis des Dharma zu gewinnen. Wenn das so ist, glaube ich nicht, dass irgendein Schaden für den Dharma daraus erfolgen kann. Studierende und Praktizierende anderer Disziplinen mögen TSK auf die gleiche Weise als hilfreich empfinden, und ich ermutige all solche Bemühungen.

Die Wahrheit über TSK ist wirklich recht einfach. Die Arbeiten, die ich selber verfasst habe, beschreiben meine eigenen Gedanken und Untersuchungen, auf der Grundlage von Studium und täglicher Beobachtung. Leser finden diesen Ansatz möglicherweise interessant und arbeiten gerne damit. Wenn sie bereit sind, sich etwas tiefer damit zu befassen, entdecken sie vielleicht, dass der Gewinn durchaus beachtlich ist.

Dezember 1993

Licht des Wissens

Die Ingenieurskunst des Raumes

Wir alle haben einen Körper, der in der physischen Welt erscheint. Da die übliche Logik sagt, dass nur das erscheinen kann, was existiert, scheint es so, dass unser Körper existieren muss. Das wiederum bedeutet, dass unser Körper einen Ursprung haben muss, denn alles, was existiert, scheint auf etwas anderes, das auch existiert, zurückzuführen zu sein. Was ist dann der Ursprung unseres Körpers?

Auf der körperlichen Ebene könnten wir vielleicht antworten, indem wir auf die Beschaffenheit von Materie hinweisen. Wenn wir uns zuerst dem subatomaren Bereich zuwenden, könnten wir Quarks und Leptons bestimmen, von denen man annimmt, dass sie ein Atom ausmachen. Atome wiederum formen Moleküle, und Moleküle wirken auf charakteristische Weise zusammen, um unseren Körper hervorzubringen und ihn funktionieren zu lassen. Wenn wir uns auf dieses Zusammenspiel konzentrieren, erkennen wir, dass es von Raum abhängig ist, denn wenn Atome und Moleküle nicht alle irgendwie den *gleichen* Raum einnehmen würden, wie könnten sie dann aufeinander einwirken?

Wenn wir unseren Körper als lebendigen Organismus betrachten, zeigen sich neue Dimensionen von räumlichem Zusammenspielen. Das Wissen, das unsere Zellen in Kenntnis setzt, wie sie funktionieren sollen, ist in die vielschichtige räumliche Gestalt von DNA verwebt, deren Stränge von Eltern zu Kindern in einer zeitlichen Übertragungslinie weitergegeben werden, die auf die frühesten Menschen zurückgeht. Die Besonderheiten unseres Körpers, wie er durch ihr genetisches Erbe geformt im Raum erscheint, spiegeln eine Geschichte wider, die die gesamte Entwicklung des Lebens auf diesem Planeten wiederholt. Wir könnten in der Tat die gesamte Geschichte des

Universums entdecken, wenn wir von der einfachen Tatsache unserer eigenen Existenz im Raum hier und jetzt ausgehend in alle Richtungen spüren würden: unendlich vielschichtige Muster von Wissen, durch Zeit hindurch übertragen. Indem Raum eine solche Darstellung zulässt, schafft er wie ein Ingenieur Erscheinung auf einer Ebene der Komplexität jenseits unseres Fassungsvermögens.

Wir haben begonnen, indem wir nach der Ursache der Erscheinung suchten, und bis jetzt sind wir der üblichen Ansicht gefolgt, dass sich Ursachen auf der Ebene von kausalen Verbindungen zeigen. Aber wenn wir über die Dynamik eines solchen Entstehens von Raum nachdenken, kommen wir zu einer grundlegenderen Ursache: dem Zusammenspiel von Zeit und Wissen in Raum. Es mag überraschend scheinen, Raum als die Ursache von Materie zu betrachten, aber der Rand eines jeden Gebildes löst sich in den Rand von Raum hinein auf, und das scheint so zu sein, egal wie weit wir es zurückverfolgen. Wenn die Grenze zwischen Raum und Erscheinung ohne Grenzen ist, ist es dann richtig, darauf zu bestehen, dass für Erscheinung mehr erforderlich ist als Raum? Wie dem auch sei, was ist die Ursache von diesem *mehr*, wenn nicht das Zusammenspiel von Zeit und Wissen in Raum? Kommen wir je zu einer Quelle, die nicht durch die Ingenieurskunst von Raum entstanden ist?

Kommen und Gehen

Als lebendige, verkörperte Wesen sind wir auch Erfahrende und unterscheiden die gegenwärtige Lebendigkeit von der Vergangenheit, die vorüber ist, und der Zukunft, die noch nicht eingetreten ist. Wir handeln und reagieren auf das, was Zeit anbietet, und passen dabei die Ereignisse von Vergangenheit, Gegenwart und Zukunft in die Geschichte unseres Lebens ein.

Ist diese zeitliche Dynamik, die vor unserer Geburt und nach unserem Tod wirksam ist, die Substanz unseres Seins? Wenn ja, wie ergreifen wir dann den Teil, der unserer ist – wie erheben wir Anspruch auf unsere eigene getrennte Existenz? Wir halten unsere Beständigkeit im Verlauf der Zeit für selbstverständlich, aber was ist die Grundlage für unseren Glauben an diese Struktur? Wenn ein Pfeil auf den Boden fällt, scheint es im Grunde so, als ob sein Flug durch die Luft vollständig vorüber sei: verschwunden, außer in der Erinnerung desjenigen, der ihn erlebt hat. Können die Ereignisse unseres Lebens wirklich unseren Anspruch, eine festgelegte Identität zu haben, stützen, wenn sie in ähnlicher Weise verschwinden, sobald sie vorüber sind? Wenn es auch schwierig sein mag, eine solche Möglichkeit zu begreifen, vielleicht sind wir in Wirklichkeit eher niemand, kommen von nirgendwoher und gehen nirgendwohin – eine sich ewig ändernde Anordnung aus zeitlichen Ereignissen, in keiner Weise an Kontinuität gebunden.

Wissens-Intimität

Das Gefühl, dass wir entstehen, fortdauern und sterben, scheint von unseren Interpretationen abzuhängen. Wir überlagern Raum und Zeit mit Gruppen von Verbindungen und ineinander greifenden Geschichten, von denen sich eine auf die andere bezieht. Solch ein *relatives Wissen* scheint uns natürlich: unser vertrauter Führer, damit das, was so ist, Sinn ergibt.

Relatives Wissen scheint, während es die scheinbaren Sicherheiten gegenwärtiger Erfahrung schafft, nicht nur Identität und Identifikation hervorzubringen, sondern auch Urteile und Emotionen. Wir reagieren auf jede Geschichte, die sich entfaltet, vergleichen und werten aus. Während Erinnerungen, Ideen und Fantasien die Reichweite der gegenwärtigen Erfahrung in neue Bedeutungsdimensionen hinein ausdehnen, urteilen wir automatisch über jede neue Manifestation und jedes auftauchende Ganze.

Was ist die Ursache relativen Wissens? Die Darstellung kommt vor der Reaktion, und die Erfahrung liegt unter der Erzählung. Wenn wir von einer Manifestation zur nächsten weiter zurückgehen, erreichen wir schließlich einen Punkt, an dem relatives Wissen selbst verstummen muss, denn es hat nichts, was ihm Halt geben könnte. Nur hier könnten Zeit und Raum, die schweigenden Partner in jeder neuen Erfahrung, Wissen Zugang gewähren.

Für ein Wissen, das seinen Mittelpunkt in Zeit-Raum-Stille hat, würden die Unterscheidungen, auf die wir uns gewöhnlich verlassen, ihre Macht verlieren. Raum gibt dem Unterschied zwischen dem, der du jetzt bist, und den Stückchen von DNA, die dein Wachstum formten, als du in der Gebärmutter warst, keinen Namen. Zeit weigert sich, nach gut und schlecht zu unterscheiden, während jedes neue Ereignis entsteht. Reaktionen, Urteile und Benennungen entstehen vielleicht noch, aber nur als zusätzliche Ereignisse – Teil des fließenden Raum-Zeit-Musters dessen, was erscheint.

Wenn wir uns entscheiden, uns nicht auf das Wissen, das Unterscheidungen trifft, zu verlassen, mag es so scheinen, als ob wir uns vollständig von Wissen abwenden, aber das Urteil, das besagt, dies sei so, ist vom unterscheidenden Geist gemacht. Ein Raum-Zeit-Wissen würde es anders betrachten. Wenn wir Raum und Zeit als die Ursache von Wissen einsetzen, erkennen wir, dass jenseits vom Wissen über das Benennbare das Wissen *wie zu wissen* liegt – eine feine Wissensfähigkeit, die im Erscheinen ebenso aktiv ist wie im Wissen von Erscheinung. In all unseren Benennungen der Fähigkeit, zu wissen – Geist, Bewusstsein, das Rationale, das Irrationale, das Unterbewusste, Bewusstheit, Intuition – haben wir dieses grundlegendere Wissen vom Ganzen unausgesprochen gelassen.

Allen, die des zwanghaften Wollens und Greifens, das zu unserem gewöhnlichen Verständnis gehört, müde sind, bietet ein solches Raum-Zeit-Wissen eine heilende Therapie. Warum ein weit entferntes Ziel verfolgen, wenn es in Raum keinen Ort gibt, an den man gelangen könnte? Warum Erfüllung anstreben, wenn unser Gefühl der Trennung substanzlos ist? Könnten wir eine solche Wissensfähigkeit hervorrufen, so würden wir entdecken, dass sich kein Muster oder Prozess, keine Beziehung oder ursächliche Abfolge jemals von Raum getrennt hat. Anfänge und Enden wären der Tanz von Wissen in Raum; Grenzen und Hindernisse die Machwerke von Ingenieurskunst des Raumes, die relatives Wissen nicht erfassen kann. *Mein Raum* und *dein Raum, kommen* und *gehen, leben und sterben:* Ein anderes Wissen – Großes Wissen, das sich in ungezwungener Intimität mit Raum verbindet – würde nur Bewegungen in einem bemerkenswerten Spiel sehen.

Strom von Geschichten

Wenn wir bemerken, dass uns die Aussicht auf solch eine Weise des Sehens und Seins inspiriert, haben wir vielleicht den Kernpunkt verfehlt. Wir sind diejenigen, die auf relatives Wissen vertrauen, und relatives Wissen hat keinen Nutzen für Raum oder Zeit. Derjenige, der mit Raum-Augen sieht, müsste ein anderes Wesen sein, auf andere Weise sein.

Dennoch, *anders* bleibt relativ. Unterscheidet sich Großes Wissen wirklich von relativem Wissen oder ist es anders, weil wir daran gewöhnt sind, Unterschiede wahrzunehmen? Wenn die Blütenblätter einer Blüte sich öffnen, sollen wir die feinen Unterschiede zwischen ihnen betrachten oder die zeitlose Anmut der Blume? Vielleicht können wir frei wählen.

Im Moment entscheiden wir uns dafür, zu glauben, dass wir sehen, was wirklich so ist. Angenommen jedoch, wir würden entscheiden, es anders zu sehen. Zum Beispiel könnten wir bemerken, dass direkt unter der Oberfläche der Erscheinung Sprache und das, was die Sinne einbringen, wirken, Trennungen aufbauen und behaupten, solche Trennungen seien fest. Die Rolle, die wir in dieser fortwährenden Erfindung zugeteilt bekommen, ist die des Zaungastes. Wir sind wie Fernsehzuschauer, die von den täglichen Nachrichten gefesselt sind und zustimmend nicken, wenn der Nachrichtensprecher schließt: *So ist es eben!*

Wie wird diese fortdauernde Sendung geschaffen und dargestellt? Wer ist der Reporter und was sind seine Quellen? Wer hat ihn angestellt? Wer unterstützt die Sendung finanziell? Diese Fragen kommen nicht leicht unter der Oberfläche vom Spiel der Erfahrung hervor, denn der Reporter, der die Geschichte erzählt, erwartet auch unsere Antwort und unseren Einsatz – er besteht auf unserer Bestätigung. Eben die Rhythmen, in denen relatives Wissen das, was aufgenommen wurde, abspielt, laden unsere Zustimmung ein und erzwingen unser Engagement.

Angenommen wir würden den stetigen Strom an Geschichten als unseren Versuch sehen, eine stabile und verlässliche Wirklichkeit zu begründen. Um dieses Zieles willen formen wir eine Wirklichkeit, die das Ganze sinnvoll macht, indem wir Objekte festlegen und darauf bestehen, dass sie existieren. Im selben Akt des Erfindens setzten wir uns selbst als der Wissende und Interpretierende ein, als Besitzer der Erfahrung. Welchen Preis bezahlen wir dafür? Wenn wir Raum-Zeit-Interaktionen an die Strukturen der Welt, die relatives Wissen kennt, anpassen, beschränken wir das Angebot dessen, was erfahren werden kann? Berauben wir Wissen seiner Kraft – und trüben dadurch seine durchdringende Klarheit?

Vielleicht könnten wir solche Begrenzungen um unserer Sicherheiten willen hinnehmen, aber tatsächlich scheinen unsere Versuche, zu fixieren und sicher zu stellen zum Scheitern verurteilt, weil Zeit dabei nicht mitspielt. Sogar während der Strom der Geschichten sich weiter entfaltet, ändern sich Moden, ändert sich Wissen; sogar die *harten Tatsachen* ändern sich. Unsere Großeltern, unsere Kindheit, die letzte Nacht – die Sicherheiten, die wir für selbstverständlich hielten, sind alle verschwunden. Die Strukturen, die wir verkünden, werden durch den Fluss der Erfahrung zerschlagen und halten nicht stand. Unsere Arbeit wird endlos.

Könnten wir anders handeln? Könnten wir, wenn wir einfach die sprachzentrierten Ansprüche relativen Wissens losließen, durch die Strukturen hindurchsehen, die Zeit frei ins Sein dirigiert? Könnten wir die Magie der Ingenieurskunst von Raum anerkennen? Raum bietet Erscheinung noch vor Identität und Substanz dar. Vor der *Wirklichkeit* der Erfahrung gibt es ein *Wirken von Zeit*, das nicht in Sequenzen kanalisiert ist. Vor den Handlungen des Ersinnens, die bestimmen, was so ist, bestimmt Wissen sich selbst. Warum sollten wir angesichts solch grenzenloser Kreativität darauf bestehen, dass alles, was wir erfahren, schon fest etabliert ist?

Anstatt dem Geist zu vertrauen, den der Geist selbst ans Werk gebracht hat, könnten wir die rationalen Arbeitsvorgänge des Geistes in Tiefen der Erneuerung hinein ausdehnen? Könnten wir anerkennen, dass alles, was sich ereignet, sich auch anders ereignen könnte? Jeder hervortretende Augenblick eine vollkommene Überraschung? Wenn das Relative relativ ist, weil wir es als relativ interpretieren, dann ist letzten Endes auch diese Interpretation relativ.

Das Tor öffnen

Solange wir Anspruch darauf erheben, die Besitzer von Wissen zu sein, bestätigen wir eine Struktur, die uns an Nichtwissen und Unsicherheit bindet. Indem wir unsere Position *hier* einnehmen, bestätigen wir das Unbekannte *dort*. Raum ist durch die Festigkeit der Interpretationen gefroren, und Zeit rauscht für uns zu schnell vorbei, um auf den Gedanken zu kommen, das, was im Augenblick erscheint, zu etwas Lichterem und Lebendigerem hin zu befreien. Können wir sagen, dass es zumindest so ist: dass unsere Gewissheiten und Behauptungen ein Gefühl, dass etwas fehlt, nicht völlig überdecken können? Wenn wir aufmerksam der stillen Quelle all dessen, was wir behaupten, lauschen, hören wir da eine gemurmelte Botschaft unausweichlicher Grenzen?

Stellen wir uns vor, wir würden die Grenzen unseres Wissens als das Verstummen dessen, was wir sagen, hören. Könnten wir uns vorstellen, dass innerhalb dieser Stille Wissen spricht –

nicht, um seine eigene Interpretation anzubieten, sondern um Interpretationen aus der Festigkeit ihrer Ansprüche zu befreien? Während Interpretation an die Oberfläche der Erscheinung treiben würde, könnten wir vielleicht die vollkommene Freiheit von Raum entdecken – nicht hier und nicht da, nicht alt und nicht neu. Während Wissen die Gegenwart von Zeit in die Weite des Raumes dirigieren würde, könnte Sein sich selbst zeigen, untrennbar von allem, was auch immer auftaucht.

Wenn Wissen unmittelbar und ohne unser Eingreifen Zeit wirken lässt, verbinden sich Vergangenheit und Zukunft in einem magischen Spiel mit der Gegenwart. Das dreifache Tor der Zeit schwingt auf, und Raum-Weite tritt hervor, um alles Sein zu informieren. In dem Augenblick jedoch, in dem wir uns selbst erzählen, dass das Tor offen ist, oder innehalten, um die Kraft des Gegenwärtig-Seins zu bewundern, verschafft sich der Drang zum Benennen wieder Geltung und das Tor schwingt zu. Unser Nicht-Wissen wendet sich von der Stille der Zukunft dem Lärm der Vergangenheit zu und wird in subtile Erwartung oder geduldiges Warten verwandelt. Der Nachrichtensprecher lächelt in die Kamera, *besiegelt* die Dinge aber wieder.

Fühlen wir, dass sich dies ereignet, und können wir, sei es auch nur ganz locker, die Muster verfolgen, durch die Konstruktionen sich zusammenfügen, sind wir von Neuem frei, zu fragen. Warum sollten wir auf Identität bestehen, wenn Zeit die Strukturen von Handeln und Handelndem dirigiert und von Sein und *Derjenige-Sein der*? Warum das flimmernde Spiel dessen, was sich selbst zeigt, zu einer Erzählung verarbeiten? Obwohl Raum zahllose Manifestationen darbietet – eine Szenerie des Scheinens – umgibt Raum an sich jede Manifestation, beinhaltet sie und verleiht ihr Ausdruck. Können wir in dieses *Umgibt* eintreten, indem wir unsere Anhaftung an das, was Zeit und Sprache dirigieren, aufgeben?

Wir können die Tatsache des Ersinnens unterhalb der Struktur jeder Geschichte verfolgen – eine gewisse Interpretation der Wissensfähigkeit. Was aber, wenn wir nicht der ersinnende

Geist sind? Was, wenn der Geist selbst zu Zeit und Raum und Wissen gehört? Stellen wir uns vor, wir sind der Körper des Wirkens hinter dem Wirken des gewöhnlichen Körpers – das Zentrum des Prozesses, das Offene im Relativen. Stelle dir vor, der Körper des Wissens zu sein, frei von der Notwendigkeit, dich am Sagen dessen, was gesagt wird, zu beteiligen, jenseits der Macht des Gewöhnlichen, in Schach zu halten. Lebendig für den Ideenreichtum von Wahrnehmung könnten wir Gedanken dazu bringen, uns zu dienen? Erfahrung frei dirigierend, könnten wir uns entspannen und uns Zeit lassen, in dem Wissen, dass der Dirigent keinen Zeitplan einhalten muss?

Charisma des Wissens

Obwohl Raum sich nicht von Stille entfernt, scheint eine Raum-Triebkraft zu wirken, die, während sie das gegenwärtige Panorama konstruiert, Interpretation aufrechterhält. Sobald wir das, was sich selbst auf diese Weise präsentiert, ergreifen, wird seine behauptete Wahrheit beinahe berührbar. Mein Ärger ist wirklich, meine Wahrnehmung ist wirklich. Aber warum sollten wir damit einverstanden sein, dass das Ergebnis der vorherrschenden Raum-Zeit-Dynamik uns bindet? Warum weiterhin in die alte Wirklichkeit investieren und jede Erfahrung auf ein karmisches Bankkonto einzahlen, das Zinsen in der Form von neuen Erfahrungen auszahlt? Sind die vorherrschenden Modelle so umfassend? Ist das Leben, das sie uns geben, so erfüllend? Sind andere Kulturen in der Geschichte dumm oder verblendet gewesen, als sie die Wahrheit des Wunderbaren jenseits aller erdachten Konstrukte bestätigten? Worauf gründet sich die Sicherheit, die uns ihre Berichte zurückweisen lässt?

Was sehen wir wirklich, außer unserer eigenen Selbstreflexion? Welche Antwort wir auch immer geben, TSK legt nahe, wir könnten lernen, andere Bilder auf eine andere Leinwand zu projizieren und dabei Eigenschaften jenseits aller Bilanzierung zu enthüllen. Aber selbst wenn wir dieser Führung folgen, finden wir uns vielleicht dabei wieder, lediglich die Reichweite des Wissens, das wir besitzen, auszudehnen. Je mehr wir uns in der Anwendung von TSK üben, desto mehr riskieren wir, uns selbst von der verkörperten Lebendigkeit einer wissenden Gegenwart abzuschneiden. Wir werden, indem wir Erscheinung untersuchen, zu Agenten der Distanz.

Wenn Distanz unsere Art zu wissen bestimmt, ist das Wissen, das wir treu bewachen, ein Schatz, den der Dieb des Verstehens längst gestohlen hat. Stellen wir uns vor, dass wir stattdessen die verkörpernden Agenten eines universellen Wissens sein könnten, die nicht dieses und jenes kennen, sondern die Dynamik des Hinterfragens und den Status des Untersuchers. Was könnte dann unseren Weg blockieren? Nicht länger Sammler von Wissen, würden wir dann den Körper des Geistes entdecken – zum Körper des Wissens werden?

Relativ gesehen brauchen wir ein Paradigma: einen bestimmten Blickwinkel, den der Geist einnehmen kann, um in seinem Ersinnen fruchtbar zu sein. Eine Methode ist, uns selbst zu überraschen, indem wir, während der Erklärende sich selbst erklärt, einen Seitenblick werfen. Innerhalb dieser *Gründungsgeschichte* könnten wir statt der Muster, die der Geist fortsetzt, den Geist selbst herauslesen. Wir könnten das Charisma des Wissens, aktiv in Zeit und Raum, am Werk sehen und manifestieren.

Wenn wir auf leichte Weise beginnen, indem wir einfach unsere eigene Art des Verkörperns und Verstehens untersuchen, könnte folgende Annahme auftauchen: *Mein eigener Raum ist nicht getrennt.* Vertieft sich dieser Verdacht und führt hinein in Raum an sich, könnten wir dahin kommen, dass *nichts geschieht* – keine abgegrenzten Gebiete, keine Absichten, auf diese oder jene Art zu sein, kein Verstehen von TSK. Hier müssen wir nicht länger an den Besonderheiten dessen festhalten, was so ist, denn jeder Punkt – mehr als ein Darauf-Verweisen – öffnet sich über Messen oder Trennung hinaus, über alle Möglichkeiten hinaus. Reduziert auf Worte könnten wir sagen: Natürlich ... vollkommen offen ... magisch ... nicht-erschaffen ... jenseits sogar von Tränen ...

Schönheit der Fülle

Als der Wissende, in Subjektivität gefangen, leben wir in einer Welt, die eingerichtet ist, wenn der Geist das Display des Geistes abliest. Wir hören das abgetrennte Echo und vergessen, innerhalb des Echos den erzeugenden Klang zu hören. Es ist aber eine Antwort verfügbar: Wissen ist nicht, was der Wissende weiß. Wenn wir nicht länger darauf bestehen, die Dimensionen von Wissen in unterscheidende und getrennte Bereiche zu meißeln und alles in Form zu hämmern, finden wir zu einer Seinsweise, in der wir an *sein müssen*, *sein sollen*, *sein wollen* und *nicht sein können* nicht gebunden sind. Schließlich kommen wir bei der Elternschaft allen Wissens an.

Stellen wir uns vor, nicht länger auf unserer Trennung von Zeit, Raum und Wissen zu bestehen. Was für eine Rolle könnten wir in einer Welt spielen, in der die innere Schönheit von Wissen hervorscheint und in der der Rand der Erscheinung durchdringend ist? Wie ein großer Künstler könnten wir die Bedeutung von Großem Wissen, dem großen Wohltäter, enthüllen. Wie die großen Mitfühlenden könnten wir die Freiheit von Großem Raum als die Wahrheit von Großer Liebe manifestieren. Während Inspiration den Geist zu Transformation führen würde, könnten wir Erfahrung in die Fülle von Zeit und Raum integrieren und im Mittelpunkt unseres Herzens die Fülle menschlichen Seins entdecken.

Wenn Wissen direkt zu uns sprechen würde, würde es uns drängen, diese gegenwärtige Gelegenheit voll zu nutzen? Würde es den Geist rufen und sanft unsere natürliche Empfänglichkeit zu wissen wecken? Wenn wir zuhören würden, könnten wir wirklich hören? Könnten wir Großes Wissen als den geheimen Körper jedes Gedankens ... jeder Wahrnehmung ... jeder Qualität ... Erfahrung ... verkörpern?

Welche Alternative haben wir? Welche Intelligenz ist verfügbar? Verstehen setzt einen Prozess in Gang, aber das braucht nicht unser Haltepunkt zu sein. Wenn wir nur einen Faden herausziehen, verschwindet vielleicht das ganze Gewebe und enthüllt die verborgene Tiefe im Kern der Sache. Ist es so? Kann die Magie des Geistes alles sein?

Odiyan, Buddhas Geburtstag 1997

Quellenverzeichnis

Teil 1: Meditation

‚Den Körper mit dem Geist in Einklang bringen'
aus *Gesar Magazine*, 8. Jg., Heft 4 (1985): S. 2–5

‚Auf uns selbst hören'
aus *Gesar Magazine*, 2. Jg., Heft 1 (Winter 1981): S. 2–3

‚Sich auf direktes Wissen verlassen'
aus *Gesar Magazine*, 10. Jg., Heft 2 (Winter 1990): S. 2–3

‚Die wahre menschliche Herausforderung'
aus *Gesar Magazine*, 8. Jg., Heft 3 (1985): S. 2–4

‚Meditation und Denken'
aus *Gesar Magazine*, 7. Jg., Heft 4 (Frühjahr 1983): S. 2–3

‚Fortgeschrittene Meditation'
aus *Gesar Magazine*, 6. Jg., Heft 4 (Frühjahr 1980): S. 2–4

‚Den Geist verändern'
aus *Gesar Magazine*, 9. Jg., Heft 1 (1986): S. 2–3

Teil 2: Sich dem Dharma zuwenden

‚Der Weg der Veränderung'
aus *Gesar Magazine*, 8. Jg., Heft 2 (1984): S. 2–3

‚Der buddhistische Weg'
Vorworte aus *Wege zum Gleichgewicht 1997*,
Offene Bewusstheit 1992
und *Der verborgene Geist der Freiheit 1988*,
erschienen bei Dharma Publishing Deutschland, Münster

‚Interview mit Tarthang Tulku', 3. Mai 1986,
veröffentlicht in deutscher Übersetzung in *Planet Erde* (1986)

‚Den Geist verwandeln'
Vorwort von Tarthang Tulku aus *On Meditation and Psychotherapy*,
Claudio Naranjo, erschienen 1998 bei Amber Lotus, San Francisco

‚Wahrheit irrt nicht'
aus *Gesar Magazine*, 11. Jg., Heft 4 (Frühjahr 1993): S. 2–4

‚Vertrauens-Wissen',
aus *Gesar Magazine*, 11. Jg., Heft 3 (Winter 1993): S. 2–5

‚Das Geschenk des Dharma'
aus *Gesar Magazine*, 9. Jg., Heft 2 (1987): S. 2

Teil 3: Eine neue Art zu Arbeiten

‚Die innere Kunst der Arbeit'
Vorwort und Einleitung aus *Die innere Kunst der Arbeit*,
erschienen bei Dharma Publishing Deutschland, Münster 2001

‚Geschicktes Wirken'
Vorwort aus *Geschicktes Wirken – Arbeit erfolgreich meistern*,
sowie das Kapitel *Neues Arbeiten* aus dem gleichnamigen Buch,
erschienen bei Dharma Publishing Deutschland, Münster 1994

‚Weg der Transformation'
Vorwort zur deutschen Ausgabe aus *Geschicktes Wirken – Arbeit erfolgreich meistern*, erschienen bei Dharma Publishing Deutschland,
Münster 1994

Teil 4: Befreiendes Wissen

‚Die Muster des Geistes lockern'
Vorwort aus *Guide to Meditation*, nicht öffentlich, erschienen bei
Tibetisches Nyingma Meditations-Center, Berkeley (USA) 1994

‚Befreiendes Wissen'
Vorwort und Einleitung zur amerikanischen Ausgabe aus
Befreiendes Wissen, erschienen bei Dharma Publishing Deutschland,
Münster 1992

‚Stimme des Wissens'
Vorwort zur deutschen Ausgabe aus *Befreiendes Wissen*,
erschienen bei Dharma Publishing Deutschland, Münster 1992

Teil 5: Odiyan-Mandala

‚Odiyan im Westen'
Prolog von *Mind in the Mandala*,
Vorwort aus *Odiyan, Tibetan Temple in Northwest America*,
beide nicht öffentlich, erschienen bei Tibetisches Nyingma Meditations-Center, Berkeley 1996

‚Mandala-Gärten'
Einleitung aus *Mandala Gardens*
erschienen bei Amber Lotus, Oakland, CA, 1991

‚Rad der Guten'
aus *Gesar Magazine*, 12. Jg., Heft 3 (Herbst 1994): S. 2–5

‚Interview mit Tarthang Tulku 1984'
1. Oktober 1984, bisher unveröffentlicht

Teil 6: Zeit, Raum und Wissen

‚Partner von Wissen'
aus *Gesar Magazine*, 10. Jg., Heft 3 (Frühjahr 1991): S. 2–3

‚Zeit, Raum und Wissen'
Vorwort und Einleitung aus *Raum, Zeit und Erkenntnis*,
erschienen bei O.W. Barth 1983

‚Liebe zu Wissen'
Einleitung aus *Love of Knowledg*,
erschienen bei Dharma Publishing, Berkeley (USA) 1987

‚Wissen von Zeit und Raum'
Einleitung aus *Knowledge of Time and Space*,
erschienen bei Dharma Publishing, Berkeley (USA) 1990

‚Dynamik von Zeit und Raum'
Einleitung aus *Dynamik von Zeit und Raum*,
erschienen bei Dharma Publishing Deutschland, Münster 1994

‚Interview mit Tarthang Tulku 1996'
aus *Gnosis, A Journal of Western Inner Traditions*
(USA), Heft 39 (Frühjahr 1996)

Teil 7: Perspektiven von Zeit, Raum und Wissen

‚Den Geist meistern'
Vorwort aus *Mastery of Mind*,
erschienen bei Dharma Publishing, Berkeley (USA) 1993

‚Visionen von Wissen'
Vorwort aus *Visions of Knowledge*,
erschienen bei Dharma Publishing, Berkeley (USA) 1993

‚Licht des Wissens'
Vorwort aus *Light of Knowledge*,
erschienen bei Dharma Publishing, Berkeley (USA) 1997

Register

Abbhidharma, 56, 61
Achtsamkeit, 86, 99
Amerika, 130, 157–158, 213–214
Analyse, 143
Angst, 16, 18, 19
Arbeit, (siehe auch Geschicktes Wirken, Innere Kunst der Arbeit) 81, 82, 86,
   als Weg des Wachstums, 79, 80
   als spiritueller Weg, 86, 87, 91–97, 99–101, 132–134
   vermeiden, 83
Armutsmentalität, 238
Atem, 19

Befürchtung, 96
Beobachtung, 39, 56, 58, 60, 85, 117, 124, 159, 177, 178, 180, 182, 183, 185, 213, 242
Bewusstheit, (siehe auch Gewahrsein) 19, 21, 22, 31
   Konzentration, Energie und, 97–101
   höhere, 151
   anschauen, 28
   Pfad der, 29
   besondere, 58
   (siehe auch Liebe zu Wissen, siehe auch Achtsamkeit)
Bodhisattva, 68, 69, 72, 73, 140
   Bodhisattva-Übung, 143

Buddha, 7, 11, 48, 50, 58, 61, 64, 66, 68, 70, 71, 101, 129, 131, 133, 134, 137, 140, 149, 241
Buddha-Natur, 67

Christentum, 54–55

Das Gute, (siehe auch Gutsein) 136–141
   Rad des, 140–147
Dharma, 53, 71–76, 100, 123, 129, 143, 146, 150, 153, 155–160, 241
   Amerika und, 158
   direkte Verbindung zu, 73
   Stellenwert des, 53
   Schwierigkeiten, 51
   TSK und, 221
Display, 213, 219, 229, 253
Disziplin, 28, 37, 86, 87, 96, 98, 99, 101, 156, 213
DNA, (Desoxyribonukleinsäure früher DNS) 243, 246
Drei Juwelen, 67, 73, 153

Eigenständigkeit, 51
Einsamkeit, 41
Emotionen, 17, 20, 24, 25, 28, 39, 55, 62, 64, 74, 144, 170, 174, 183, 186, 203, 227, 240, 245

auch Karma und Kleshas, 62, 64, 65, 74,
Energie, 15–19, 24, 27, 31, 45, 49, 52, 65, 68, 70, 71, 75, 76, 79, 81–84, 88, 90, 96–99, 101, 121, 129, 133, 142, 144, 146, 150, 153, 154, 177, 191, 202, 203, 212, 213, 237, 239
Entspannung, 19, 21, 63
Erfahrung, direkte, 24, 25
Erforschen,
    durch Arbeit, 96
    neue Art des, 180, 187, 188, 189,
Erforschung, 57, 143, 148, 169, 175, 177, 178
    ergründen, 27, 141
Erkenntnis, universelle, 210
Erkundung, 177, 178, 179–182, 198, 223
    nach außen gerichtet, 199
Erleuchtung, 11, 48, 52, 61, 64, 64–67, 129, 139,

Fehler, 95, 100, 113, 159
Fernsehen, 247
Forschen, 58, 116
Forschung, 60, 181
Freiheit, 11, 20, 24, 27, 52, 100, 105, 108, 110, 112, 114–118, 123, 134, 139, 170, 173–174, 180, 228, 230, 250, 253
    und Sein, 175
    innere, 173–174
    zu wissen, 176

grenzenlose, 170
Friede, 8, 15, 35, 38, 39, 46, 55, 69, 76, 81, 84, 91, 118, 135, 140, 143, 158, 208, 213
Frustration, 18, 95, 108, 113, 122, 196, 209, 211, 240

Gebet, 93, 94, 140, 143
Gebetsfahnen, 141, 150
Gebetsräder, 140–145
Gedanke, 22, 39–40
    in Frage stellen, 32
    als Weg zu größerem Gewahrsein, 210
Geduld, 18, 64, 65, 99, 133, 200, 204
Gefühle, 19, 20, 21
    und Klang, 21–22
Geist, 8–12, 15, 20, 51, 56, 249, 253,
    unmittelbarer Kontakt, 27
    facettenreich, 22
    Natur des, 32, 39
    nichts anderes als, 36
    beobachten, 39, 40
    Macht des, 35
    Psychologie und, 60
    Trennung vom Körper, 15–17
    Ausgangspunkt für Erforschung, 197
    und Gedanken, 24, 32, 33
    verstehen, 51, 62, 64
Geschichten, 247, 251
Geschicktes Wirken, (siehe auch Innere Kunst der Arbeit) 88

Getriebenheit, 198
Gewahrsein, (siehe auch Bewusstheit,) 198
  wer wir sind, 199
Gewaltlosigkeit, 135
Glauben, 100, 121, 148, 204, 221
  Vertrauen und Wissen, 221, 223
Gleichgewicht, (siehe auch Harmonie) 22, 37, 38, 41, 50, 51, 93, 98, 152, 174, 175, 183
  aus dem, 90, 172, 173
Glück, 20, 35
  Maßstab für, 105
  Verständnis von, 118
Gutsein, (siehe auch Das Gute) 109

Harmonie, 201
Herz, heilen, 122, 137
  öffnen, 121
  heilige Sprache des, 140
Herzschlag, 19
Hinayana, 48, 49, 50
Hinterfragen, (siehe auch Erforschung, Forschung, Forschen, Überprüfung, Analyse) 75, 92, 121, 184–192, 232, 233f
  nach außen gerichtet, 199
  als Weg zu Wissen, 233–242
Hören, (siehe auch Lauschen) 123
  Hindernisse beim, 189–193
  in Frage stellen, 187, 203

Innere Kunst der Arbeit 79, 81, 84, 85
Integrität, 20, 51, 65, 75, 83, 97
Intelligenz, 170, 191, 234, 239
Interaktion, 22

Kaliyuga, 71
Karma and Kleshas, 61, 62, 64, 65
Khyentse Chokyi Lodro, 167
Klang, (siehe auch Hören, Lauschen) 19, 21, 22, 122
Klarheit, 34, 71, 72, 86, 159, 171, 177, 184, 191, 197, 202, 203, 227, 248
Kommunikation, 9, 18, 30, 74, 84, 144, 151, 173, 216, 222, 229
Kontemplation, 30, 52, 55, 93
Konzentration, 19, 34, 39, 48, 60, 63, 65, 72, 86, 92, 96, 99, 101, 133, 146
  als Schlüssel, 98
Körper,
  Trennung zwischen Geist und, 15–17
  Ursprung, 243
  des Gewahrseins, 197, 211
  des Wissens, 189, 207, 210, 221, 251, 252
  des Geistes, 210, 252
Kum Nye, 63

Lauschen, 19
Leiden, 75, 101, 106, 109,

112–117, 120–122, 144, 159, 185, 208, 211
  als Wissen, 111
  unnötiges, 238
  Respekt für, 220
Liebe, 45, 68, 69, 81, 85, 118, 137–140, 143
  zu Wissen, 56, 176ff, 184–186, 211, 249, 254

Magie, 176 ff
Mahayana, 48, 49, 50
Mandala, 100, 129, 131
  Odiyan-, 136, 137, 138, 140, 153
Manjushri, 101
Meditation, 21, 24, 27, 30
  fortgeschrittene, 34–37
  Ziel, 24
  buddhistische, 49
  als tiefes Nachdenken, 32
  als tiefgründiges Denken, 56
  als Selbstheilung, 63, 64, 65
  beginnende, 31–32
  drei Phasen, 37
  Wert der, 50
Menschliche Bestimmung, 41
Mentalismus, 37
Mitgefühl, 11, 18, 25, 48, 49, 65, 69, 73, 90, 99, 100, 121, 137–140, 143, 144, 167
  und natürliche Schönheit, 138
  Rose als Symbol für, 138
Muster für Erfolg, 105ff
Mystische Erfahrung, 218

Natur,
  Beziehung des Menschen zur, 136–139
  Mutter Natur, Liebe zu, 139
Nichtwissen, 196
Niedergeschlagenheit, 41
Nyingma Institut, 168, 169, 232, 233
Nyingma, 232, 233, 261, 168, 169
Nyingma-Psychologie-Serie, 7, 8, 11

Odiyan, 121–128

Padmasambhava, 50, 129, 135
Paramitas, 143, 144
Perspectives on TSK-Serie, 233
Polarität von positiv und negativ, 35
Prajnaparamita, 11, 65
Psychologie, 34–56
  und empirische Wissenschaften, 56

Rad der Erfahrung, 9
Raum, 163–254 *passim*
  und Wissensdynamik, 201–202
  Existenz gebunden an, 163
  Großer Raum, 236
  Kern von, 163
  Ursache der Erscheinung, 244
  Rose als Symbol, 138

Samadhi, 64, 65, 150

Samsara, 62, 69, 70, 71, 151, 160
  als Lehrer, 158
  schätzen, 47, 86, 87, 117, 137, 147, 152
Schönheit,
  Weg der, 137–139
Schuld, 25, 89, 99
Sechs Bereiche, 62
Sechs Paramitas, 144
Sein,
  neue Weise des, 121, 199
Selbst, 21, 22, 28, 30, 35, 47, 53, 57, 60, 62, 65, 163, 215, 217
  als Wissender, 178
  als TSK, 215
Selbstwertgefühl, 40
Shantarakshita, 49
Sinn im Leben, 30
Sinne, 17
  sanftere Seite der, 21–23
Spannung, 18
Sprache, 216
Stimme, 18, 19, 190
  innere, 21–22, 45
Subjekt und Objekt, 32, 62, 138, 178, 179, 183, 197, 239
Symbole des erleuchteten Geistes, 151–152

Tai Chi, 63
Tathagatas, 142
Technologie, 172, 173, 187, 262
Traditionen, religiöse, 46
TSK-Vision, 8, 163–165, 166, 168, 169
TSK-Serie, *Zeit, Raum und Wissen-Serie, 233*
  und Buddhismus, 220, 221, 241, 242
  Kurse, 232
  Entstehen der Vision, 179–184
  erweckende Qualität der, 177
  auf drei Ebenen gegenseitig beeinflussen, 164–165
  nicht-ausschließend, 135–236
  praktischer Nutzen, 221–222
  der Umwandlung, 191

Überprüfung, 141
Umgebung, 39, 40, 136, 137
Umwelt, 30, 51, 95, 112, 115, 135, 137, 172, 173, 227
Untersuchung, 12, 21, 48, 54, 56, 93, 169, 233, 234, 242
Unwissenheit, 30
Unzufriedenheit, bei der Arbeit, 79, 83, 84, 89–91, 95

Vajrayana, 7, 49–50
Veränderung, Macht der, 45, 80
  Dynamik der, 193
Verantwortung, 8, 11, 22, 29, 48, 50, 61, 73, 80, 84, 86, 88, 97, 107, 117–118, 119, 121, 123, 137
  für Freiheit, 118
  für Wissen, 209, 241
  für unser Leben, 11, 119
  ablehnen, 88–89

zu arbeiten, 80
Vergangenheit, 115
　als lebendiges Wissen, 113–114
Verhaltensmuster ändern, 79–80, 119
Verkörperung, 101, 111, 182, 229–230
　verkörpern, 46, 52, 68, 73, 108, 139, 163, 184, 190, 195–196, 208, 211, 228, 230, 240, 254
Verschwendung, 88
Vertrauen, 8, 20, 22, 41, 66–69, 70–74, 100, 112, 120, 124, 141, 142, 158
　und Wissen 66, 67, 141–142
Verzweiflung, 16, 20, 114, 142, 144
Vier Beendigungen, 70
Vierundachtzig Siddhas, 100
Vipasyana, 150

Wahrheit, 68, 69, 75, 76
　Kraft der, 74
Wahrnehmung, 8, 61
Weisheit, 10, 47, 65, 67, 69, 73, 74, 101, 107, 108, 118, 140, 142, 154
Werte, 46
　Verlust traditioneller, 105
　spirituelle, 57, 58
Wertschätzung, 19, 20, 25, 41, 61, 79, 81, 85, 121, 135, 137, 148, 152, 169, 176, 177, 184, 185, 188, 209
　für Zeit, Raum, Wissen, 231

für drei Juwelen, 67, 74
würdigendes Verständnis, 87
würdigendes Gewahrsein, 170, 175
(siehe auch würdigen, schätzen)
Wesen, 46, 164, 169, 188, 195, 212, 240
Wissen, 25, 26, 57, 60, 68, 110, 111ff 212, 227, 233–234, 245–246
　um Wissen kümmern, 121
　Wahl und, 25
　für Wissen entscheiden, 123
　für Wissen verpflichten, 190
　konventionelles, 201
　herkömmliches, 205
　verkörpern, 195
　authentisches, 227
　nach innen dirigieren, 199ff
　Großes, 247
　Mangel an, 185
　Fehlen von, 171ff
　keine guten Modelle für, 55, 107
　Modelle für, 124
　Notwendigkeit für neues, 105–110, 119
　neues, 64, 118, 124
　als Prozess, 227
　heiliges, 141, 144
　die seidene Robe des, 192
　Quelle, 212, 236, 241, 244
　und Wahrheit, 68–69
　Vision von, 236–242
　Weisheit und, 47

universelles, 252
Stimme des, 123
Hülle und Fülle, 193
(siehe auch Freiheit)
Wissendheit, 176, 179, 182, 186, 134
Wissenschaft, 46, 172, 173
würdigen, 172, 173

Zeit, 163–254, 187, 212, 228, 244
Erfahrung gebunden an, 163
und Erkenntnisdynamik, 202–205
und Hinterfragen, 238
Zuflucht, 29, 67, 73, 76, 130
Zukunft der Menschheit, 106, 110

TARTHANG TULKU RINPOCHE

Über Tarthang Tulku

Tarthang Tulku wurde 1935 in Osttibet (heute die Provinz Qinghai, China) geboren. In jungen Jahren erkannte man, dass er ungewöhnliche Fähigkeiten besaß. Mit siebzehn Jahren begann er eine sieben Jahre dauernde Odyssee. Während dieser Zeit studierte er mit den größten lebenden Meistern der tibetisch-buddhistischen Traditionen. Er schloss seine Studien mit einem dem Doktortitel entsprechenden akademischen Grad ab. Er wird heute als einer der bedeutendsten noch lebenden Experten der Nyingma-Tradition des tibetischen Buddhismus anerkannt.

1962 gründete Tarthang Tulku als erster tibetischer Lama im Exil eine Druckerei, die sich der Reproduktion von Zerstörung bedrohter tibetischer Texte widmete. Trotz großer Hindernisse gelang es ihm, über 20 Titel zu veröffentlichen. 1968 verließ er Indien, um in den Westen zu gehen und ließ sich 1969 in Berkeley, Kalifornien, nieder. In den folgenden zehn Jahren gründete er das Tibetische Nyingma Meditationszentrum, Dharma Publishing und das Nyingma Institut. Er etablierte Studien- und Praxisprogramme, die durch die Veröffentlichung grundlegender Lehren unterstützt wurden. Er pflegte intensiven Austausch mit religiösen Führern, Pädagogen, Geschäftsleuten, Psychologen und Wissenschaftlern und suchte nach den fruchtbarsten Wegen, tibetisch-buddhistische Lehren im Westen einzuführen.

Durch die Gründung der *Hilfe für Tibeter* im Jahr 1969 und in jüngster Zeit durch die Einrichtung von pädagogischen und kulturellen Stiftungen unterstützt er kontinuierlich die tibetische Gemeinschaft im Exil und erfüllt Heilige Orte in Indien und Tibet wieder mit Leben.

1977 hörte Tarthang Tulku auf, öffentlich zu unterrichten und konzentrierte sich auf den Bau des buddhistischen Odiyan-

Zentrums (im Norden von Kalifornien). Er schrieb und veröffentlichte Bücher in Englisch; er leitete umfangreiche verlegerische Projekte, die der Erhaltung des vom Aussterben bedrohten tibetischen Erbes gewidmet sind. Indem er Technologie und Arbeitseinstellung des Westen geschickt mit buddhistischen Einsichten verband, veröffentlichte er über 1000 Bände tibetischer Texte und druckte Tausende von Kunstreproduktionen, von denen die meisten kostenlos an die klösterlichen Gemeinschaften der vier größten tibetisch-buddhistischen Übertragungslinien abgegeben werden.

1989 gründete Tarthang Tulku die jährlich stattfindenden Zeremonien für Weltfrieden in Bodh Gaya, Indien. Dort versammeln sich jedes Jahr Tausende von Lama, Mönchen, Nonnen und Laien aus Tibet und aus dem Westen. In den letzten Jahren hat er bedeutsame Beiträge zum Studium des Buddhismus in Tibet und in den Flüchtlingsgemeinschaften geleistet.

Tarthang Tulku hat siebzehn Bücher geschrieben und zu zahlreichen weiteren Publikationen Lehren beigesteuert. Seine Werke wurden in achtzehn Sprachen übersetzt und weltweit verbreitet.

Weitere Bücher von
Dharma Publishing Deutschland

Tarthang Tulku:
Tibetische Entspannung – Kum Nye Massage und Bewegung
Tibetische Entspannung – Kum Nye ist die Kunst, inneres Gleichgewicht zu entwickeln durch Integration von Körper, Geist, Sinnen und Umwelt. Dies wird durch einen sanften und dennoch tiefgehenden Prozess der Entspannung erreicht.
Die einizgartige Einführung in die tibetische Yogapraxis Kum Nye, wird erstmalig in voll illustrierter Form veröffentlicht.
Gebunden, 144 Seiten, ISBN 978-3-928758-19-2
€ 24,80 (D) / CHF 43,60

Tarthang Tulku:
Grenzenloser Geist
Reflektionen zu Buddhismus im Westen
Seit 1969 lebt und arbeitet Tarthang Tulku, ein tibetischer Lama, im Westen. In diesem Buch beschreibt er vor dem Hintergrund seiner reichen Erfahrung mit Menschen im Westen seine Gedanken zu Sinn und Bedeutung des Dharma-Studiums und Nutzen des Buddhismus für das heutige Leben. Er geht auf akademische und therapeutische Herangehensweisen ein und beschreibt Arbeit als transformative Dharma-Übung.
Paperback, 213 Seiten, ISBN 978-3-928758-20-8
€ 14,90 (D) / CHF 27,30

Tarthang Tulku:
Wege zum Gleichgewicht – Höhere Bewusstheit, Selbstheilung und Meditation
Eine lebensnahe Anleitung zu Selbstheilung und Meditation, die lehrt, Bewusstheit zu kultivieren, kreativ mit Gedanken und Emotionen umzugehen, sowie geistige, emotionale und körperliche Energien auszugleichen. Ein klassisches Buch über Meditation, dessen sanfter und offener Zugang zum Erwachen außergewöhnlich inspirierend ist.
Paperback, 196 Seiten, ISBN 978-3-928758-12-3
€ 14,80 (D) / CHF 27,00

Tarthang Tulku:
Der verborgene Geist der Freiheit
Meditationen zu Mitgefühl und Selbstheilung, einfache Atemtechniken, Mantra und Visualisationsübungen aktivieren die Heilungskräfte des Geistes und kultivieren inneren Frieden. Wie ein guter Freund lädt uns dieses Buch ein, besser auf uns Selbst zu achten. Es zeigt uns, wo es neuen Sinn im Leben zu entdecken gibt und fördert unser inneres Vertrauen, so dass wir auch anderen helfen können. Erschienen im Sphinx Verlag, Alleinvertrieb durch Dharma Publishing Deutschland.
Paperback, 122 Seiten, ISBN 978-3-928758-11-6
€ 7,90 (D) / CHF 14,90

Dharma Publishing Deutschland
Rommerskirchener Str. 21, 50259 Pulheim
info@dharmapublishing.de
www.dharmapublishing.de